Socialismo.info

Edizione 2018
proprietà riservata

MIKOS TARSIS

MALEDETTO CAPITALE

esegesi critica del Marx economista

> Mi fa straordinariamente piacere sentire che il mio libro apparirà a Pietroburgo in traduzione russa.
>
> lettera di Marx a Engels (4 ottobre 1868)

Nato a Milano nel 1954, laureatosi a Bologna in Filosofia nel 1977, già docente di storia e filosofia, Mikos Tarsis (alias di Enrico Galavotti) si è interessato per tutta la vita a due principali argomenti:
Umanesimo Laico e Socialismo Democratico, che ha trattato in homolaicus.com e che ora sta trattando in quartaricerca.it e in socialismo.info.
Ha già pubblicato *Pescatori di favole. Le mistificazioni nel vangelo di Marco*, ed. Limina Mentis; *Contro Luca. Moralismo e opportunismo nel terzo vangelo*, ed. Amazon.it; *Protagonisti dell'esegesi laica*, ed. Amazon.it; *Metodologia dell'esegesi laica*, ed. Amazon.it; *Amo Giovanni*, ed. Bibliotheka.
Per contattarlo info@homolaicus.com o info@quartaricerca.it o info@socialismo.info

Introduzione

Karl Marx è stato un genio assoluto del pensiero economico di tutti i tempi. A suo favore o contro di lui sono stati scritti milioni di libri.

Aver la pretesa di dire qualcosa di inedito è impossibile. È altresì da escludere che un singolo ricercatore possa leggersi tutto quanto egli ha scritto, con o senza l'apporto di Engels. Marx era un grafomane e in Italia siamo ancora in attesa che vengano tradotte tutte le sue opere.

Per fare dell'esegesi un minimo critica, ci vorrebbe quanto meno un'*équipe* di persone specializzate in diversi settori, da quello economico a quello finanziario, senza tralasciare quello matematico. Va inoltre considerato che Marx tende sempre ad associare l'economia alla storia, per cui pensare di poter interpretare adeguatamente le sue teorie economiche senza avere una conoscenza degli eventi storici cui esse, in un modo o nell'altro, fanno riferimento, è pura follia.

Ecco perché ciò che si può trovare in questo libro non ha alcuna velleità, se non quella d'aver usato un linguaggio adatto a un pubblico non specialistico. Che l'impresa ermeneutica sia stata decisamente superiore alle forze intellettuali del sottoscritto è ben visibile laddove il commento al *Capitale* s'interrompe al capitolo dedicato al macchinismo (salvo ulteriori analisi sparse qua e là, a titolo più che altro di conferma delle tesi sostenute).

Marx desta soggezione. È difficile incontrare un marxista, che tale si autodefinisca, intenzionato a fare rilievi critici alla sua opera; si teme sempre di passare per dei revisionisti, soprattutto se si milita in qualche partito di sinistra. Al massimo si è disposti ad affermare che su certe cose le sue idee non erano sufficientemente chiare perché non aveva avuto tempo o modo di approfondirle (vedi ad es. i rapporti tra economia e cultura o tra struttura e sovrastruttura), oppure perché, nel periodo in cui lui visse, taluni fenomeni non avevano ancora assunto l'importanza ch'ebbero successivamente (si pensi p.es. alle dinamiche dell'imperialismo e del capitalismo monopolistico di stato o del capitalismo finanziario).

Tuttavia Marx avrebbe giudicato molto negativamente chi, nei suoi confronti, avesse avuto remore del genere. Il primo a dire che non era un "marxista" era proprio lui! Questo per dire che le idee di Marx non possono essere incorniciate, né semplicemente chiosate. Vanno invece *sviluppate*, per rendere il percorso da lui tracciato il più possibile conforme a natura e alla natura umana in particolare.

Oltre a ciò, è bene che il lettore venga messo in guardia da un rischio cui può andare incontro leggendo i testi economici di Marx e, in particolare, il *Capitale*. Qualunque osservazione critica si faccia al capitalismo, senza riuscire a porre nello stesso tempo le condizioni per superare in maniera qualitativa questo sistema sociale, può essere usata dagli stessi capitalisti per correggere le storture del loro sistema.

Come noto, l'obiezione contro questo rischio, sollevata dai comunisti, ha sempre fatto leva su un assioma indiscutibile: proprio a motivo dell'antagonismo sociale che lo caratterizza, il capitalismo non è in grado di correggere se stesso. Nondimeno, il fatto che non sia in grado di farlo, non significa ch'esso non possa utilizzare le critiche a proprio vantaggio. Purtroppo uno dei destini che il *Capitale* di Marx ha subìto è stato proprio questo.

Quanto al titolo, ovviamente non ci si riferisce soltanto al giudizio storico che si può dare del sistema capitalistico, ma anche alla vicenda personale che vide coinvolto Marx nella stesura del suo capolavoro, così ben sintetizzata nelle seguenti parole dell'amico Engels: "Ho sempre pensato che questo maledetto libro a cui hai dedicato così lunga fatica, fosse il nocciolo di tutte le tue disgrazie, da cui non saresti uscito né mai avresti potuto uscire fino a quando non te lo fossi scrollato di dosso. Questa eterna cosa incompiuta ti schiacciava fisicamente, spiritualmente e finanziariamente" (lettera del 27 aprile 1867).

Al che Marx gli rispose, convinto che in virtù di quel libro avrebbe potuto risolvere finanziariamente la sua disperata situazione: "Senza di te non avrei mai potuto portare a compimento la mia opera, e t'assicuro che m'ha sempre pesato sulla coscienza come un incubo il fatto che tu dovessi lasciar disperdere e arrugginire nel commercio la tua straordinaria energia specialmente per causa mia..." (lettera del 7 maggio 1867). Ma la miseria più nera lo affliggerà sino alla fine della sua vita.

Questo volume risulta essere strettamente legato ad altri tre, non meno importanti per capire Marx e le sue teorie economiche: *Il meglio di Marx* (riguardante la sua biografia, il contesto storico-politico in cui egli si è mosso, nonché l'evoluzione generale del suo pensiero); *Marx economista* (riguardante l'analisi delle sue teorie economiche espresse in testi diversi dal *Capitale*); *Esegeti di Marx* (una raccolta di testi scritti, in momenti molto diversi, su alcuni teorici del marxismo).

Commento al Capitale

Dall'economia politica all'antropologia storica

Premessa

Il grande merito di Marx è stato quello d'aver subordinato la filosofia alla politica; il grande torto quello d'aver subordinato la politica all'economia. Tuttavia, nel momento in cui riuscì a mettere a nudo i limiti di fondo, ontologici, dell'economia politica borghese, attraverso *Il Capitale*[1], Marx aveva aperto la strada, senza volerlo, alla fine del primato dell'economia sulla politica.

Infatti, proprio il fallimento della rivoluzione socialista in Europa occidentale aveva dimostrato che la fine del capitalismo non sarebbe potuta avvenire con il *solo* strumento della "critica dell'economia politica", ovvero sulla base della convinzione che la transizione verso il socialismo era non meno *necessaria* di quella dal feudalesimo al capitalismo.

Sarà Lenin a dimostrare che il superamento, pur necessario, del capitalismo, sarebbe potuto avvenire se anzitutto si fosse privilegiato lo strumento della *politica* (tattica, strategia, organizzazione del consenso, ecc.). La tesi del *Capitale* sulla necessità di superare la contraddizione antagonistica del capitalismo, poteva, in sostanza, realizzarsi affrontando il problema della transizione in maniera rivoluzionaria, privilegiando la sovrastruttura politica sulla struttura economica, senza aspettare che il capitalismo portasse a maturazione le proprie risorse.

La storia dell'umanità, con Marx e Lenin, ha compiuto dei progressi sostanziali. Per superare l'ideologia borghese bisognava cogliere l'uomo nella sua *storicità*, e Marx riuscì a farlo, ma bisognava coglierlo anche nella sua *interezza*, e l'economia politica, da sola, non poteva rispondere a questa esigenza.

Sotto questo aspetto, anche il leninismo va superato, poiché i limiti dell'economia politica e del sistema capitalistico se non si risolvono con la *critica in sé* - come fece Marx -, non si risolvono neppure con la *rivoluzione in sé*, come Lenin credette di fare, anche se nell'ultimo periodo della sua vita s'accorse dell'errore, così come Marx, venendo a contatto col populismo russo, s'accorse d'aver sottovalutato l'importanza del-

---

[1] La versione presa in esame è il volume unico curato da E. Sbardella: K. Marx, *Il Capitale*, ed. Newton Compton, Roma 1976.

la comunità agricola fondata sull'autosussistenza.

La critica teorica è stato il primo passo, la rivoluzione politica il secondo: il terzo passo dovrà essere quello della riscoperta del *primato dell'uomo* sia sull'economia che sulla politica.

Marx ha trovato l'ontologia dell'economia, Lenin quella della politica, ora bisogna trovare l'*ontologia dell'uomo*.

Probabilmente la nuova scienza che dovrà preoccuparsi di cercarla sarà l'*antropologia storica*, cioè una scienza che da un lato valorizzi la *storicità* dell'uomo e dall'altro la sua *globalità* di espressioni vitali.

Un cenno sul I volume

Il primo libro del *Capitale* venne pubblicato da Marx nel 1867 ad Amburgo. Il piano iniziale era quello di pubblicarlo come secondo fascicolo di *Per la critica dell'economia politica*, sulla "Tribune", ma la collaborazione al giornale era stata sospesa. Il secondo e il terzo volume furono pubblicati da Engels. Il quarto volume, che sotto il titolo *Teorie del plusvalore* comprende un resoconto storico delle dottrine dell'economia politica borghese da Hobbes a Ricardo, venne dapprima pubblicato da Kautsky e poi, in un'edizione più accurata dall'Istituto Marx-Engels-Lenin di Mosca dopo il 1920.

Marx inizia l'indagine del sistema capitalistico con l'analisi del concetto di merce. Nel capitalismo la forma commerciale del prodotto del lavoro è comune, standardizzata, e non isolata o casuale come nelle società pre-capitalistiche. Marx scopre che nella merce ci sono due valori: *valore d'uso* (quello che soddisfa un qualunque bisogno dell'uomo) e *valore di scambio* (che è il rapporto quantitativo tra una merce e un'altra di diverso tipo: attraverso infiniti scambi si stabiliscono continuamente dei rapporti di equivalenza tra i valori d'uso più diversi).

Base del valore di scambio di due merci diverse è il *lavoro*. La produzione delle merci è un sistema di rapporti sociali in cui i singoli produttori creano prodotti di qualità diversa (in virtù della divisione sociale del lavoro) e tutti questi prodotti sono fatti uguali l'uno all'altro mediante lo scambio. Di conseguenza quello che tutte le merci hanno in comune non è il lavoro concreto di un determinato ramo della produzione, né il lavoro di una stessa categoria di prodotti, ma il *lavoro umano astratto* (in generale).

È questo tipo di lavoro che dà il vero valore alle merci. La grandezza del valore è determinata dalla quantità (o tempo) di lavoro *socialmente necessario* per produrre una data merce, cioè non è determinata dal tempo "individuale" impiegato da un singolo produttore.

Nel capitalismo una merce non si scambia con un'altra merce, ma si scambia col denaro, che svolge il ruolo di equivalente universale (come prima l'oro). Ad un certo grado di sviluppo della produzione mercantile il denaro si trasforma in capitale. Prima la formula della circolazione delle merci era M (merce) - D (denaro) - M (merce). Ora diventa D-M-D' (ove D' è la somma di denaro originalmente anticipata più un incremento: il *plusvalore*). Ora si compra non per l'uso ma per la vendita, per il *profitto*.

Da dove viene questo profitto? Il plusvalore non può scaturire dalla circolazione delle merci, perché questa conosce solo lo scambio tra equivalenti, né può sorgere da un aumento dei prezzi, perché i guadagni e le perdite reciproche dei venditori e degli acquirenti si compenserebbero. Per ottenere plusvalore il possessore di denaro deve trovare sul mercato una merce il cui valore d'uso abbia la proprietà peculiare di essere fonte di altro valore. Questa merce è la forza-lavoro dell'uomo. Il capitalista non paga tutta la forza-lavoro dell'operaio, ma solo quella parte sufficiente all'operaio per riprodurla; contemporaneamente però il capitalista può disporre di questa forza-lavoro per un tempo superiore a quello necessario per riprodursi: è sulla base della differenza di questo tempo che il capitalista realizza il plusvalore. Ad es. in 6 ore l'operaio può creare un prodotto la cui vendita basta a coprire le spese del proprio mantenimento, ma siccome il capitalista gli ha offerto in anticipo un contratto sulla sua forza-lavoro complessiva, ne risulta che nel tempo di lavoro supplementare l'operaio non viene pagato, ma solo sfruttato, per cui *il plusvalore non è che pluslavoro non retribuito*.

Di per se stessi i mezzi di produzione non rappresentano "capitale", perché lo diventano solo quando servono a sfruttare lavoro altrui. Va inoltre sottolineato - dice Marx - che non è stato il capitalismo a scoprire il pluslavoro, poiché questo esisteva in tutte le società dove una piccola minoranza deteneva il monopolio dei mezzi produttivi. In queste società però non dominava il *valore di scambio*, ma il valore d'uso del prodotto e quindi, per il carattere stesso della produzione (che era per i bisogni locali immediati) non si aveva un illimitato bisogno di plusvalore.

Naturalmente perché l'operaio venga sfruttato, occorre che sia libero di accettare il contratto (non può quindi essere un servo della gleba o un artigiano nelle corporazioni), ma deve essere *giuridicamente libero*, oltre che totalmente privo di mezzi di sussistenza (terra e mezzi produttivi). Cioè egli deve poter esistere solo vendendo forza-lavoro.

L'aumento del plusvalore è quindi possibile in due modi: 1) prolungando la giornata lavorativa (*plusvalore assoluto*) o 2) riducendo, con la razionalizzazione del lavoro o l'introduzione di nuova tecnologia, il tempo di lavoro necessario alla riproduzione della forza-lavoro (*plusvalore relativo*).

Marx analizza tre stadi storici nello sviluppo della produttività del lavoro in regime capitalistico: *semplice cooperazione, manifattura* e *produzione meccanica*. Quest'ultima ha assicurato la piena vittoria del capitalismo.

Caratteristiche fondamentali del capitalismo (concorrenziale):
- crisi di sovrapproduzione, cioè eccesso di beni prodotti, per realizzare profitti, che non possono essere consumati a causa dei bassi salari;
- nello stadio industriale avanzato si ha l'eliminazione dei piccoli capitalisti che producono a costi superiori e non riescono a tenere il passo con le innovazioni tecnologiche e la concentrazione dei capitali;
- l'accumulazione capitalistica esige l'allargamento della popolazione operaia, ma con l'estendersi della tecnologia si riduce l'impiego di lavoro e si crea una sovrappopolazione relativa, con cui il capitalista tiene bassi i salari degli occupati (quando questa sovrappopolazione diventa assoluta i capitalisti, nel timore d'essere espropriati, tendono a scatenare delle guerre);
- legge della caduta tendenziale del saggio di profitto, ovvero il capitalista, essendo interessato a realizzare sempre maggiori profitti, cerca di introdurre nuovi macchinari, facendo notevoli investimenti: se a questo si aggiunge la difficoltà di piazzare le merci per le limitate capacità di acquisto degli acquirenti o per la concorrenza di altri capitalisti, di avere le materie prime a prezzi ridotti, di avere una classe operaia combattiva - si spiega il motivo per cui il saggio generale del profitto tende ad abbassarsi.

L'analisi della merce

Marx apre la prima sezione de *Il Capitale* costatando che "la ricchezza delle società, nelle quali predomina il modo di produzione capitalistico, appare come un'immensa raccolta di merci" (p. 25), cioè è una ricchezza il cui valore si misura in termini *quantitativi*: quante più merci circolano, tanto più la società è ricca. La "qualità" dipende dalla "quantità"; la "qualità" decisa dalla "quantità" è sempre inerente ai "beni materiali", e viene decisa sulla base di questi beni, in modo particolare sul loro *possesso*.

La merce infatti - prosegue Marx - ha la pretesa di soddisfare "bisogni umani di qualunque specie", materiali e spirituali. Lo fa a prescindere dal "come". La pretesa della merce non dipende dalla sua effettiva riuscita: è, per così dire, di tipo "genetico".

Nella società capitalistica la merce è composta di due fattori: il *valore d'uso* e il *valore di scambio*. Il primo è deciso sulla base del *consumo*: ha un valore ciò che serve per l'individuo. Il secondo invece rappresenta un modo d'esprimere, di due merci, il *valore equivalente*. Marx vuole qui evidenziare che nel capitalismo lo scambio prescinde, in un certo senso, dall'uso e quindi dalla qualità delle merci, limitandosi più che altro alla loro quantità, sebbene una comprensione adeguata della natura del valore di scambio - Marx lo dirà più avanti - debba necessariamente prescindere dalle questioni quantitative relative alle proporzioni delle merci, per rivolgersi alla *qualità* del *lavoro astratto, socialmente necessario*, in esse racchiuso.

Viceversa, in una società pre-capitalistica lo scambio non potrebbe mai prescindere dall'uso. Marx infatti afferma che se si prescinde dal valore d'uso, si prescinde da tutto ciò che dà significato alle cose e al loro stesso uso. Nel capitalismo il valore di scambio è determinato da una sorta di "lavoro umano astratto" (p. 29), cioè da un lavoro che non può essere concretamente osservato, essendo una "fantastica oggettività" (ib.). Nel capitalismo lo scambio è indipendente dall'uso. Questo naturalmente non significa che nelle società pre-capitalistiche non poteva esistere un valore di scambio *mutevole*, soggetto a varie circostanze, come non significa che nel capitalismo le merci non abbiano un valore d'uso.

Come si può notare, Marx è partito con un'analisi *fenomenologica*, ma ha già chiarito che è impossibile spiegare il mistero della merce capitalistica (che si sdoppia in due valori contrapposti) con gli strumenti di quest'analisi. Ne occorre una che vada al di là delle "forme" e che entri nella loro "sostanza", con la "forza dell'astrazione". Marx dirà nella *Prefazione* alla prima edizione che per comprendere i misteri della merce (le sue "sottigliezze") è stata necessaria un'analisi simile a quella dell'"anatomia microscopica". In pratica egli è dovuto passare, per superare i limiti metafisici degli economisti inglesi del suo tempo, dalla fenomenologia all'*ontologia* dell'economia politica, cercando di spiegare, sulla base dell'analisi storica, la contraddizione fondamentale, antagonistica, del sistema capitalistico.

*

Il valore di scambio, nel capitalismo, non solo si forma a prescindere dal valore d'uso, ma, in definitiva, determina questo stesso valore. Cioè un aspetto esterno o estrinseco determina un aspetto interno o intrinseco, sebbene nella "merce" - dice Marx - il valore di scambio sia più "intrinseco" di quanto non lo sia il valore d'uso in un oggetto qualsiasi.

Il "valore" di una merce consiste nella sua più o meno grande scambiabilità. Il valore di scambio è la forma fenomenica del valore di una merce. Marx si riferisce sempre alle "merci", cioè a prodotti finalizzati anzitutto allo scambio.

Un bene ha tanto più valore d'uso quanto più è grande la quantità di lavoro umano in esso oggettivato. La sostanza che crea valore è il *lavoro*. Naturalmente qui Marx dà per scontato che il bene debba avere un valore d'uso per la sussistenza dell'uomo o per la produzione di qualcosa. Egli non prende in considerazione il fatto (irrilevante da un punto di vista strettamente economico) che un bene può avere un altissimo valore (per la *coscienza* del soggetto) senza per questo avere un vero uso pratico, concreto, funzionale.

Nel *Capitale* il valore viene considerato solo in due modi: d'uso e di scambio. *Tertium non datur*. Quando Marx parla del valore in sé, senza aggettivi, lo intende sempre strettamente connesso al valore di scambio. "Una cosa può essere *valore d'uso* - dice - pur non essendo valore" (p. 32). C'è "valore" solo quando c'è "scambio". Il valore di scambio, nel *Capitale*, o viene esaminato in sé e per sé, oppure nel suo rimando al valore d'uso, mentre questo generalmente si riferisce ai fattori materiali della sussistenza umana e della produzione di beni.

La cosa, a ben guardare, è limitativa rispetto alle capacità umane di gestire le proprie risorse, che non sono solo "materiali". Ecco, in questo senso, il valore d'uso, nel *Capitale*, non rimanda mai alla *cultura* con cui l'essere umano dà valore, storicamente, alle cose. È forse "anti-marxista" aggiungere, in maniera *paritetica*, ai due valori "classici" (d'uso e di scambio) quello *culturale* e includere tra i valori culturali quelli normativi, affettivi, estetici ecc.?

Esistono cose che "non hanno valore" proprio in quanto il loro valore è incommensurabile, cioè non quantificabile, non monetizzabile. Una collana di conchiglie, per l'indio lucayo incontrato da Colombo durante il primo viaggio, poteva avere più valore di un oggetto artigianale in oro massiccio, semplicemente perché quella collana era stata costruita dallo stesso indigeno. Ma se essa gli fosse stata regalata dalla persona amata, avrebbe sicuramente avuto un valore maggiore. E se quella persona gli avesse addirittura salvato la vita o fosse morta poco prima di donargli la collana, allora questa avrebbe avuto un valore assolutamente incommensurabile. L'indio l'avrebbe conservata gelosamente e non l'avrebbe barattata con nessun'altra cosa al mondo.

L'indio in questione conosce sia il valore d'uso che il valore di scambio, ma più di tutto sa apprezzare il valore *in sé* delle cose, che prescinde sia dall'uso materiale che dallo scambio. Un valore può diventare incommensurabile non tanto perché non esiste sul mercato un possibile acquirente, quanto perché la cultura che si riflette nella coscienza dell'indio e la coscienza che si rispecchia nella sua cultura non vogliono paragonarlo con nessun'altra cosa.

Dunque se la sostanza che crea un valore "materiale" delle cose è il *lavoro*, quella che crea un valore "spirituale" delle cose è la *coscienza*: beninteso, non la coscienza astratta, di tipo kantiano, universalmente valida, ma la coscienza di un soggetto appartenente a una determinata *cultura storica*, quella stessa cultura che dà valore al lavoro umano.

Marx non era interessato a questo discorso perché esaminava le cose dal punto di vista dell'*economia politica*. La sua principale preoccupazione era quella di dimostrare i limiti e le irrisolte contraddizioni dell'economia politica classica (borghese), restando il più possibile all'interno di quest'ambito d'indagine. Pur avendo compreso perfettamente l'esistenza di un nesso tra struttura economica e sovrastruttura ideologica, Marx non avrebbe mai accettato l'idea che l'origine delle contraddizioni dell'economia politica borghese e della stessa formazione sociale capitalistica (il cui antagonismo irriducibile è riflesso in quella scienza borghese), va ricercata nel *contesto culturale* (ideologico, in particolare religioso) precedente a quella formazione sociale.

*

Per Marx il valore di una merce è dato dalla quantità di lavoro (misurabile con la sua durata nel tempo), ovvero è dato dal tempo di lavoro *socialmente necessario*, dal grado sociale medio di *abilità* e d'*intensità* di lavoro (il dispendio di energie). Naturalmente ciò dovrebbe essere deciso dall'*intera società*. Inutile qui aggiungere che nel capitalismo non è la società, *nel suo insieme*, che decide il carattere "medio" dell'abilità, dello sforzo fisico-intellettuale, del tempo necessario, ma è la classe capitalistica che, sulla base delle leggi dello sfruttamento e delle innovazioni tecniche, impone a tutta la società i propri criteri relativi alla "medietà".

Su questo si può qui aprire una parentesi in riferimento alla situazione attuale del cosiddetto "globalismo". Poiché sotto il capitalismo il valore d'uso non è mai allo stato per così dire "puro", ma sempre mediato dal valore di scambio, l'acquirente, se non è in grado di produrre il medesimo valore d'uso o se non è in grado di sapere, in maniera più o meno diretta, con quali modalità viene esso prodotto, non può assolutamente conoscere, anche solo approssimativamente, il *tempo socialmente neces-*

sario, cioè minimo, con cui produrlo. Ebbene, in un mercato mondiale, quale appunto quello globalizzato, questa non è una situazione eccezionale, ma la regola, che non viene certo ridimensionata dal gioco delle borse titoli e valori, le quali anzi agiscono in maniera del tutto indipendente dall'economia reale, produttiva.

Si potrebbe quindi dire che quanto più il commercio s'internazionalizza, tanto meno vale il principio secondo cui il valore di una merce è determinato dal tempo di lavoro socialmente necessario. Questo tempo di lavoro ha dei costi e dei ritmi completamente dipendenti dalle circostanze particolari in cui viene impiegato e che sfuggono, in maniera naturale, ai controlli dei mercati. Per "circostanze" si devono intendere le specifiche modalità produttive (spesso condizionate da precedenti rapporti di tipo colonialistico), ma anche le tecniche impiegate (che dalla multinazionale possono anche essere semplificate al massimo e redistribuite in luoghi del tutto diversi, ignari l'uno dell'altro), il rapporto di lavoro (più o meno sindacalizzato), ecc.

Il valore di una merce oggi è determinato da fattori molto più irrazionali di quel che possa sembrare: dai monopoli alle borse, dalla pubblicità alle mode, dai mercati esteri alle notizie di agenzie che valutano l'economia degli Stati, dalle dichiarazioni dei manager agli azionisti alle speculazioni bancarie, e soprattutto dalle differenze, spesso abissali, tra i livelli di sviluppo delle diverse economie nazionali, che pur sono costrette a coesistere in un unico mercato mondiale. La determinazione del prezzo di una merce sfugge, per molti versi, alle stesse aziende che la producono. Spesso, anzi, proprio questo lato aleatorio del valore e quindi del prezzo di una qualunque merce, fa sì che le possibilità di speculazione aumentino a dismisura, quando addirittura, per quanto concerne le merci considerate "strategiche", non ci si serve di questa assoluta vaghezza per destabilizzare gli Stati o provocare conflitti di varia natura. Chiusa la parentesi.

Marx non ha mai approfondito il motivo *culturale* per cui, ad un certo punto, è potuto accadere che una determinata classe sociale potesse decidere, per tutta la società, di assegnare il valore delle cose a partire anzitutto dal lavoro, cioè considerando il lavoro come "autosignificantesi", a prescindere dal *contesto* socio-culturale che dà un *senso* allo stesso lavoro. Marx si limitò a costatare che tale "cultura del lavoro" era nata nell'ambito del *cristianesimo* (specie nella sua variante borghese, che è il *protestantesimo*), ma non è mai riuscito a spiegare perché questa cultura non sarebbe potuta sorgere nell'ambito della confessione ortodossa o islamica, e neppure in quella cattolica, se questa non si fosse laicizzata, trasformandosi appunto in protestantesimo.

Marx afferma, nella *Prefazione* suddetta, che "al giorno d'oggi, a confronto della critica dei tradizionali rapporti di proprietà, lo stesso ateismo è diventato 'culpa levis'". In effetti, questo era vero per la cultura protestante, ma non sarebbe stato vero, nella stessa misura, anche per quella cattolica, proprio perché l'ideologia cattolica conserva nei confronti dell'ideale di una società religiosa un interesse maggiore, che all'individualista protestante manca.

Da notare, *en passant*, che nel capitalismo, almeno nella sua fase *concorrenziale*, il lavoro presumeva di dare un valore alle cose, a prescindere dalla cultura sociale (di origine cattolica) in cui lo stesso lavoro trovava il suo significato, la sua relativizzazione. Il lavoro aveva questa pretesa perché la religione protestante si era emancipata dalla teologia cattolica.

In seguito, nella fase *monopolistica*, il lavoro non è stato più in grado di dare un valore alle cose. Il valore oggi viene sempre più determinato da fattori che precedono o che seguono il lavoro vero e proprio (come ad es. la ricerca scientifica finalizzata al lucro, la pubblicità ecc.). Il lavoro oggi è la cosa che conta di meno, poiché sempre più viene sostituito dalle macchine e da aspetti irrazionali del mercato (ad es. la moda).

Dopo essersi reso indipendente dal contesto socio-culturale che gli dava significato, il lavoro (borghese) ha preteso di sostituirsi a quel contesto, dando valore alle cose: ne è risultato che il valore delle cose oggi non ha altro senso che non sia quello d'incrementare profitti fini a se stessi, soprattutto nella forma della rendita finanziaria.

*

La *grandezza di valore* di una merce varia al variare della forza produttiva del lavoro, ma mentre nelle società pre-capitalistiche tale grandezza rimaneva abbastanza *costante*, nel capitalismo invece, a causa dello sviluppo intensivo dello sfruttamento del lavoratore e della scienza applicata alla produzione, tale grandezza varia di continuo. Le "condizioni naturali" sono le ultime che possono, sotto il capitalismo, contribuire al mutamento della grandezza di valore, mentre nelle società pre-capitalistiche esse erano generalmente al primo posto.

La mancanza di una grandezza di valore costante è caratteristica del capitalismo, che non vuole conservare nei confronti del passato alcun rapporto. "In generale - dice Marx - quanto più è grande la forza produttiva del lavoro, tanto più corto è il tempo di lavoro necessario alla produzione di un articolo, tanto più piccola la massa di lavoro in esso cristallizzata e più basso il suo valore". È stato appunto così che il capitalismo emergente ha potuto distruggere il primato dell'agricoltura e dell'artigianato. Con la concorrenza dei prezzi, il capitalismo ha imposto sulla *qualità* del *lavoro concreto* la forza della *quantità* del *lavoro astratto*. Esso ha distrutto la "piccola forza produttiva del lavoro" che, avendo bisogno di molto tempo per produrre i beni, crea un valore d'uso molto grande. Insieme al senso della qualità delle cose, esso ha distrutto anche il primato dell'uomo sulla macchina, la creatività sulla produzione in serie.

*

Quando nasce il capitalismo? quando si comincia a produrre *valore d'uso sociale* o quando si produce *solo* per il mercato? Il paradosso, infatti, è questo, che mentre col capitalismo un oggetto viene destinato esclusivamente a un uso *sociale*, poiché non ci si limita più a soddisfare i bisogni dei produttori, con lo stesso capitalismo la prevalenza *sociale* dello scambio, che si realizza nel mercato, fa perdere alla merce il suo effettivo valore d'uso e le fa acquistare un altro valore, quello che le dà chi la produce (che è un proprietario privato). Di qui i bisogni indotti, artificiali, superflui.

In altre parole, mentre da un lato il carattere sociale della produzione per il mercato sembra superare qualitativamente la ristrettezza del carattere individuale della produzione per l'autoconsumo; dall'altro, invece, proprio quella pretesa socializzazione della merce toglie a questa il suo valore d'uso e assicura al singolo proprietario che produce valori di scambio un primato sulla collettività, rendendo meramente "quantitativo" quel superamento che pretendeva d'essere "qualitativo".

Dove sta l'inganno di questo processo, in cui lo stesso Marx, in parte, è caduto? Sta nel far credere che la produzione per l'autoconsumo non abbia alcun carattere di "socialità", che sia cioè una produzione individuale. In realtà, anche nella società feudale esisteva il *valore d'uso sociale*, esistevano delle merci che si vendevano sul mercato, ma la differenza, rispetto al capitalismo, era che non si produceva *esclusivamente* per il mercato, non si faceva del mercato il *sostituto* della comunità rurale o di villaggio. I commercianti di schiavi, di spezie o di articoli di lusso, gli stessi usurai non avevano certo la forza sociale per mutare questo stato di cose.

Se vogliamo, la nascita del capitalismo ha rappresentato l'illusione di credere che il mercato costituisse l'elemento più socializzante della vita pubblica. Ma se questa illusione ha potuto far breccia nella comunità agricola, distruggendola dalle fondamenta, significa che in quella comunità i rapporti sociali non erano vissuti dai lavoratori secondo *giustizia*. Il mondo contadino ha potuto essere ingannato dalla classe borghese, con relativa facilità, appunto perché nelle campagne vigeva il *servaggio*. Nell'esaminare i motivi per cui il cattolicesimo è stato superato dal protestantesimo non si deve dimenticare l'importanza fondamentale di questa contraddizione sociale. Per secoli il contadino ha lottato contro il servaggio, ma in Europa occidentale si è riusciti ad eliminarlo solo con una diversa forma di schiavitù, quella del *lavoro salariato*.

Se l'illusione non avesse intaccato la maggior parte dei contadini di ogni comunità, nessun abile e spregiudicato mercante di schiavi, di spezie o di articoli di lusso avrebbe potuto subordinare le esigenze della comunità agricola a quelle del mercato.

È dunque sbagliato sostenere che nella società feudale non si produceva *valore d'uso sociale*. Tale valore esisteva nell'ambito della *comunità di vita e di lavoro*, e anche sul *mercato*, relativamente alle eccedenze che si volevano vendere. Ciò che non esisteva era la produzione finalizzata *unicamente* al mercato, alla vendita, se non in limitatissimi casi. Il "grano di tributo" o della "decima", che il contadino produceva per il signore feudale o per il prete, aveva un valore d'uso sociale, anche se non come il surplus venduto sul mercato per acquistare sale, spezie e altre cose: la differenza stava che il primo valore d'uso sociale era estorto con la *coercizione*, per cui alla fine diventava di "proprietà privata"; il secondo invece era *libero*.

In altre parole, nell'ambito della comunità agricola poteva esserci valore d'uso sociale senza che per questo vi fosse uno scambio equivalente, diretto, immediato, fra un bene e l'altro (ciò che appunto si verificava sul mercato). Lo scambio poteva essere "simbolico", indiretto, nel senso che il contadino poteva produrre un bene d'uso sociale per ottenere in cambio la possibilità della sopravvivenza della propria comunità.

Nel servaggio invece egli era costretto a produrre un bene d'uso sociale che a causa della coercizione extra-economica diventava *privato*: un bene che serviva appunto al feudatario per garantirsi la sopravvivenza della rendita. Questo per dire che la merce rappresenta un'alternativa vincente al valore d'uso sociale soltanto quando questo, in realtà, ha smesso d'essere sociale ed è diventato *privato*.

Il punto sta proprio in questo, che il contadino voleva essere sempre più *libero* di produrre per il proprio autoconsumo (ovvero per il consumo del proprio villaggio) e naturalmente di acquistare sul mercato, e sempre meno voleva essere costretto a produrre valori d'uso per altri. Il borghese deve aver fatto leva su questa contraddizione sociale e su questa esigenza emancipativa.

Bisogna quindi distinguere tra *valore d'uso sociale* e *merce*: il primo viene prodotto *anche* per il mercato, la seconda viene prodotta *solo* per il mercato. La precisazione di Engels, messa tra parentesi, a p. 33, non ha chiarito questa differenza, pur avendone lo scopo, e non tanto perché Engels non sappia che sul mercato esistono solo "merci", quanto perché egli con una certa difficoltà avrebbe ammesso la presenza d'un *valore d'uso sociale* nel Medioevo. Marx ed Engels nutrivano non pochi pregiudizi nei confronti delle società agricole e delle idee "comunistiche" degli ambienti contadini, almeno sino a quando non verranno a contatto col *populismo russo*.

Per loro la produzione agricola era di carattere prevalentemente individuale. Non a caso Marx, nella suddetta *Prefazione*, afferma che la Germania "feudale" è destinata, prima o poi, a diventare come l'Inghilterra "capitalistica". Questo perché "il paese industrialmente più sviluppato non fa che mostrare al meno sviluppato l'immagine del suo avvenire". Al massimo - dice ancora Marx - si "possono abbreviare e attutire le doglie del parto, ma non saltare né togliere di mezzo con decreti le fasi naturali dello svolgimento".

Secondo Marx (ed Engels) il passaggio dal feudalesimo al capitalismo andava considerato come parte di un "processo di storia naturale", in cui il singolo non è assolutamente "responsabile di rapporti da cui egli socialmente proviene, pure se soggettivamente [leggi: con la sua *coscienza personale*] possa innalzarsi al di sopra di essi".

In realtà, mentre nel capitalismo un bene diventa sociale *solo* sul mercato (e per questa ragione esso riflette solo l'interesse di individui *privati*), nella società feudale invece un bene è individuale solo nella misura in cui è *sociale*, nel senso che il valore di un bene non viene mai deciso dal singolo individuo, né da un elemento che, rispetto alla comunità di lavoro, rappresenta (come nel caso del mercato) un aspetto di secondaria importanza.

Ecco perché si deve affermare che se l'individuo può soggettivamente "innalzarsi" al di sopra dei rapporti sociali da cui proviene, allora non si deve considerare la transizione dal feudalesimo al capitalismo come un processo "naturale", inevitabile, assolutamente necessario. L'inevitabilità è sempre una conseguenza del fallimento di alcune alternative concrete.

*

Al paragrafo 2, dopo aver parlato della differenza tra *valore d'uso* e *valore*, intendendo per "valore" la *sostanza* prodotta dal lavoro e la *grandezza* prodotta dal tempo di lavoro socialmente necessario, dopo aver specificato la differenza tra valore d'uso e valore di scambio, Marx riprende la dimostrazione già fatta in *Per la critica dell'economia politica* sulla "doppia natura" del lavoro contenuto nella merce. Non dimentichiamo che *Il Capitale* vuole essere la continuazione del suddetto volume, apparso nel 1859, e, in particolare, il suo primo capitolo - come dice Marx nella *Prefazione* - vuole essere un riassunto delle parti significative di quella ricerca, con l'aggiunta di precisazioni e chiarimenti indispensabili.

Quando Marx inizia a parlare della divisione sociale del lavoro e afferma ch'essa "è il presupposto dell'esistenza della produzione delle merci" (p. 34), non bisogna intendere tale affermazione nel senso che là dove esiste una divisione sociale del lavoro, la produzione è *unicamente* finalizzata al *mercato*. La divisione del lavoro non suppone *di per sé* il capitalismo.

Viceversa, quando Marx aggiunge, subito dopo la suddetta asserzione, che "la produzione delle merci non è presupposto dell'esistenza della divisione sociale del lavoro", e sceglie, come esempio di questo, "l'antica comunità indiana", dove "il lavoro è socialmente diviso, senza che i *prodotti* divengano *merci*", qui si possono ipotizzare due spiegazioni: o Marx è caduto in una svista, poiché l'esempio riportato contraddice la sua seconda asserzione; oppure egli voleva sostenere che le merci possono essere prodotte da una comunità il cui lavoro non è socialmente diviso, ma allora ciò contraddice la prima asserzione.

Marx, in pratica, fa questo ragionamento: la divisione del lavoro può esserci anche nella proprietà collettiva (come ad es. nella comunità indiana), ma in tal caso non si è in grado di produrre *merci*, poiché queste sussistono solo in presenza di una *proprietà individuale*. Infatti, "solo prodotti di *lavori privati* autonomi e *indipendenti l'uno dall'altro* si possono confrontare reciprocamente *come merci*" (ib.). Cioè solo quando la "comunità" è *finita* e ad essa si è sostituita la *libera proprietà privata*, si può parlare di divisione sociale del lavoro finalizzata alla produzione di merci.

L'incoerenza logica che Marx ha manifestato nella seconda asserzione (e che Engels probabilmente non è riuscito a spiegarsi) non è semplicemente il frutto di una svista, ma piuttosto di un *pregiudizio* nei confronti delle formazioni sociali pre-capitalistiche, specie di quelle non-schiavistiche.[2] Marx cioè vuole qui attribuire la facoltà di produrre merci *unicamente* all'indipendenza dei produttori singoli semplicemente perché

---

[2] Attenzione che se per "antica comunità indiana" Marx intende uno schiavismo di tipo statale, la contraddizione, invece di diminuire, aumenta, poiché in tutte le civiltà schiavistiche i mercati erano essenziali.

non riesce a contemplare la possibilità che una comunità, basata sull'autoconsumo, possa produrre, con la propria divisione del lavoro, *merci* per un'altra comunità, e che faccia questo senza escludere l'esistenza, al proprio interno, delle proprietà individuali, ovvero degli "affari privati di autonomi produttori". In altre parole, Marx non credeva possibile conciliare proprietà individuale e proprietà sociale all'interno della comunità agricola pre-capitalistica. Le merci potevano essere prodotte solo da individui privati la cui proprietà si contrapponesse a quella sociale.

Questo modo di vedere le cose oggi, se si vuole costruire il *socialismo democratico*, va superato. Senza dubbio è vero che la libera proprietà privata non presuppone, *di per sé*, una finalizzazione *esclusiva* della produzione per il mercato. Però la storia ha dimostrato che nel capitalismo ciò avviene in maniera generalizzata, irreversibile, senza soluzione di continuità. Il motivo di questo Marx lo spiegherà più avanti, quando parlerà del fatto che la presenza di una proprietà privata *per pochi* e di una libertà *per tutti*, obbliga la divisione del lavoro a produrre *soltanto* merci e lo stesso lavoratore a trasformarsi in una "merce".

In tal senso si può qui affermare che né la produzione di merci, né la divisione del lavoro presuppongono, *di per sé*, la *separazione* del lavoratore dalla proprietà dei suoi mezzi produttivi: solo in forza di questa *alienazione materiale* un prodotto diventa *esclusivamente* "merce". Dunque, per converso, la libera proprietà privata non produrrà *unicamente* per il mercato soltanto quando essa sarà patrimonio di *tutta* la società, cioè soltanto quando la libera proprietà privata non verrà gestita *in contrapposizione* alla libera proprietà altrui. Ma la proprietà privata non sarà mai *libera* finché resterà patrimonio di pochi *monopolisti*.

Detto altrimenti: Marx vuole una divisione del lavoro che non produca merci in forza di un'alienazione sociale, quella secondo cui il lavoratore non è padrone di ciò che produce. Quindi il criterio per una divisione sociale del lavoro che sia democratica è la proprietà *comune* dei mezzi produttivi. Eppure qui ci si scontra con un'evidenza disarmante: una proprietà del genere, realizzata nella forma "statale" del socialismo, è sempre risultata fallimentare, anche nell'antichità.

Una proprietà comune dei mezzi produttivi ha resistito nel tempo soltanto quando la divisione del lavoro avveniva in *comunità locali autogestite*, cioè quando essa era molto semplice, quasi naturale, e soprattutto quando la competenza per esercitare un determinato lavoro *non appariva esclusiva*. In effetti, una divisione del lavoro appare davvero utile quando le competenze per esercitarla sono *intercambiabili*, cioè non sono così elevate da rendere impossibile *un'alternanza dei ruoli o delle funzioni*. All'interno di una comunità autogestita la divisione del lavoro può essere accettata per *comodità reciproca*, nella consapevolezza che non esiste alcun privilegio da difendere. Una cosa, infatti, è accettare liberamente una certa differenza nei ruoli sociali; un'altra è fare di questa differenza il pretesto o l'occasione per esercitare una forma di dominio. Probabilmente l'unica forma di divisione del lavoro imposta dalla natura è quella relativa alla procreazione.

*

Meritevole d'attenzione è l'affermazione di Marx secondo cui il valore d'uso è il prodotto di un "lavoro utile" e non della "natura" *in sé*. Il lavoro è l'unica "attività speciale, produttiva e conforme a uno scopo" (p. 35), in grado di adattare "particolari materiali naturali a particolari bisogni umani" (ib.).

Nell'economia politica di Marx l'uomo produce valori d'uso in quanto appartiene alla natura. Nel senso che, in ultima istanza, è la *stessa natura* che, attraverso l'uomo, produce valori d'uso *per sé*. La produzione di valori d'uso - osserva Marx - è "una perenne necessità della natura" (ib.). In nota egli cita una frase di Pietro Verri, secondo cui l'uomo non "crea" ma si limita a "trasformare" la materia ("accostando e separando").

Con questo ragionamento Marx non ha dato una vera spiegazione di ciò che dà *valore* al lavoro. Da economista qual era, egli riteneva che il valore del lavoro (concreto) stesse nello *stesso valore d'uso* dei prodotti creati: il valore di una "causa" veniva qui dai suoi "effetti". In tal modo però è impossibile uscire dalla tautologia, dal determinismo economico. Cosa che invece si può fare affrontando il problema della *cultura* che dà senso all'attività lavorativa e che, in definitiva, permette di distinguere un *criterio* di lavoro da un altro. L'indagine su questa cultura, partendo da un'analisi di tipo marxista, deve ancora essere fatta.

Non avendo considerato l'elemento della cultura, essendosi cioè limitato a quelli della materia naturale e del lavoro (relativamente alla formazione del valore d'uso), Marx è caduto in una contraddizione che, se si resta nell'ambito dell'economia politica, è irrisolvibile. Da un lato, infatti, Marx sostiene che il valore d'uso è prodotto dal lavoro utile, lasciando così credere che il lavoro sia un'attività *specifica* dell'uomo; dall'altro però sostiene che, nel produrre tale valore, l'uomo "può agire solo come la stessa natura, cioè solo *modificando le forme dei materiali*" (ib.).

Il che, in sostanza, non permette di spiegare in che modo il lavoro dell'uomo va considerato *qualitativamente diverso* da quello dell'animale. Se l'uomo fosse semplicemente un ente naturale, i suoi valori d'uso non potrebbero avere, tra loro, differenze di sostanza, grandezza e forma così rilevanti. Per quanto grandi possano essere le differenze tra una tela di ragno e un'altra, mai nessun ragno potrà mai uscire dall'ordine degli aracnidi. Nel costruire oggetti di valore d'uso da parte del mondo animale, le differenze sono visibili e anche rilevanti, ma mai paragonabili alle capacità operative dell'essere umano, il quale è sì un *prodotto* della natura, ma un prodotto che *supera* la natura stessa.

Certo, finché si considera il rapporto dell'uomo con la materia, l'attività lavorativa non potrà essere che quella della *trasformazione*, essendo la materia (o la natura) *antecedente* alla comparsa dell'uomo sulla terra. Tuttavia, se si considera il rapporto dell'essere umano *con se stesso e con il suo simile*, non si può non costatare che l'elemento della *coscienza, sociale e personale* (ovvero dell'*autocoscienza*) rappresenta il superamento della stessa natura (che è determinata da leggi meccaniche), poiché, al di fuori dell'essere umano, non esiste in alcun altro ente di natura la *coscienza di sé*.

*

La principale difficoltà della teoria del valore-lavoro di Marx non si riscontra tanto nell'esame del valore d'uso, quanto in quello del valore di scambio, e non perché si tratti del valore di scambio *in sé*, quanto perché, sotto il capitalismo, tale valore è quanto di più complesso, di più contraddittorio, si possa pensare, avendo esso un *primato ingiustificato*, arbitrario, sul valore d'uso.

Nella seconda parte del paragrafo 2, Marx parla del valore della merce, ovvero del passaggio dal lavoro utile, concreto (per il valore d'uso) al lavoro astratto (per il valore di scambio). Egli afferma che ogni società ha sempre cercato di sostituire a una "quantità maggiore di lavoro semplice" una "quantità minore di lavoro complesso" (p. 37), cioè ha sempre cercato di produrre di più in minor tempo.

Tale "economicità" non sta *di per sé* ad indicare la transizione dal feudalesimo al capitalismo. Perché ciò avvenga occorre che il lavoro astratto abbia un *primato decisivo* su quello concreto, al punto che quest'ultimo sia rovesciato dalle fondamenta e al valore della *qualità* si sostituisca, *tout-court*, quello della *quantità*.

Tuttavia, Marx non è riuscito a spiegare, né mai vi riuscirà, il motivo per cui, *ad un certo punto*, la società, *nel suo insieme*, sulla base di una determinata *cultura* (la quale naturalmente avrà subìto un'evoluzione nel corso del tempo), preferisce *anzitutto e soprattutto* produrre sempre di più in un tempo sempre minore, sconvolgendo così "le proporzioni fornite dalla tradizione" (ib.). Né egli ha qui considerato l'eventualità che la "riduzione" del tempo o il "potenziamento" del lavoro semplice possano essere dettati da motivi occasionali, contingenti (come ad es. le calamità naturali) e che la società, dopo aver risolto i problemi *straordinari*, torni spontaneamente ai metodi *ordinari* di sussistenza e produzione.

Pur senza dirlo esplicitamente, Marx intende far notare che la transizione dal feudalesimo al capitalismo (cioè dal valore d'uso *prevalente* al valore di scambio *prevalente*) è stata necessaria, inevitabile, così come è necessario, *da sempre*, il passaggio dal lavoro concreto al lavoro astratto. Anche se non per mezzo di questo passaggio - sarà lui stesso a riconoscerlo - si deve considerare la transizione al capitalismo come un fatto scontato, essendo necessarie, a tale scopo, *condizioni particolari suppletive*, che non si riscontrano in ogni luogo e tempo. Quelle condizioni appunto che vanno ricercate nella *cultura*, nell'ideologia, nei valori, in una parola nella *sovrastruttura*, e che Marx non ha mai pensato d'individuare e approfondire più di tanto.

Egli considerava più importante il lavoro astratto semplicemente perché con esso è possibile soddisfare *molteplici esigenze*, e certo non solo del singolo individuo. Semmai è il lavoro concreto che - secondo Marx - risulta utile *solo* al singolo produttore. Insomma, ad una società che privilegia l'autoconsumo sul mercato, Marx tendeva a preferire, con la sua visione deterministico-evolutiva, una società che privilegia il mercato sull'autoconsumo. La "qualità" del singolo prodotto non può andare a discapito del "benessere diffuso".

Con molta difficoltà Marx avrebbe accettato l'idea che una corretta valutazione del valore di scambio (ovviamente di due merci diverse) è possibile *solo* se nella società domina il valore d'uso di entrambe le merci. Egli avrebbe obiettato che, in questo caso, non ci sarebbe neppure stato lo scambio di quelle merci sul mercato. Tuttavia il nodo da sciogliere sta proprio in questo, che lo scambio può trovare la sua vera ragion d'essere non solo nel *bisogno* d'una merce che non si possiede, ma anche e soprattutto nella *capacità* che una determinata comunità deve avere di stabilire, con una certa approssimazione, l'esatto valore d'uso di quella merce oggetto di scambio. Uno scambio è virtualmente *democratico*, reciprocamente vantaggioso, quando entrambi i contraenti sanno *in anticipo* quanto tempo e fatica occorrono per produrre una determinata merce. Se lo scambio avviene a prescindere da questa consapevolezza, facilmente chi detiene il monopolio della produzione o della proprietà sarà in grado di sottomettere alla propria volontà il mero consumatore o il produttore più debole.

*

Marx non ha iniziato *Il Capitale* con un'analisi storica dell'accumulazione originaria ma con un'analisi fenomenologica della merce, perché non voleva dare al lettore l'impressione che tutto quanto è stato prodotto dal capitalismo va superato.

Partendo dalla merce, egli ha voluto mostrare, indirettamente, che la transizione dal feudalesimo al capitalismo era indispensabile e che nel capitalismo l'unica cosa che il socialismo non può assolutamente accettare è lo sfruttamento del lavoratore, reso possibile dal fatto che la proprietà dei mezzi produttivi è in mano a pochi capitalisti.

Ecco perché nell'analisi della merce non si riescono a scorgere i motivi di fondo per cui il capitalismo va rovesciato. Marx ha posto le cose come se il capitalismo, sul piano fenomenologico, cioè dell'apparenza fenomenica, non abbia veramente nulla di così "ripulsivo" da necessitare il suo superamento da parte del proletariato.

Il capitolo dove forse più risulta il lato "irrazionale" della merce capitalistica, è quello dedicato al "feticismo". Ma qui l'analisi, che pur viene a toccare aspetti di ordine etico e socio-esistenziale, si limita a una sorta di "filosofia dell'economia" (non molto diversa da quella dei *Manoscritti del 1844*), in quanto Marx non riesce a spiegare quale sia la *cultura* che origina il fenomeno del feticismo.

Se egli avesse lavorato di più sul nesso struttura/sovrastruttura, sarebbe probabilmente arrivato alla conclusione che il superamento del capitalismo dovrà comportare non solo la fine dello sfruttamento, ma anche l'inizio di una *rivoluzione culturale* che modifichi *tutti* gli aspetti del sistema capitalistico, strutturali e sovrastrutturali.

*

Nel paragrafo 3 Marx prende in esame la "forma di valore, cioè il valore di scambio". Mentre nel paragrafo 1 egli aveva mostrato che la "sostanza" e la "grandezza" ottenute attraverso il lavoro e il tempo impiegato per produrre una merce, possono aiutarci a capire il valore d'uso, ovvero "l'oggettività rozzamente sensibile dei corpi delle merci" (p. 41), ora egli non ha dubbi nell'affermare che "l'oggettività del valore delle merci differisce in ciò dalla vedova Quickly, che non si sa dove trovarla" (pp. 40-1).

Anche qui Marx imposta in modo sbagliato la ricerca per trovare la soluzione dell'enigma del valore. Egli infatti afferma che "l'oggettività di valore [delle merci] è semplicemente sociale, e quindi sarà evidente che quest'ultima può apparire solo nel rapporto sociale tra merce e merce" (p. 41).

L'errore sta appunto nel fatto di ritenere "sociale" *solo* il valore di scambio, cioè *solo* il mercato, e di ritenere "individuale" il valore d'uso, la cui oggettività sarebbe "rozzamente sensibile". Per Marx la comunità agricola basata sull'autoconsumo è più individualistica dei soggetti indipendenti che s'incontrano sul mercato per contrattare, sulla base dell'offerta e della domanda, i prezzi delle merci. Posto il problema in questi termini, era ovviamente inconcepibile, per Marx, andare a ricercare l'oggettività del valore di scambio in una comunità del genere. Egli fa un discorso logico partendo da una premessa sbagliata.

Il suo ragionamento potrebbe funzionare a una sola condizione, che i contraenti, sul mercato capitalistico, avessero piena fiducia reciproca. Ma perché questo accada, occorre che nella società domini il valore d'uso, cioè il principio secondo cui un oggetto viene prodotto anzitutto per il consumo individuale e sociale, e solo in secondo luogo per essere venduto. Ora, tale eventualità non è nemmeno ipotizzabile sotto il capitalismo.

*

Secondo Marx il primo motivo per cui è alquanto difficile stabilire l'oggettività del valore di scambio, consiste nel fatto che due merci di genere diverso, ad es. una tela e un abito, sono, nel contempo, "l'uno la condizione dell'altro" ed "estremi che si escludono a vicenda" (p. 42). Infatti l'espressione della "forma di valore semplice" o singola o accidentale, e cioè: venti braccia di tela = un abito, può essere rovesciata nel suo contrario: un abito = venti braccia di tela. In tal modo è impossibile stabilire, in maniera assoluta, quale delle due merci funzioni come *forma relativa di valore* (rispetto ad altra merce) o come *forma equivalente* (generalmente intesa).

L'enigma poteva essere risolto facendo capo al valore d'uso, ma non è stata questa la strada scelta da Marx. Facciamo un esempio. Supponiamo che un intellettuale viva in ristrettezze. Siccome è un appassionato di studi storici, mira ad abbonarsi a diverse riviste che trattano tale argomento. La passione per le riviste è superiore a quella per i libri, poiché esse possono tenerlo aggiornato per un anno intero, mentre un libro, quando vede la luce, è già vecchio di almeno un anno, se tutto va bene. Certo, potrà essere profondo, analitico, originale, ma non avrà mai il pregio dell'attualità, del legame diretto col presente, che fa sentire l'intellettuale, in contatto con altri intellettuali, protagonista del suo tempo.

Ad un certo punto egli s'accorge che l'abbonamento *medio* annuale di ognuna delle sue riviste è di circa 25 euro. Questa cifra, automaticamente, gli diventa un metro di misura oggettivo per tutti i suoi successivi acquisti di libri. Nel senso che ogniqualvolta gli capita di voler acquistare un libro che costa sui 25 euro, prima fa mente locale e poi decide se il suo valore possa corrispondere a quello di un abbonamento annuale a una rivista storica. Di colpo, il valore d'uso del libro, nella coscienza dell'intellettuale, crolla a 20 euro e poi a 15 euro, finché egli decide di non comprarlo (almeno per il momento). "Il libro mi serve, ma costa troppo; costando così troppo, forse non mi serve tanto".

In pratica che ragionamento ha fatto questo intellettuale? Egli non ha fatto altro che abbassare, in *coscienza*, il prezzo del libro mettendolo a confronto con ciò che più gli interessava. Ha fatto trionfare il valore d'uso della rivista sul suo stesso valore di scambio o, se vogliamo, il suo valore d'uso ha fatto abbassare sotto i 25 euro il valore d'uso del libro.

Naturalmente se la cosa finisse qui non ci sarebbero né vinti né vincitori, poiché da un lato il libro ha bisogno d'essere venduto, dall'altro ha bisogno d'essere letto. Se tutti gli acquirenti ragionassero come il nostro intellettuale, l'editore fallirebbe, ma deve forse cedere l'intellettuale sul primato del valore d'uso della sua rivista? Deve essere forse lui a fare un sacrificio, accettando l'alto valore di scambio del libro che gli occorre? Se lo facesse, domani si troverebbe ad avere gli stessi problemi con un libro che costa 30 euro, il quale prezzo, a sua volta, contribuirà a far aumentare quello dell'abbonamento alla rivista. D'altro canto l'intellettuale ha bisogno, per la sua professione, di acquistare anche determinati libri, altrimenti il valore del suo lavoro tenderà a diminuire. Dunque cosa fare?

Da questo *match* non si può uscire in termini di "lotta economica" nell'ambito del capitalismo. L'intellettuale può anche scioperare e smettere di leggere libri, ma se si limita a questo, sarà poi lui a dover scendere per primo a compromessi, essendo la parte sociale più debole. Può anche scegliere soluzioni più "empiriche", come ad es. fotocopiare solo le pagine che gli interessano, ma prima o poi gli editori gli porranno un divieto.

L'unica cosa che gli resta dare fare, se vuole salvaguardare il primato del valore d'uso, è quella di affrontare il problema *politicamente*. Dal circolo vizioso che il mercato impone alle categorie più deboli, l'intellettuale non può uscire finché non avrà il potere di strappare all'editore il monopolio sulla carta stampata. Quando la rivoluzione politica sarà compiuta, non solo l'editore e l'intellettuale potranno finalmente impostare i loro nuovi rapporti sul primato del valore d'uso, ma anche tutta la società.

*

Marx, trattando l'argomento della "forma di valore", è partito da quella più "semplice", allo scopo di dimostrarne il *limite* non rispetto al principio del valore d'uso (ché, anzi, se messa a confronto col valore d'uso, tale forma di valore è - secondo Marx - molto meno "rozza"), ma rispetto all'esigenza del valore di scambio di perfezionare al massimo le sue "forme", che, nell'analisi della merce, arrivano sino a quattro (l'ultima è quella del denaro).

Da un lato quindi Marx ha ritenuto che, di un qualunque prodotto del lavoro che non si confronta sul mercato con altri prodotti, il valore sia insignificante, arbitrario, in quanto del tutto individuale; dall'altro ha cercato di trovare l'oggettività di tale valore nello scambio, ma ha finito col dimostrarne l'inesistenza, poiché nel capitalismo il valore di una merce è possibile stabilirlo solo in rapporto a un'altra merce, ed entrambe, avendo come punto di riferimento non il lavoro ma il *mercato*, mutano di continuo i loro valori.

Certamente Marx ha avuto tutte le ragioni di affermare che una merce non può stabilire *da sé* il proprio valore. Tuttavia, invece di dedurre da ciò che il valore di una merce può essere deciso *solo* da una comunità che non dipenda dal mercato, ne ha dedotto che la comunità deve cercare nel mercato il valore di quella merce ponendola a confronto con un'altra di scambio equivalente. Cioè invece di porre le premesse per una lotta politica contro l'egemonia del mercato, Marx si è limitato a sostenere che "indietro" non si può tornare, che l'autoconsumo è definitivamente tramontato e che il mercato può essere tenuto sotto controllo semplicemente se si razionalizza la produzione attraverso la socializzazione dei mezzi produttivi.

Naturalmente se Marx avesse privilegiato il valore d'uso su quello di scambio, sarebbe poi stato costretto a rivedere i suoi pregiudizi sulle comunità agricole pre-capitalistiche (cosa che farà, almeno in parte, negli ultimi anni della sua vita). Ecco perché, affermando che solo nel valore di scambio si ottiene "una forma di valore diversa dalla sua forma naturale" (p. 46), egli ritiene che ciò sia un *vantaggio* rispetto al valore d'uso, dove il "lavoro umano produce valore ma non è valore" (p. 45). Questo perché "soltanto l'espressione di equivalenza tra merci di diverso genere dà rilievo al carattere specifico del lavoro come creazione di valore, giacché riconduce in effetti i lavori di genere diverso contenuti nelle merci di genere diverso a quello che è loro comune, a lavoro umano in genere" (ib.).

Questo modo di vedere le cose oggi va completamente superato: semplicemente perché se ciò che dà valore alle merci non può essere il lavoro *in sé*, ma il lavoro espressione di una *realtà sociale* che dà valore allo stesso lavoro, allora il valore del lavoro non può essere dato dalle possibilità che offre il mercato di considerare equivalenti determinati merci: l'equivalenza dei lavori non può essere dedotta dall'equivalenza delle merci.

Se in una determinata società domina il principio del valore d'uso, possono essere considerati *equivalenti* anche due lavori che producono merci *non equivalenti*. Se ad es. nel raccogliere le pesche il soggetto A impiega un'ora per riempire cinque casse e il soggetto B con lo stesso tempo ne riempie tre, i due lavori non saranno equivalenti se finalizzati al mercato, ma lo sono se finalizzati all'*interesse generale* della collettività basata anzitutto sull'*autoconsumo*, nel senso che B ha dato quanto era in suo potere e il confronto con A sarebbe l'ultima cosa cui la comunità potrebbe pensare.

In sostanza, l'uguaglianza dei lavori è possibile solo se all'interno della comunità vige l'*uguaglianza dei soggetti* tra loro. Se manca questa uguaglianza, è impossibile ristabilirla partendo da quella delle merci. E l'uguaglianza degli uomini è possibile realizzarla solo se la proprietà privata è *accessibile a tutti*, o in forma *individuale* o in forma *cooperativistica* (all'interno della quale tutti i produttori sono *soci* a pari titolo). Non ci può essere uguaglianza sociale là dove un cittadino è costretto ad accettare il lavoro salariato per poter vivere.

In tal senso, non è singolare il fatto che proprio mentre, attraverso il valore di scambio, il capitalismo abbia la pretesa di dare "rilievo al carattere specifico del lavoro come creazione di valore", questo stesso lavoro, in ultima istanza, non è in grado di stabilire alcun vero *valore oggettivo* delle merci? E non è forse singolare che proprio mentre il capitalismo si preoccupa di stabilire che il valore di una merce non è dato anzitutto dal suo "valore in generale", bensì dal suo "valore quantitativamente determinato", questo stesso specifico valore non sia in grado di farci capire l'effettivo valore di una merce se non dopo averla messa a confronto con un'altra? Non è insomma singolare che dopo aver condannato il lavoro concreto a un ruolo storico del tutto marginale, il capitalismo - che pur privilegia il lato *quantitativo* del valore delle merci - sia stato costretto ad affermare il primato del "lavoro astratto", cioè dell'astratto "valore in generale" delle merci?

Stupisce, in questo senso, che Marx, pur avendo compreso perfettamente i limiti ontologici del capitalismo, non sia riuscito a cogliere la positività del modo di produzione pre-capitalistico fondato sull'autoconsumo.

Una spiegazione di questo limite di Marx la si può trovare nella parte dedicata alle tre particolarità della "forma di equivalente". Marx indovina le prime due: primato del valore di scambio sul valore d'uso e primato del lavoro astratto su quello concreto, ma sbaglia la terza, allorché sostiene un primato del lavoro *sociale* (capitalistico) su quello *individuale* o *privato* (pre-capitalistico).

Che Marx non abbia compreso la terza caratteristica lo si può notare anche dal fatto che l'ha messa per ultima, come fosse una conseguenza delle altre due, mentre in realtà essa andava messa per prima, essendo la causa principale del sorgere delle altre.

Se Marx non avesse conservato un pregiudizio sulle comunità agricole di autosussistenza non avrebbe contrapposto lavoro individuale a lavoro sociale nei termini in cui l'ha fatto. Egli infatti non ha saputo scorgere nel lavoro individuale agricolo la dimensione *sociale*, che è prevalente, e non ha sottolineato a sufficienza che l'origine del lavoro "sociale", nel capitalismo, è tutta *individuale*. La "socializzazione" del lavoro, nell'ambito del mercato capitalistico, è una mera astrazione, così come è quanto meno improprio parlare di lavoro "socializzato" nell'ambito dell'impresa capitalistica, ove la proprietà è di uno o più imprenditori privati. Meglio sarebbe parlare, in questo caso, di lavoro "organizzato" con l'uso delle macchine.

Viceversa, nell'economia contadina il lavoro era *da subito* sociale, anche se il contadino lavorava la terra con poche persone. Infatti, era anzitutto "sociale" la *comunità* che dava senso al lavoro. Ed era "sociale" anche nel senso che la realizzazione dell'*autarchia* non veniva affidata ai singoli produttori, ma alla comunità nel suo complesso. Nelle comunità di autosussistenza non è mai esistita l'indipendenza assoluta del singolo produttore dagli altri produttori.

La crisi di questa comunità, ciò che determinò, in ultima istanza, la transizione al capitalismo, traeva la sua ragion d'essere nell'*anti-socialità* costituita dal *servaggio*, ovvero dalla rendita feudale. Questa anti-socialità pratica, mascherata ideologicamente dalla religione, troverà un contrappeso non solo nelle lotte politiche dei contadini, ma anche nell'affermazione di una *nuova anti-socialità*: quella del lavoro individuale borghese.

La società borghese è nata con la pretesa di anteporre al lavoro collettivo il lavoro individuale, facendo credere che quest'ultimo fosse più "libero" dell'altro, in quanto i produttori privati presumevano d'essere totalmente indipendenti. In pratica la società borghese non ha fatto altro che sostituire la dipendenza del singolo produttore da una comunità di produttori come lui, con la sua dipendenza da un proprietario privato che materialmente non produce nulla. Questo passaggio è potuto avvenire appunto perché nella comunità di autosussistenza vigeva un principio ad essa estraneo o contrario, quello della *rendita* feudale.

Marx avrebbe insomma dovuto puntare di più l'attenzione sul fatto che la caratteristica della merce d'essere "immediatamente scambiabile" con altra merce, sul mercato, era un fatto altamente drammatico, in quanto presupponeva l'agonia della comunità di autosussistenza. Senza tale comunità, infatti, il bisogno di merci si fa sempre più pressante, sicché la loro scambiabilità deve farsi più veloce. Il consumatore ha bisogno di "tutto" proprio perché è in grado di produrre soltanto "qualcosa" o addirittura "niente". Dirà Marx nel paragrafo sul feticismo: "Nei modi di produzione dell'antica Asia e dell'antichità classica ecc., la trasformazione del prodotto in merce... diviene tanto più importante, quanto più le comunità s'avvicinavano all'epoca del loro tramonto" (p. 80).

In fondo, la grande diversità esistente tra Marx e l'economia politica classica, consiste semplicemente in questo, che Marx non s'illudeva di poter conservare il valore d'uso in una società ove domina quello di scambio. Marx mise a nudo il formalismo dell'economia classica non rinunciando definitivamente al valore d'uso, ma cercando di sintetizzarlo con quello di scambio, proponendo la socializzazione dei mezzi produttivi, ovvero la fine della proprietà privata. Tuttavia egli non si accorse che, così facendo, si doveva per forza tornare a valorizzare l'economia pre-capitalistica fondata sull'autoconsumo.

In tal senso il limite del *Capitale* si pone a un duplice livello: da un lato esso non offre la *modalità operativa* con cui realizzare la suddetta sintesi (e qui il leninismo, col suo primato della politica sull'economia, costituirà, del marxismo, l'insostituibile complemento); dall'altro esso non parte dal presupposto che la sintesi suddetta può essere efficacemente realizzata solo a condizione che il valore d'uso abbia un *primato* su quello di scambio (e su questo neppure il leninismo riesce ad offrire indicazioni di merito). Praticamente il problema di recuperare il primato del valore d'uso si sta ponendo solo ora nei paesi dell'ex-"socialismo reale".

*

Marx ha potuto facilmente criticare Aristotele perché la società schiavistica che questi rappresentava aveva delle contraddizioni evidenti, ma non per questo è riuscito a porsi con la dovuta obiettività di fronte all'*etica economica medievale*.

È vero, Aristotele aveva capito che "non può esistere lo scambio *senza l'uguaglianza*" (cit. a p. 55), ovvero che esiste "un *rapporto d'uguaglianza* nell'*espressione di valore* delle merci" (p. 56). Ed è anche vero ch'egli non poteva dedurre il concetto di *valore*, ovvero l'equivalenza delle merci, dall'uguaglianza dei *lavori umani*, essendo la società greca di tipo *schiavistico*. In questo senso, la seconda parte della frase di Aristotele, riportata da Marx: "*non* può esistere l'uguaglianza *senza la commensurabilità*", è, rispetto alla prima definizione, di carattere tautologico, poiché "scambio" e "commensurabilità" sono, in definitiva, *equivalenti*.

Stando al ragionamento, perfettamente corretto, di Marx, Aristotele, se non fosse vissuto in una società schiavistica, avrebbe dovuto concludere dicendo: "non c'è l'uguaglianza delle merci se non c'è l'uguaglianza *sociale* di chi le produce".

Tuttavia Marx, ancora vittima dei suoi pregiudizi anti-medievali, non s'accorge che la prima vera alternativa allo schiavismo non è stata costituita dalla società borghese, col suo "concetto dell'uguaglianza umana", ma è stata costituita dalla società feudale, col suo concetto di *uguaglianza umana* "davanti a dio". Marx cioè non si è reso conto, qui, che l'uguaglianza *formale* affermata dalla borghesia non era altro che una *laicizzazione* dell'uguaglianza non meno *formale* affermata dalla chiesa.

Dove stava la differenza tra le due forme di uguaglianza? Nel fatto che quella contadina viveva un conflitto antagonistico fra la socializzazione della comunità agricola e la dipendenza personale dal feudatario, mentre quella borghese rappresenta una lacerante contraddizione fra la socializzazione del mercato e la libertà individuale strettamente legata alla proprietà privata.

Marx è arrivato a un passo dal comprendere che se il concetto di uguaglianza umana ha assunto nella società borghese "la saldezza di un pregiudizio del popolo" (ib.), ciò è dipeso dal fatto che prima della cultura borghese c'era quella cristiana che alimentava nelle masse l'illusione di una libertà *sostanziale*. Marx non è arrivato a fare il passo successivo - che sarebbe stato quello di esaminare i pro e i contro dell'etica economica medievale, orientale e occidentale, nonché i fondamenti dell'ideologia borghese nell'ideologia religiosa del cristianesimo occidentale - semplicemente perché ha sempre considerato il servaggio come una *variante* dello schiavismo e non un tentativo di *superamento*.

*

Che il valore di una merce debba essere soggetto alle mutazioni delle circostanze di luogo, di tempo e di altri fattori (non ultimo dei quali il lavoro), è cosa che si può accettare senza dover ogni volta ribadire la necessità, per una sana economia, che il valore d'uso abbia un primato su quello di scambio.

È fuor di dubbio, tuttavia, che non esisterà mai alcuna possibilità di stabilire "per decreto" tale primato, senza arrecare un danno rilevante all'intera economia. La dialettica tra i due valori sarà eterna, ma fintantoché la comunità in cui essi si esprimono conserverà il proprio *valore umano*, quello di scambio resterà complementare a quello d'uso. Viceversa, ogniqualvolta la comunità, come tale, perderà di credibilità, il valore di scambio tenderà a prevalere su quello d'uso. Il valore d'uso, nel racconto edenico del *Genesi*, era rappresentato dal frutto dell'albero della vita; viceversa il valore di scambio era rappresentato dal frutto dell'albero della conoscenza. Si scelse questo proprio perché si voleva ottenere qualcosa di più oltre il lecito.

Sotto il capitalismo questa tendenza si è così radicalizzata che è impossibile ripristinare il rapporto originario senza una rivoluzione politica. Le classi sociali legate al primato del valore di scambio hanno interessi così grandi che, anche se costituiscono un'infima minoranza, non riescono a rinunciare spontaneamente ai loro privilegi.

D'altra parte la tendenza si è radicalizzata proprio perché sono falliti nell'ambito del capitalismo tutti i tentativi di salvaguardare il valore d'uso senza mettere anzitutto in discussione il monopolio di pochi privati sulla proprietà (mercantilismo, fisiocrazia ecc.).

È fallita persino quella forma di socialismo (detta dal marxismo "utopica") che mirava ad allargare la proprietà a tutti i membri di una particolare collettività socializzata. Non c'è infatti alcuna possibilità di costruire "isole felici" in cui tutelare il valore d'uso, se prima non si elimina politicamente il sistema capitalistico. In tal senso, se un merito al marxismo va riconosciuto è stato proprio quello di aver svolto una profonda opera di disillusione.

Il socialismo utopistico avrebbe avuto ragione se prima si fosse fatta la rivoluzione politica per abbattere il sistema capitalistico. Esso invece pensava che proprio attraverso riforme progressive, attraverso particolari esperimenti collettivi, non ci sarebbe stata bisogno di alcuna rivoluzione politica. Senza volerlo, esso non faceva che puntellare l'edificio traballante del sistema.

*

Lo sforzo maggiore che Marx ha compiuto nel paragrafo 3 è stato quello di cercare d'individuare la possibilità di una definizione *oggettiva* di valore a partire dalla scambio. Non è stato quello di sostenere che tale definizione è impossibile in un'economia così "anarchica" come quella capitalistica o che, prima di dare una definizione del genere, bisogna rivoluzionare il sistema.

In tal senso egli ha cercato di dimostrare che la possibilità di trovare una qualche forma di oggettività è strettamente correlata alla nascita di una contrapposizione tra "forma relativa di valore" e "forma di equivalente" (cosa che deve concludersi con il prevalere della seconda sulla prima).

Nella *forma di valore semplice*, singola o accidentale (ad es. venti braccia di tela = un abito) ognuna delle due merci può svolgere il ruolo opposto, per cui è "difficile fissare la contrapposizione polare" (p. 66). Ogni merce ritiene di poter essere equivalente a una qualunque altra merce (poste naturalmente determinate proporzioni quantitative).

Nella *forma di valore totale* o sviluppata "il rapporto casuale di due individuali proprietari di merci viene meno" (p. 61), poiché ora infinite merci possono fungere da equivalenti particolari per un'unica merce (ad es. la tela).

Il rovescio di questa molteplice serie di rapporti dà la *forma generale di valore*, quella per cui "un genere particolare di merce [ad es. la tela] riceve la forma generale di equivalente" (p. 65), mentre tutte le altre ne sono escluse. Solo una merce "si trova nella forma di diretta scambiabilità con tutte le altre merci" (p. 66). Questo dipende dal fatto che in essa si riconosce il riferimento sociale generale di ogni lavoro umano.

Come si può notare, Marx si è limitato a un esame *logico* della successione delle forme, senza entrare nei dettagli *storici*. Cosa che avrebbe potuto, anzi dovuto fare se avesse accettato l'idea che tali passaggi sono il frutto di una concezione *culturale* determinata dei rapporti sociali, e non tanto una necessità di tipo economico, e meno che mai un'esigenza di tipo psicologico.

Marx ha elaborato con grande fatica i vari passaggi della forma di valore per giungere alla conclusione, tautologica, che il valore di una merce sta nel suo *prezzo*, che trova la sua espressione più compiuta nell'equivalente universale del *denaro* e che viene deciso di volta in volta.

Tale deludente (ma d'altra parte inevitabile) conclusione - cui Marx cercherà di porre rimedio col paragrafo sul feticismo della merce - si sarebbe potuta evitare se si fosse partiti da un'altra premessa, quella secondo cui è possibile trovare un valore oggettivo alla merce solo nell'ambito della comunità di *autoconsumo*, che di per sé non esclude affatto il mercato.

La premessa da cui parte Marx (vedi la forma "A" del valore), e cioè quella dei due individui privati che s'incontrano casualmente, liberamente, sul mercato, potrà avere un valore come ipotesi astratta ma non ne ha alcuno come riscontro storico. Sin dall'inizio, infatti, tentando di far valere il lavoro astratto su quello concreto, la borghesia ha fatto in modo che sul mercato prevalessero i "manufatti finiti" rispetto alla "materia prima" (l'abito rispetto alla tela).

Il contadino è sempre stato produttore di materia prima (beni alimentari, cotone ecc.). Ora, l'interesse principale che ha l'imprenditore privato borghese, che vuole trasformare la materia prima, è anzitutto quello che il contadino non abbia la possibilità di trasformare la propria materia prima in modo industriale e che quindi egli stesso si trasformi in consumatore a vita.

In tal senso la tendenza della borghesia è stata quella di considerare subito il denaro come equivalente universale, onde impedire che sulla base di una qualche materia prima a disposizione della comunità agricola si potesse imporre sul mercato un'altra merce riconosciuta come equivalente. La borghesia ha imposto come equivalente ciò di cui già disponeva in abbondanza.

Le forme elencate da Marx, quindi, riflettono non l'evoluzione della società borghese (a partire dalla sua fase mercantile), ma l'innesto di due società che privilegiano il mercato sull'autoconsumo: quella schiavistica e quella borghese e, a partire da questo, viene affermata la superiorità della seconda sulla prima.

In tal senso si potrebbe sostenere che nella prima forma di valore solo in astratto tela e abito si equivalgono: nel concreto è la tela che deve adeguarsi all'abito. L'imprenditore privato che trasforma la materia prima vuole dominare non solo sul consumatore (impedendogli qualunque aspirazione all'autonomia), ma anche sul produttore di materie prime, al quale non si concede la possibilità di trasformarsi in un imprenditore per il vasto pubblico.

Facciamo un esempio. Supponiamo che una stoffa di lino costi 10 euro al mq; con 2 mq si può fare una giacca che sul mercato può essere venduta a 50 euro. Ma la giacca "segue" la moda. L'anno dopo essa costerà 25 euro, mentre il costo del lino sarà intanto aumentato, per cause diverse, di altri 2 euro al mq. Dunque, è stata la stoffa ad adeguarsi al *trend* della giacca o è stato il contrario?

Facciamo un altro esempio. Un agricoltore raccoglie 1 kg di albicocche che gli vengono pagate 1 euro dall'imprenditore che con la sua industria di trasformazione ci farà 3 confetture di marmellata al prezzo di 4 euro l'una. L'anno dopo, se il raccolto sarà ancora più abbondante, le albicocche, al kg, scenderanno a 0,5 euro, mentre l'imprenditore potrà, con relativa tranquillità, incrementare il prezzo della marmellata di un altro euro: cosa che, a maggior ragione, farà anche se il raccolto sarà stato scarso o molto scarso.

Dunque, chi o che cosa esprime di più la "forma di equivalente": il frutto naturale o quello lavorato? Per quale ragione tra la "forma naturale" della merce e quella "fenomenica" deve esistere un divario così grande e sempre così svantaggioso alla prima?

Il processo di scambio

Ciò che più sconcerta dell'inizio del *Capitale* è che Marx parla continuamente di liberi proprietari privati, che producono gli uni indipendentemente dagli altri, e che s'incontrano sul mercato per scambiarsi i loro prodotti, facendoli diventare delle merci.

Si ha la netta impressione che questo modo d'impostare le cose sia del tutto *astratto*, poiché la nascita della figura del proprietario privato non è mai avvenuta, nell'ambito del capitalismo, senza la contemporanea nascita del *lavoratore salariato*.

Finché il proprietario privato non dispone di manodopera salariata, non è neppure il caso di parlare di "economia mercantile": in tal caso infatti, pur esistendo lo scambio sul mercato, l'economia dominante resta quella basata sull'autoconsumo. Viceversa, quando il proprietario privato può affermare la propria assoluta autonomia rispetto alla comunità "d'origine", ciò avviene appunto perché egli ha già alle sue dipendenze dei salariati.

Marx, partendo dalla merce, e non, come nei *Manoscritti del 1844*, dal "salario", pare abbia avuto l'intenzione di dimostrare che se la contraddizione maggiore del capitalismo resta quella del lavoro salariato, tutto il resto è però facilmente accettabile o comunque recuperabile dalla transizione socialista. La stessa grande astrazione usata nell'analisi della merce sembra essere finalizzata a dimostrare questa tesi.

Nel *Capitale* c'è una sorta di passiva contemplazione del sistema capitalistico, per quanto l'analisi delle sue manifestazioni, palesi e occulte, si sia notevolmente perfezionata, mentre sul ruolo politico del proletariato il testo non offre nulla di più di quanto si può trovare nel *Manifesto*.

È davvero impressionante, in tal senso, il fatto che Marx consideri i "possessori di merci" come semplici "maschere economiche" che personificano dei rapporti economici (p. 88). Nel *Capitale* la società mercantile appare come un teatro in cui le parti degli attori sono fissate in maniera irrevocabile. Nessuno può rinunciare al proprio ruolo e assumerne un altro.

D'altra parte per Marx il processo di scambio può avvenire *solo* fra possessori di merci che si riconoscono reciprocamente come "proprietari privati". Essi sono "persone" proprio in quanto hanno capacità autonome, indipendenti rispetto alla comunità "d'origine". Essi sono "liberi" non perché appartengono a una comunità, ma, al contrario, perché se ne sono *liberati*. La libertà si esprime, formalmente, attraverso un riconoscimento *giuridico*, contrattuale, volitivo, della reciproca indipendenza materiale, economica.

A Marx non interessa individuare la motivazione *culturale*, "valoriale", che ha indotto gli uomini ad acquisire un tale modo di affermare la propria identità. La motivazione di fondo, per lui, non è culturale ma *economica*: i possessori di merci s'incontrano sul mercato perché hanno *bisogno* della merce *altrui*: "tutte le merci sono *per i loro possessori valori non d'uso e per i loro non-possessori valori d'uso*" (p. 89).

Accettando, come motivazione ultima dell'agire, la necessità economica, Marx è poi costretto ad affermare, da un lato, che "le merci, prima di *potersi realizzare come valori d'uso*, si debbono *realizzare come valori*" (ib.); dall'altro, che esse, "*prima di potersi realizzare come valori, si debbono accertare come valori d'uso*" (ib.).

Cioè, da un lato Marx assegna al valore di scambio un primato su quello d'uso, ritenendo che *solo* lo scambio possa provare se un lavoro è utile; dall'altro è costretto a riconoscere che *senza* un valore d'uso lo scambio non avrebbe senso. Col che però non si riesce a comprendere come il *bisogno* dello scambio possa "precedere", non cronologicamente, è ovvio, ma piuttosto "ontologicamente" il valore d'uso.

Per Marx il valore d'uso, non avendo un significato *in se stesso*, pare *finalizzato* a quello di scambio, nel senso che uno scambio subordinato al primato del valore d'uso non può determinare l'effettivo *valore* della merce. In altre parole, non avendo capito che il passaggio da un primato all'altro presuppone un'autentica *rivoluzione culturale* (di mentalità ecc.), Marx è stato costretto ad attribuire all'effetto di tale rivoluzione una *causa* (genetica) dell'intero processo di scambio.

Paradossalmente, il determinismo economico qui si rovescia in quello *psicologico*, in quanto i possessori di merci "pensano - dice Marx - come Faust. In principio era *l'azione*. Le leggi della natura delle merci si son fatte già sentire nel naturale istinto dei possessori di merci" (ib.). Il borghese cioè attribuisce *per istinto* al valore di scambio il primato su quello d'uso e fa immediatamente del *denaro* e non di una merce particolare - che rimanderebbe troppo al suo valore d'uso - l'*equivalente generale*.

Inutile dire che, se veramente fosse stato così, sarebbe impossibile cercare di capire il motivo per cui il capitalismo è nato nell'Europa occidentale del XVI sec. e non nell'impero bizantino o nella Cina dei Ming. Lo stesso Marx, d'altronde, s'era reso conto di questa difficoltà, laddove in *Sulle società pre-capitalistiche* dirà: "eventi di un'analogia sorprendente, ma verificatisi in ambienti storici del tutto diversi condussero a risultati diversi" - ma non riuscì mai a spiegarsela.

"La trasformazione della *merce in denaro* avviene nella medesima misura della trasformazione dei *prodotti del lavoro in merci*" (p. 90). In tal senso, quando Marx parlava nel paragrafo 3 del cap. 1 delle diverse forme di valore della società mercantile, e ne elencava quattro tipi, bisognava intendere solo l'ultima, quella del *denaro*, come la più rappresentativa del modo di produzione capitalistico, mentre tutte le altre sono riferibili solo a formazioni sociali non capitalistiche.

Tuttavia, se questo è vero, il passaggio da una forma all'altra non può essere inteso in maniera puramente *logica*. Se l'*istinto borghese* è quello di scegliere il *denaro* come equivalente universale, ciò significa che l'adozione di una delle altre tre forme, finché tale istinto non s'impone, è destinata a rimanere nel tempo. Quell'istinto infatti è, secondo noi, il frutto di una scelta *culturale* ben precisa, che gli uomini possono anche vivere *inconsapevolmente*, ma che non per questo essa non è *oggettivamente* individuabile.

*

Dunque, rendendosi conto d'aver fatto, nel paragrafo 3 del cap. 1, un discorso troppo astratto, Marx riprende l'argomento a p. 91, mostrando che "lo scambio diretto dei prodotti" non esiste solo nella semplice forma di valore: x merce A = y merce B (vedi p. 41), ma esiste anche in un'altra forma, riscontrabile in ogni società non capitalistica: quella che s'impone quando esiste un'*eccedenza* dopo l'autoconsumo. "La prima maniera d'essere potenzialmente valore di scambio - dice Marx - è per un oggetto d'uso il suo esistere come *non-valore d'uso*, come quantità di valore d'uso eccedente gli immediati bisogni del suo possessore" (p. 91). L'equazione in questo caso è: x oggetto d'uso A = y oggetto d'uso B.

Tuttavia Marx compie qui un duplice errore: da un lato rifiuta di accettare l'idea che possa esistere un valore di scambio *in nome* del valore d'uso (lo scambio, nella sua analisi, presuppone sì l'uso ma al tempo stesso lo nega); dall'altro ritiene che lo scambio del surplus sia destinato ad affermare, con la *fine* del valore d'uso, la *fine* della comunità autarchica.

Secondo Marx il vero scambio è possibile solo là dove esiste un "rapporto di reciproca estraneità" (ib.) tra il produttore e il consumatore. Quindi "lo scambio di merci ha inizio dove terminano le comunità, ai loro punti di contatto con comunità estranee" (ib.).

Ora, a parte il fatto che questo può essere vero *inizialmente*, in un primo momento, ciò che non si può assolutamente accettare è che la fine della reciproca estraneità comporti *necessariamente* la fine della comunità. Il passaggio di cui parla Marx, e cioè "quando le cose sono diventate merci nella vita esterna della comunità, esse, per reazione, lo divengono anche nella sua vita interna" (ib.), non è affatto un passaggio automatico, ma sempre l'esito di una *scelta culturale*, fatta in maniera più o meno consapevole. La stessa decisione, da parte di Marx, di rendere automatico il passaggio è frutto di una scelta culturale. Egli infatti non riesce ad accettare l'idea che una comunità basata sull'autoconsumo possa commerciare con una comunità estranea senza perdere la propria identità. A suo giudizio, se c'è lo scambio ce n'è il *bisogno* e se c'è il bisogno la comunità non è autosufficiente.

"In un primo tempo - dice Marx - il loro [delle comunità] *rapporto quantitativo di scambio* è del tutto *occasionale*. (...) Intanto si afferma mano a mano il bisogno di oggetti d'uso di altri: e questo diviene un normale processo sociale per il continuo ripetersi dello scambio. Da adesso in poi si afferma, da un lato, la distinzione tra l'utilità delle cose per il bisogno del momento e la loro utilità per lo scambio: il loro valore d'uso si distingue dal loro valore di scambio. D'altro lato viene a dipendere dalla loro produzione il rapporto quantitativo secondo il quale esse sono scambiate: l'abitudine le fissa come *grandezze di valore*" (pp. 91-2).

Come si può chiaramente notare, Marx considera il passaggio dall'autoconsumo al mercato come necessario, inevitabile, dettato dal fatto stesso ch'esiste un *bisogno* di scambiare i prodotti, di acquistare quelli che non si producono. Egli non riesce a distinguere tra bisogni *primari* o fondamentali e bisogni *secondari*. I primi non sono anzitutto quelli economici, ma quelli connessi all'affermazione della *libertà*, i quali naturalmente hanno bisogno di una certa configurazione sociale dell'economia. I secondi non sono certo quelli che, in ultima istanza, garantiscono l'esistenza di tale libertà.

Una comunità autarchica non rinuncerebbe mai alla propria indipendenza per subordinarsi al mercato sulla base dei propri bisogni secondari. E se dovesse restarvi subordinata sulla base dei bisogni primari, essa non sarebbe autarchica.

Non esiste quindi passaggio obbligato dall'autoconsumo al mercato, poiché qualunque comunità autarchica, dovendo scegliere fra *autonomia* e soddisfazione di bisogni *primari* da un lato, e *dipendenza* e soddisfazione di bisogni *secondari* dall'altro, sceglierebbe la prima soluzione. A meno che essa non viva al proprio interno una *crisi* di legittimità o di credibilità, di fronte alla quale emergono alcune categorie sociali che, invece di affrontare collettivamente la crisi, credono di potersi emancipare individualmente attraverso il mercato. È a questo punto e *solo* a questo punto che la comunità si trova costretta a scegliere fra le due suddette alternative. E l'illusione, scegliendo la seconda, di poter continuare, *come comunità*, a soddisfare anche i bisogni primari, si scontrerà ben presto con la dura realtà dei fatti.

Marx inoltre non prende neppure in considerazione l'eventualità che la comunità autarchica possa imparare a riprodurre, proprio in virtù dello scambio, ciò di cui ha bisogno. Sarebbe davvero un curioso destino che la casualità di un rapporto commerciale avesse in sé il potere di trasformare totalmente una comunità, a prescindere dalla volontà dei suoi membri.

*

La scelta di usare il denaro come equivalente universale permette alla borghesia di scindere completamente il valore di scambio da quello d'uso o "dal bisogno individuale di quelli che effettuano lo scambio" (p. 92).

Tuttavia per Marx la scelta del denaro avviene soltanto per motivi *pratici*, contingenti: "la necessità di questa forma si determina coll'aumentare del numero e della varietà delle merci implicate nel processo di scambio. Il problema sorge contemporaneamente ai mezzi per risolverlo" (ib.). Detto con una formula hegeliana: numerose determinazioni quantitative, sommate una sull'altra, ad un certo punto producono una *nuova qualità*. Il determinismo economico è qui riconfermato.

Marx però non riesce a spiegarsi il motivo per cui, mentre l'uso del denaro come equivalente universale, è rinvenibile presso moltissime civiltà, solo in quella borghese esso è in grado di ridurre tutto a *merce*. "Le popolazioni nomadi - dice Marx - creano per prime la forma di denaro, giacché ogni loro bene sta in forma *mobile*, perciò direttamente alienabile" (ib.). Il fatto di vivere continuamente a contatto con comunità straniere, le stimola allo scambio dei prodotti. Naturalmente - dice Marx - molto forte è sempre stato l'uso del denaro per l'acquisto di prodotti *esteri*.

Tuttavia, "solo in una società borghese già perfezionata" (p. 93) poteva apparire l'idea di fare della *terra* una merce alienabile. Questa idea - prosegue Marx - "data dall'ultimo trentennio del XVII sec. e la sua applicazione su scala nazionale fu provata solo un secolo più tardi, nella rivoluzione borghese dei francesi" (ib.), tramite gli "assegnati", che erano titoli di credito garantiti sulle terre appartenenti al clero regolare e incamerate dallo Stato. Marx però non offre una spiegazione convincente di questo.

Infatti, prima di arrivare a espropriare la terra, occorre che il denaro abbia acquisito a livello di società civile un potere universalmente riconosciuto, in grado di condizionare lo stesso potere politico. E ciò è stato storicamente possibile solo a una condizione, che l'ideale religioso cattolico fosse entrato in una crisi così profonda da necessitare un suo superamento qualitativo. Il limite della soluzione borghese sta appunto in questo, che al feticismo religioso è stato sostituito quello economico. Il superamento c'è stato ma non di ordine "qualitativo". Di fatto la società mercantile non esprime una vera alternativa al servaggio e al clericalismo, ma un modo ancora più sofisticato di vivere lo sfruttamento e l'alienazione.

Marx ha tutte le ragioni a far valere l'idea di un denaro come *merce universale* nei confronti dell'idea di considerarlo solo come un "segno" del valore. Allorquando era vietato considerare il denaro come merce e quindi venderlo, era il potere politico (monarchico) a stabilire il valore del denaro. In tal modo l'arbitrio delle istituzioni s'imponeva sullo sviluppo delle relazioni sociali, impedendo, per quanto poteva, che s'imboccasse la direzione "borghese", o che tale direzione acquisisse un'eccessiva autonomia.

Tuttavia Marx, concedendo il primato al valore di scambio, non avrebbe mai accettato l'idea che il denaro possa essere *collettivamente* considerato come un "segno" del valore d'uso. La caratteristica "simbolica" del denaro potrebbe essere del tutto lecita, in riferimento al valore d'uso, se fosse accettata *consapevolmente* e *liberamente* da tutta la società. In tal caso il denaro perderebbe la sua funzione di *merce universale*, che si contrappone a una qualunque altra merce, e conserverebbe sia quella di un *particolare valore d'uso* (ad es. per oggetti ornamentali), sia quella di *equivalente generale*, non in astratto, ma in concreto, cioè in riferimento a beni di utile consumo.

Se in una società dominasse il valore d'uso, gli uomini non avrebbero mai l'impressione che il potere del denaro, in ultima istanza, possa essere "onnipotente", anche a prescindere da ciò ch'esso effettivamente rappresenta. Nel capitalismo il possesso del denaro autorizza automaticamente a credere che vi siano sempre delle merci da acquistare. "Non pare che una merce si trasformi in denaro solo perché in essa, da ogni lato, le altre merci indicano i loro valori, ma al contrario, pare che le altre merci indichino in generale in essa i propri valori, in quanto è *denaro*" (pp. 97-8).

Marx ha compreso perfettamente "la magia del denaro", ovvero il nesso tra "l'enigma del feticcio denaro" e quello del "feticcio merce" (p. 98), ma non ha compreso il rapporto di *causa/effetto* che lega il feticismo religioso con quello economico. Cioè non ha compreso che quando saranno superate le radici culturali di ogni possibile feticismo, la funzione del denaro si ridurrà a quella di rappresentare simbolicamente il valore d'uso, semplicemente per rendere più agevoli gli scambi.

Il denaro

Nell'analisi di Marx il denaro rappresenta varie cose: anzitutto è *misura dei valori* (in tal senso decide anche la *scala dei prezzi*); in secondo luogo è *mezzo di circolazione*, che permette alla merce di subire una sostanziale metamorfosi; in terzo luogo è *segno del valore*, in quanto è capace di trasformarsi in carta moneta o in altri simboli, senza perdere il proprio valore; in quarto luogo è *denaro in senso proprio*, utilizzato per *tesaurizzare*, come *mezzo di pagamento* e come *fondo di riserva* in lingotti di metalli pregiati, che assicurano un valore al commercio mondiale.

1) *Misura dei valori*

"Il denaro, in quanto misura di valore, è la *forma fenomenica necessaria* della *immanente* misura di valore delle merci, *del tempo di lavoro*" (p. 99), cioè è "incarnazione sociale del lavoro umano" (p. 103). Esso "serve come denaro meramente immaginato, cioè ideale" (p. 101), serve "a trasformare i valori delle merci in prezzi, in quantità immaginate d'oro" (p. 103). Questa funzione specifica verrà ripresa in maniera analitica nel paragrafo 2b.

In quanto "scala dei prezzi", il denaro esprime il "peso determinato di un metallo", l'oro (ib.): esso "misura quelle quantità d'oro" immaginate (ib.). Questa funzione verrà ripresa nel paragrafo 2c.

Il prezzo - dice Marx - "dipende totalmente dal reale materiale del denaro" (p. 101): oro, argento o rame, benché qui Marx presupponga, per semplificare, che solo l'oro sia la merce-denaro. Il prezzo è "esponente della grandezza di valore della merce, cioè del suo rapporto di scambio col denaro" (p. 108).

Marx però afferma che il contrario non è vero, cioè che dal *prezzo* non si può risalire al *valore*, poiché nel capitalismo ha più importanza il primo che non il secondo. Infatti, se "la grandezza di valore della merce sta ad indicare un rapporto *necessario, immanente* al suo processo di formazione, con il tempo sociale di lavoro, tale rapporto necessario, trasformandosi la grandezza di valore in prezzo, appare come rapporto di scambio di una merce con la merce denaro che esiste fuori di essa" (p. 109). Ovverosia, se si trattasse di uno scambio diretto di prodotti, il loro prezzo rispecchierebbe più facilmente il loro valore, ma siccome qui è in gioco il *denaro*, quale universale equivalente, ecco che il prezzo non corrisponde più al valore. "Rimanendo uguali i valori delle merci - dice Marx -, i loro prezzi cambiano col valore dell'oro stesso (materiale del denaro), e aumentano in proporzione al suo calare, e calano aumentando quello" (p. 128).

Il valore di scambio, che aveva sostituito il valore d'uso, si trova a contraddire se stesso a vantaggio d'una forza estranea: il *denaro*. E così "la *possibilità di una incongruenza quantitativa* tra prezzo e grandezza di valore, risiede nella stessa *forma di prezzo*. E questo non è un difetto di tale forma, anzi, ne fa al contrario la forma adeguata di un modo di produzione in cui si può imporre la regola solo come legge media della sregolatezza, che agisce ciecamente" (p. 109). Questo perché nel capitalismo ciò che più importa non è - lo ripetiamo - il valore della merce, ma il *profitto* che, attraverso il suo prezzo, essa fa realizzare. Ciò sarà approfondito nel paragrafo 2b.

Il denaro ha un potere così grande che è in grado di stabilire un "prezzo" a cose che in realtà non hanno alcun valore economico, come ad es. la coscienza, l'onore ecc. (ib.). L'incongruenza, in questo caso, non è quantitativa ma *qualitativa*. L'uguaglianza delle merci affermata nello scambio (che prescinde dall'uguaglianza effettiva dei lavori concreti, in quanto, al massimo, rimanda all'uguaglianza del lavoro astratto), diventa un'uguaglianza così formale che può essere sostituita da quella che impone il denaro, il quale, in tal caso, assume i panni di una divinità metafisica, in grado di eguagliare astrattamente o formalmente tutte le merci, i lavori e i valori.

2) *Mezzo di circolazione*

a) La metamorfosi della merce

La metamorfosi della merce è possibile in virtù non della merce ma del *denaro*. O meglio, finché c'è scambio di merce contro merce, non c'è metamorfosi, ma "*ricambio organico sociale*" (p. 111). Finché il denaro è solo "mezzo di scambio" e non diventa "mezzo di circolazione delle merci", il capitalismo non nasce.

Tuttavia qui Marx non ha spiegato il motivo per cui da tale "ricambio organico" ad un certo punto si forma la metamorfosi. Non l'ha spiegato perché ha impostato il problema in termini non *culturali*, ma *economici*. Il passaggio dal ricambio organico alla metamorfosi, per Marx, è *necessario*, inevitabile: "lo sviluppo della merce non elimina le contraddizioni del processo di scambio, ma crea la *forma* in cui esse possono muoversi" (ib.).

Il difetto dell'impostazione metodologica di Marx lo si può notare nel concetto stesso di "ricambio organico del lavoro sociale", termine col quale egli presuppone la *fine* della comunità di autoconsumo. Marx ha saputo individuare le contraddizioni del processo di scambio, ma non quelle fra *autoconsumo* e *scambio*, poiché ha osservato il primo dal punto di vista del secondo. I limiti dell'autoconsumo sono determinati dai pregi dello scambio.

Peraltro, tutte le contraddizioni del processo di scambio non possono mai prescindere dalla pretesa egemonica che il denaro vuole esercitare su ogni altra merce. Cioè a dire le contraddizioni partono dal presupposto che la contrapposizione tra autoconsumo e scambio sia già stata superata a favore dello scambio. Se così non fosse, il processo del ricambio organico - dice Marx - si "spegnerebbe" (p. 114).

In sostanza Marx ha soltanto costatato il "*raddoppiamento delle merci in merce e in denaro*" (p. 112), ma non ne ha spiegata la ragione di fondo. In effetti, non è per nulla scontato che laddove il "ricambio organico sociale" viene esercitato da comunità autarchiche, si verifichi il suddetto "raddoppiamento", come non è scontato che si verifichi l'esaurirsi dello scambio.

L'immanente contrapposizione di valore d'uso e di valore è già, allo stadio in cui l'analizza Marx, destinata a risolversi a favore del valore. Nel capitalismo una merce è "valore d'uso" solo per l'acquirente, non certo per il produttore, se non indirettamente, nel senso che una merce non usabile non è vendibile. È pertanto ingenuo sostenere che "in tale contrapposizione le *merci* in quanto *valori d'uso* si oppongono al denaro in quanto *valore di scambio*" (ib.). La contrapposizione è nata *prima*, fra produzione *anzitutto* per il consumo e produzione *esclusivamente* per il mercato. Quando Marx afferma che "ambedue gli estremi della contrapposizione sono *merci*, perciò *unità di valore d'uso e valore*" (ib.), lascia intendere che lo scontro non sia tra "estranei" ma tra "parenti". In realtà, prima di questo scontro, il cui esito era facilmente prevedibile, ne è avvenuto un altro, assai più incerto e più tragico di quanto non appaia nel *Capitale*.

La differenza tra i due "estremi" è più che altro di forma, anche se la metamorfosi delle merci, quale "mutamento di forma" (p. 111), ha portato a un dominio *sostanziale* del denaro. Nel senso che se la merce è "realmente" valore d'uso, il denaro è "realmente" valore di scambio (come equivalente universale), ovvero la merce è "idealmente" valore di scambio (il prezzo), mentre il denaro è "idealmente" valore d'uso (in sé non serve ma permette l'acquisto di ogni merce). Paradossalmente il denaro ha, rispetto a una qualunque altra merce, maggiore "concretezza" nello scambio (perché ha più potere di astrazione) e maggiore "astrazione" nell'uso (perché è l'equivalente universale più concreto).

La merce quindi non rappresenta affatto - come vuole Marx - una "unità di valore d'uso e valore" (p. 112), ma la *subordinazione* del primo valore al secondo, testimoniata dal fatto che, in caso contrario, non si otterrebbe mai che il valore di scambio del denaro risulti infinitamente superiore al valore d'uso di una qualunque merce. Non c'è nessuna merce capitalistica che, una volta posseduta, possa ridimensionare le pretese del denaro.

*

La prima metamorfosi della merce è quella della *vendita*: Merce-Denaro. Per giustificare il "salto mortale" della merce, dal suo corpo al corpo dell'oro-denaro, Marx fa questo ragionamento: in una qualunque società la divisione sociale del lavoro, che è "un *naturale organismo di produzione*, le cui fila si sono tessute e continuano a tessersi all'insaputa dei produttori di merci" (p. 114), produce valori di scambio che per il non-produttore (o il consumatore) devono avere un valore d'uso, altrimenti le merci non sarebbero acquistate.

Il "salto mortale" della merce consiste appunto in questo, che sul mercato non è detto ch'essa - solo perché "soddisfa un bisogno sociale" (p. 115) - sia destinata ad essere acquistata. Perché lo sia, occorrono delle circostanze favorevoli, la prima delle quali è che la "concorrenza" non faccia di meglio (producendo ad es. la stessa cosa in un tempo minore).

Per Marx quindi, il "salto mortale" non sta tanto nel diverso *modo* che il produttore ha di guardare la merce: anzitutto per il consumo o esclusivamente per il mercato, quanto nella *capacità* ch'essa ha o non ha d'imporsi sul mercato (contro altre merci).

Infatti, il passaggio dal consumo al mercato è, per Marx, del tutto naturale, inevitabile. "Un certo atto lavorativo era una funzione tra le molte funzioni di uno stesso produttore di merci; oggi forse si stacca da questo assieme, si rende indipendente e proprio per questo manda al mercato il *proprio prodotto parziale come merce autonoma*" (p. 114).

La spiegazione di ciò rientra nel preteso carattere spontaneo (anarchico) attribuito alla divisione sociale del lavoro, la quale si svilupperebbe senza intenzione da parte dei produttori. In tal modo Marx vuole attribuire la causa della metamorfosi della merce (che è un processo tipico della *sola* produzione mercantile) al passaggio "naturale" dall'autoconsumo al mercato. Non avendo in mente di cercare la ragione *culturale* di tale metamorfosi, Marx ne addebita la genesi a ragioni di *comportamento economico istintuale*. "Può accadere forse che la merce sia prodotto di una nuova maniera di lavoro, che voglia appagare un bisogno sopravvenuto da poco, o che voglia far nascere per la prima volta un bisogno, di sua iniziativa" (ib.) - dice Marx, usando degli esempi che *già suppongono* l'esistenza della società mercantile e che quindi non sono in grado di spiegare, *culturalmente*, il suo nascere.

In pratica Marx, e ancora una volta, applica a un modo di produzione pre-borghese dei criteri desunti dalla società borghese. Egli infatti ritiene che la divisione sociale del lavoro sia così "spontanea" da determinare un passaggio inevitabile dal consumo al mercato. In altre parole, la produzione di valori d'uso non sembra implicare affatto - a suo giudizio - la possibilità di una divisione del lavoro *consapevole*: questa sarà soltanto una prerogativa del futuro socialismo.

Marx insomma si è limitato a costatare che "la divisione del lavoro trasforma in merce il prodotto del lavoro e in tal maniera rende d'obbligo la sua trasformazione in denaro, e contemporaneamente rende occasionale la riuscita o meno di questa transustanziazione" (p. 116), in quanto non ogni merce ha un prezzo competitivo.

L'esistenza del "produttore privato indipendente" è considerata da Marx di livello *superiore* a quella del produttore legato alla comunità autarchica, sebbene egli non si nasconda il carattere "anarchico" della produzione mercantile e quindi la necessità ch'essa ha di essere superata da un'altra di tipo "sociale" e "consapevole". "I nostri produttori di merci s'accorgono che quella medesima divisione del lavoro che li fa *produttori privati indipendenti, fa* poi *indipendenti proprio da loro* sia il processo sociale di produzione [perché ad un certo punto si produce *solo* per il mercato] sia i loro rapporti entro tale processo [che sono determinati dalla logica della *concorrenza*], e s'accorgono che l'indipendenza reciproca delle persone ha il suo complemento in un sistema di dipendenza tra di essi, imposto dalle cose [poiché sul mercato ciò che conta è il tempo di lavoro socialmente necessario e la produzione strettamente legata alla vendita]" (ib.).

Ciò che più stupisce, nell'analisi di Marx, è la freddezza con cui si guarda il modo di produzione pre-capitalistico. Quando Marx afferma che "la merce, nella sua figura di valore, elimina ogni segno del suo originario valore d'uso e del particolare lavoro utile per il quale è nata, per mettersi nel bozzolo della uniforme materializzazione sociale del lavoro umano indifferenziato" (p. 118) - si ha l'impressione che in questa conclusione Marx non si limiti a esprimere un giudizio di fatto, ma dia anche un giudizio di valore, cui sembra sottesa non la consapevolezza d'un dramma storico, ma la soddisfazione di un personale pregiudizio.

*

La seconda e definitiva metamorfosi della merce è quella dell'*acquisto*: *Denaro-Merce*. La merce, dopo essersi trasformata in denaro, permette al denaro di acquistare qualunque merce. L'alienazione particolare della merce qui diventa *assoluta*.

Benché la metamorfosi complessiva della merce presupponga che questa riappaia nel processo finale, dando così l'impressione che si tratti, pur con la mediazione del denaro, di uno scambio di prodotti, in realtà "la circolazione delle merci si distingue sostanzialmente e non solo formalmente dal diretto scambio dei prodotti" (p. 121).

Da un lato, infatti, "lo scambio di merci *frantuma i limiti individuali e locali* del diretto scambio di prodotti e sviluppa il ricambio organico del lavoro umano" (p. 122). Per Marx - come noto - il lavoro astratto borghese è superiore al lavoro concreto del contadino-artigiano, caratterizzato, quest'ultimo - come si evince dal testo -, da limiti "individuali" (Marx non riconosce alcun carattere di "socialità" al lavoro agricolo) e "locali" (per Marx l'autarchia comporta la precarietà delle forze produttive, una visione ristretta della realtà ecc.).

"D'altro lato si viene a formare tutto un insieme di nessi sociali spontanei e che sfuggono al controllo delle persone che conducono l'operazione" (ib.). Marx, nonostante che in questo abbia perfettamente ragione, è convinto che il socialismo possa costituire una forma razionale o pianificata dell'economia, pur nella conservazione del primato dello scambio sull'autoconsumo. Su questo tutti gli esperimenti realizzati del socialismo gli hanno dato torto, come lo diedero ai socialisti utopisti i tentativi di realizzare un socialismo basato sull'autoconsumo in una società dominata dai rapporti capitalistici.

Marx ha certamente capito che sul mercato capitalistico la socializzazione del lavoro, lo scambio delle merci ha un che di anomalo, quasi di perverso, poiché proprio là dove s'impone la considerazione sociale del lavoro astratto, socialmente necessario, lì si afferma anche la contrapposizione dei soggetti, il dualismo tra produttore e consumatore. In questa consapevolezza critica Marx supera di gran lunga tutti gli economisti classici, per i quali il mercato era solo fonte di "uguaglianza" e non di antagonismi sociali.

Tuttavia, con la concezione del primato del valore di scambio, Marx non è assolutamente in grado di stabilire quando una merce ha un effettivo valore d'uso per l'acquirente, o quando invece ha un reale valore di scambio per il venditore. Non è in grado di stabilirlo perché è lo stesso capitalismo che non permette di sapere con certezza se il valore d'uso di una merce sia veramente di *utilità sociale* e non un pretesto o un'occasione per far quattrini. Marx naturalmente pensava che tale possibilità esistesse solo nel socialismo, in cui la proprietà del produttore è, in ultima istanza, la stessa del consumatore, ma l'esperienza del cosiddetto "socialismo reale" ha dimostrato che tale equivalenza di proprietà non è sufficiente a realizzare la *democrazia* del socialismo. Perché l'equivalenza sia "reale" e non "formale", cioè *sociale* e non *statale*, occorre partire dall'affermazione della comunità basata sull'autoconsumo.

La relativa non-identità di *vendita* e *acquisto* riflette bene l'impossibilità di sapere, nel capitalismo, fino a che punto una merce conservi un vero valore d'uso. "Nessuno - dice Marx - può vendere senza che un altro acquisti [fin qui la suddetta identità sarebbe salvaguardata]. Ma nessuno, solo perché ha venduto, deve acquistare immediatamente [il denaro infatti ha sostituito il baratto]. La circolazione frantuma i limiti di tempo, di spazio e individuali dello scambio di prodotti [della comunità autarchica], appunto perché nella contrapposizione di vendita e acquisto [merce contro denaro] essa separa *l'immediata identità* presente [di vendita e acquisto in una medesima persona] dando in cambio il prodotto del proprio lavoro e ricevendo in cambio quello del lavoro di altri [M-D-M]" (p. 123).

Marx in sostanza vuole dire che: 1) nel capitalismo non è così facile "piazzare" una merce sul mercato; 2) l'identità di vendita e acquisto non può essere immediata, poiché tra venditore e acquirente esiste una polarizzazione dovuta al fatto che il primo deve vendere una merce al secondo che deve acquistarla col denaro, ma che può anche non acquistare; 3) anche chi riesce a vendere, non necessariamente, col denaro ottenuto, diventa un immediato acquirente.

D'altra parte i due momenti (vendita e acquisto), pur essendo formalmente indipendenti, "sono complementari tra loro" (ib.), nel senso che la loro contrapposizione non può andare oltre "a un certo punto", altrimenti la loro "unità si afferma con la violenza, attraverso una *crisi*" (ib.). Cioè se nel mercato capitalistico, impostato sul valore di scambio, vi sono più vendite che acquisti, l'unità dei due aspetti si manifesterà in maniera *critica* (attraverso, p.es., la sovrapproduzione). Ma prima che questa possibilità si trasformi in realtà - dice Marx - occorre "tutto un insieme di rapporti che non esistono ancora dal punto di vista della circolazione semplice delle merci" (p. 124).

Marx, dopo un giro di frasi particolarmente astratto e involuto, è giunto col fiato corto a questa conclusione. Infatti, volendo salvare l'idea del primato dello scambio, egli non può mostrare che già nella circolazione semplice delle merci le fondamentali contraddizioni del capitalismo si manifestano nel loro irriducibile antagonismo. Ciò avverrà solo nella sezione dedicata al passaggio dal denaro al capitale.

Marx, per il momento, ha cercato di rimediare a questa difficoltà con la nota dedicata a James Mill, ove critica chi tenta di negare "le contraddizioni del *processo di produzione capitalistico*, riducendo i rapporti dei suoi agenti di produzione in semplici relazioni che sorgono dalla circolazione delle merci" (ib.). La critica è giusta, ma Marx è caduto nell'errore opposto, quello di voler "salvare" il capitalismo nell'ambito della circolazione, mirando a trasformarne anzitutto gli aspetti produttivi.

Difficilmente Marx avrebbe accettato l'idea che il processo di scambio della merce, espresso nella formula M-D-M, può essere accettato solo se il possessore di una determinata merce non è *costretto* a venderla sul mercato per acquistare il denaro con cui poter comprare un'altra merce. La necessità del mercato, per Marx, non si può mettere in discussione: nel senso ch'essa deve apparire *assoluta*. Finché resta *relativa*, la società agraria non può morire e il capitalismo non può nascere. Questo significa che il denaro deve escludere necessariamente sul mercato qualsiasi altra forma di scambio (soprattutto deve escludere il "baratto", che di tutti gli scambi è il più *diretto*).

b) La circolazione del denaro

Non si può certo negare a Marx d'aver colto nel segno quando afferma che la cosa essenziale nel mercato capitalistico non è la circolazione delle merci ma quella del *denaro* e che, in tale circolazione, il ruolo dello *Stato* diventa sempre più importante. Con grandi capacità di analisi e di sintesi, egli ha saputo anticipare quelle che saranno le caratteristiche del capitalismo monopolistico nella fase imperialistica, ove i capitali finanziari hanno un ruolo preminente e i monopoli si appoggiano alla funzione protettiva dello Stato.

Relativamente alla circolazione del denaro, Marx afferma che proprio essa permette una migliore metamorfosi della merce: tendenzialmente quanto è maggiore la circolazione del denaro, tanto minori sono i prezzi delle merci. Che non sia però sempre così nei regimi monopolistici, non è il caso qui di discuterlo.

I problemi, in un'economia capitalistica, sorgono - dice Marx - quando vi è un "rallentamento della circolazione del denaro" (p. 133), quando cioè i due processi della vendita e dell'acquisto entrano in una "stasi".

Giustamente Marx sostiene che "la circolazione non ci permette di comprendere da dove provenga questa stasi: essa ci fa vedere solo il fenomeno" (ib.). Di sicuro la crisi non può essere risolta con un puro e semplice "aumento dei mezzi di circolazione" (p. 134), né dalle "truffe ufficiali" (delle banche centrali degli Stati) inerenti alla "regolazione dei mezzi di circolazione" (ib.)

Tuttavia Marx non affronta neanche lontanamente il nesso di crisi economica e crisi *generale* del sistema di governo (di credibilità o legittimità), cioè il fatto che la "stasi" della circolazione del denaro possa anche dipendere dalla "sfiducia" che i cittadini e i lavoratori manifestano nei confronti del governo in carica o delle istituzioni di potere o del sistema nel suo complesso (produzione, distribuzione, consumi, servizi ecc.).

Le combinazioni elaborate da Marx, usando i fattori del movimento dei prezzi, della massa delle merci in circolazione, della velocità di circolazione del denaro, non tenendo mai conto dei fattori *sovrastrutturali* quali la cultura, l'ideologia, i valori ecc., finiscono col sembrare un gioco economicistico a incastro. Se per decidere un rialzo o un calo dei prezzi fosse sufficiente variare i termini delle combinazioni, ogni crisi verrebbe risolta in breve tempo (anche se Marx escluderebbe tale eventualità nell'ambito del capitalismo proprio a causa della sua natura antagonistica). I fatti dimostrano che una crisi economica non può mai essere risolta *solo* in chiave economica, meno che mai quand'essa è di carattere *strutturale*. Ma se non si precisa il valore della sovrastruttura si rischia di offrire al capitale gli strumenti teorici con cui regolamentare (almeno provvisoriamente) le proprie contraddizioni.

Garantire che "l'intera somma dei prezzi delle merci da realizzarsi, come pure la massa di denaro in circolazione, resti costante" (p. 135), non è cosa per nulla facile in un sistema ove dominano i rapporti antagonistici. Marx afferma che, anche "non tenendo conto delle gravi perturbazioni che vengono periodicamente dalle crisi di produzione e da quelle del commercio e, più raramente, dal mutamento nel valore stesso del denaro, abbiamo spostamenti di quel livello medio molto più piccoli di quanto potrebbe sembrare a prima vista" (ib.).

Ma è proprio questo il punto. Se fosse solo questione di "economia", la consapevolezza della suddetta "costanza" dovrebbe, ad un certo punto, garantire la ripresa dello sviluppo. In realtà non è affatto scontato che per superare la crisi sia sufficiente aver consapevolezza che "essendo date la somma di valore delle merci e la velocità media delle loro metamorfosi, la quantità del denaro... dipende proprio dal *suo stesso valore*" (p. 136). Se bastasse questo, sarebbe impossibile stabilire quando l'inflazione dipende da fattori di crisi o di sviluppo. Attribuire al denaro il suo giusto valore è impossibile farlo usando *soltanto* dei criteri economici.

La crisi generale del sistema si ripercuote sul valore non solo del denaro ma anche delle merci, pur in presenza di varie costanti nella circolazione, nella quantità ecc. Non risulta affatto strano che il cittadino, ad un certo punto, abbia sempre più l'impressione, man mano che la crisi generale si acuisce, che il valore di ciò che possiede, pur aumentandone il volume, scende costantemente, ovvero che il valore del denaro appaia inversamente proporzionale alla sua quantità, sebbene dal punto di vista economico permanga una proporzionalità diretta.

Da tempo tuttavia Marx ha compreso che la contraddizione fondamentale della società capitalistica non sta tanto nella circolazione del denaro, quanto nella contrapposizione dei soggetti che producono merci: quella è una conseguenza di questa. In tal senso la sua critica a Owen, nella prima importante nota al cap. III, è del tutto giusta. Owen voleva trasformare il denaro in un mezzo che indicasse direttamente il tempo di lavoro impiegato dall'operaio, il quale così, avendo a disposizione questo "certificato di lavoro", poteva partecipare alla divisione del prodotto comune da consumarsi.

Marx qui obietta che non si può "presupporre la produzione di merci e volere nello stesso tempo sfuggire le condizioni inevitabili di essa con sconciature monetarie" (p. 100). Un lavoro privato, in una società capitalistica, non può mai essere considerato come "direttamente socializzato", anche se fosse organizzato in maniera collettiva. Il socialismo era definito da Marx "utopistico" appunto perché presumeva di poter affermare la democrazia sociale a prescindere dalla rivoluzione politica anti-capitalistica. Naturalmente questo non significa che le idee di Owen non avrebbero potuto trovare un'adeguata realizzazione in una società *socialista*. Ma il marxismo non si è mai interessato a tale eventualità.

c) Il segno del valore

Marx qui prende in esame il fatto che nel capitalismo "la monetazione, come pure la definizione della scala di misura dei prezzi, è compito dello Stato" (p. 139). L'analisi di questa forma del denaro è piuttosto carente, soprattutto perché non si osserva lo Stato come "ente sovrastrutturale" che viene a sovrapporsi alla società civile. A Marx non interessa il fatto che lo Stato sia sorto dopo che il mercato aveva spazzato via la comunità agricola. L'importanza dello Stato viene colta solo in termini economici, nel senso che solo in forza della sua autorità è possibile "sostituire il denaro metallico, nella sua funzione di moneta, con marche di diverso materiale, cioè con simboli" (p. 140), quei simboli che oggi definiamo col termine di assegni circolari, cambiali al portatore, carte di credito ecc.

In questa separazione del "contenuto nominale" (il titolo) dal "contenuto sostanziale" (materia aurea) Marx vede la storia degli "intrighi monetari" del Medioevo e dell'età moderna sino al sec. XVIII. Egli però non considera "pertinente all'argomento del [*Capitale*] l'esame di dettagli quali il diritto di monetaggio e altri simili cose" (p. 139, in nota). Semplicemente si limita a costatare la "naturale tendenza del processo di circolazione", quella di "trasformare in apparenza d'oro l'essere d'oro della moneta" (p. 140). Sarebbe stato invece di grande interesse verificare le diverse motivazioni che nel corso dei secoli hanno portato i vari governi a promuovere tale processo di separazione, anche perché solo nel capitalismo esso raggiunge dei livelli così sofisticati e paradossali.

Secondo Marx la "*carta moneta dello Stato a corso forzoso* nasce spontaneamente dalla circolazione metallica" (p. 142). In realtà è solo sul piano *tecnico* che "la *moneta di credito* ha la sua naturale radice nella funzione del denaro come *mezzo di pagamento*" (ib.). Sul piano più propriamente *sociale*, il passaggio si verifica quando la circolazione delle merci - che ha già assunto proporzioni notevoli - pretende di autolegittimarsi, a prescindere dalla valutazione soggettiva dei contraenti sul mercato.

Il denaro ha la funzione di universale equivalente nella misura in cui questa viene decisa e gestita dalla *società civile* (ciò naturalmente significa che nell'economia capitalistica sono le classi mercantili che impongono la loro volontà a tutte le altre); ma se tale funzione viene decisa d'autorità, cioè se lo Stato si arroga la pretesa di stabilire la scala di misura dei prezzi, di questo suo potere beneficeranno, in ultima istanza, solo le categorie più *forti* dei ceti o delle classi mercantili. Uno Stato che toglie alla società il potere di decidere la scala dei prezzi sarebbe autoritario anche se tutta la proprietà fosse statalizzata, come è accaduto nel "socialismo reale".

Non meno autoritario è lo Stato che pretende, da parte dei cittadini, la *fiducia* che non verrà emessa una cartamoneta superiore "alla *quantità* nella quale dovrebbe in effetti circolare l'oro (o l'argento) ch'essa rappresenta simbolicamente" (p. 143). Tale pretesa infatti presuppone sempre la separazione dello Stato dalla società civile, ovvero la subordinazione di questa a quello. Lo Stato autoritario nasce come diretta conseguenza della necessità di regolamentare gli antagonismi irriducibili che si verificano sul terreno della proprietà privata.

Marx non ha colto qui tale aspetto perché, secondo lui, il passaggio dall'oro-moneta alla moneta di credito avviene in maniera "spontanea": "in un processo che fa continuamente cambiare di mano al denaro, basta anche la sua esistenza meramente simbolica" (p. 145).

Ciò in realtà non comporterebbe, di per sé, alcuna conseguenza se nella società dominasse il primato del *valore d'uso*. In una società del genere, infatti, il lavoratore non avrebbe il timore, di fronte a una situazione di crisi, che il suo denaro perda *sostanzialmente* molto valore pur continuando ad averne tanto *nominalmente*. La necessità di tornare a un livello di benessere inferiore a quello dato, a causa della crisi, potrebbe essere affrontata più agevolmente in una comunità autarchica che non nella società borghese, ove il deprezzamento del denaro e una scarsa circolazione comportano sempre miseria e disperazione.

3) *Il denaro vero e proprio*

Il fatto che Marx non abbia impostato subito in maniera storica la prima sezione del *Capitale* ha comportato delle conseguenze piuttosto spiacevoli. Leggendo ad es. i paragrafi dedicati al denaro si ha infatti l'impressione di trovarsi in un periodo storico precedente, seppure di poco, a quello capitalistico vero e proprio, e che solo con l'inizio della II sezione si entri nel sec. XVI. Eppure sarebbe impossibile immaginare una consapevolezza e un uso delle funzioni del denaro così sosfisticati e spregiudicati al di là del modo di produzione capitalistico.

Per Marx la trasformazione del denaro in capitale è susseguente all'affermazione del denaro come equivalente universale, a sua volta frutto del dominio della merce e del suo mercato sui prodotti di autoconsumo. Egli cioè ha voluto mostrare una *necessità* di ordine *economico* nel passaggio dalla merce al denaro e dal denaro al capitale. La storia di questo processo è un problema secondario, nell'analisi di Marx, rispetto all'affermazione di principio che lega i fatti secondo uno schema di causa ed effetto.

Tant'è che Marx, in realtà, non ha mai fatto una "storia" del passaggio dalla merce al denaro e dal denaro al capitale: egli si è semplicemente limitato alla storia dell'accumulazione originaria del capitale. D'altra parte non esiste alcuna "storia" che ci possa indicare l'evoluzione temporale dei suddetti passaggi: semplicemente perché essi presuppongono - almeno per come sono stati descritti - la stessa "accumulazione originaria".

Tuttavia, se Marx avesse mostrato, sin dall'inizio, come da tale "accumulazione" i vari passaggi si sono intrecciati, avrebbe ottenuto un risultato diverso da quello meramente *economico*. I vari passaggi infatti andavano considerati anche e soprattutto come un processo *sociale* che, come tale, include anche gli aspetti più propriamente *ideologico-culturali* e *politici*.

I risultati, in sostanza, sarebbero stati due: 1) sin dall'inizio il primato della merce sul bene di utile consumo è stato accompagnato dallo *sfruttamento* della manodopera salariata e dalla trasformazione della cultura pre-borghese; 2) in tale transizione al capitalismo gli uomini non hanno agito né istintivamente né sotto costrizione, ma hanno dovuto compiere delle *scelte*, anche se, dopo averle compiute, le conseguenze si sono fatte sentire in maniera necessaria.

Se si fa coincidere la storia degli uomini con lo sviluppo della loro attività economica, si finisce col trasformare gli uomini in marionette del destino.

a) Tesaurizzazione

La figura del risparmiatore nasce - dice Marx - "quando *s'interrompe* la serie delle metamorfosi e la vendita non è rimpiazzata da un successivo acquisto" (pp. 146-7).

"Agli inizi della circolazione delle merci - spiega Marx - solo il superfluo di valori d'uso viene cambiato in denaro. Così oro e argento divengono vere e proprie espressioni sociali della sovrabbondanza, cioè della ricchezza. Questa ingenua maniera di tesaurizzazione si eternizza tra i popoli la cui ristretta cerchia di esigenze corrisponde al modo di produzione tradizionale e volto all'appagamento dei bisogni individuali" (p. 147).

Qui Marx - che ha in mente i "popoli asiatici", specie gli "indiani" - applica di nuovo alle formazioni sociali pre-capitalistiche uno schema di vita desunto dalla società borghese. Nel senso che quelle formazioni paiono avere i difetti di questa società senza però averne i pregi. L'individuo risparmia come il borghese, ma non commercia allo stesso modo; è individualista come il borghese, ma non si affida come lui al mercato. A Marx qui non è venuto in mente che l'atteggiamento di questo individuo poteva essere l'effetto di rapporti colonialistici imposti dal capitalismo o una conseguenza dei rapporti interni di sfruttamento imposti dal feudalesimo o dallo schiavismo "statale", estranei alla socializzazione della vita agricola fondata sul valore d'uso.

Per Marx la comunità pre-capitalistica ha una "ristretta cerchia di esigenze"; viceversa, nella società borghese i "bisogni si rinnovano continuamente" (p. 148). Attratto dal fatto che "nel denaro è eliminata ogni distinzione qualitativa delle merci", ovvero che il denaro "elimina ogni distinzione" (p. 149), e che "il *valore* della merce misura il grado della forza d'attrazione su ogni elemento della ricchezza materiale, perciò sulla *ricchezza sociale* del suo possessore" (p. 150), attratto da questo, Marx guarda con ironia l'ingenua "società antica che ritiene il denaro *moneta sovversiva* della sua organizzazione economica e politica" (pp. 149-150), ovvero il fatto che "il valore, per il possessore di merci più o meno barbaro o anche per un contadino dell'Europa occidentale, è inscindibile dalla forma di valore, e di conseguenza un aumento del tesoro aureo o argenteo significa per lui un aumento di valore" (p. 150).

Marx non ha saputo scorgere in questo atteggiamento "barbaro" una forma di *condizionamento* o addirittura di *resistenza* alla pressione del modo di produzione borghese, ma ha preferito considerarlo un atteggiamento naturale, istintivo. In realtà, Marx non ha mai spiegato in maniera convincente il motivo per cui il risparmiatore antico, diversamente da quello moderno, non è riuscito a diventare un *capitalista*.

L'immagine del "tesaurizzatore che sacrifica al feticcio oro i suoi piaceri della carne" (p. 151), cioè la soddisfazione dei consumi, è un'immagine moderna che non può essere applicata alle società antiche. Qui semmai il risparmio era appunto finalizzato a soddisfare i piaceri della carne! Il denaro non costituiva certo un'astrazione fine a se stessa, cui sacrificare la propria identità: si accumulava per realizzare concretamente un dominio *personale*, non per realizzare un astratto dominio impersonale.

b) Mezzo di pagamento

Il denaro come mezzo di pagamento è quello che, separando nel tempo la cessione della merce dalla realizzazione del suo prezzo, crea un rapporto tra creditore e debitore: rapporto che spesso, per ovvie ragioni, diventa conflittuale. Fin qui Marx.

In realtà tale forma di denaro porta alla lotta di classe perché *già* la presuppone. Se così non fosse, il denaro non verrebbe usato per tenere sottomessa la controparte, che nella figura del debitore è la più debole, o comunque non verrebbe usato approfittando della sua debolezza. Rinunciando allo scambio diretto, immediato, di merce contro denaro, dilazionando cioè nel tempo il pagamento di quest'ultimo, il venditore di una data merce si serve proprio del *tempo* per ottenere uno scambio più vantaggioso.

Ora però, proprio questo modo così antisociale di usare il denaro lascia presupporre la *fine* della società contadina e la sua progressiva sostituzione con quella borghese. In tal senso Marx non ha compreso a sufficienza che la contraddizione maggiore rappresentata dalla suddetta forma di denaro sta proprio nel tipo di rapporto sociale ch'essa *presuppone*, e non tanto nel tipo di rapporto sociale ch'essa viene a costruire, necessariamente, quando i termini di scadenza del contratto non sono rispettati.

Per Marx "la contraddizione balza fuori al momento delle crisi di produzione e delle crisi commerciali... quando il denaro si trasforma subito e senza transizioni da figura solo ideale della moneta di conto in denaro contante. Non si può più sostituire con merci profane. Il valore d'uso della merce è senza valore... solo il denaro è merce!" (p. 157).

In realtà l'uso del denaro come mezzo di pagamento implica *già* che i rapporti sociali siano "sbilanciati" a favore del possessore di merci. La crisi di sovrapproduzione o altre forme di crisi fanno venire alla luce una contraddizione sociale latente, l'ha fanno cioè esplodere a livello *sociale*, mentre in assenza di quella crisi essa potrebbe tranquillamente esplodere a livello individuale, nel singolo rapporto tra creditore e debitore. Non a caso - ed è lo stesso Marx che lo sottolinea - il pagamento dei debiti in denaro e non in natura è sempre stato usato dalla parte sociale più forte per assoggettare ulteriormente quella più debole.

Marx tuttavia non ha difficoltà nel sostenere che il passaggio dall'imposta in natura all'imposta in denaro se da un lato comporta un maggiore impoverimento dei contadini - come è avvenuto nella Francia di Luigi XIV -, d'altro lato comporta la fine delle "misere condizioni economiche di vita che permettono di sussistere" a un'agricoltura arretrata (p. 161). Egli in sostanza riteneva necessario il suddetto passaggio e non vedeva una diversa alternativa alla crisi della società agraria.

Al tempo di Marx la borghesia era in ascesa. Difficilmente egli avrebbe potuto immaginare che l'imposta in denaro o l'uso del denaro come mezzo di pagamento sarebbero un giorno potuti servire alla borghesia soltanto per conservare politicamente un potere economico in via di dissoluzione. Nell'analisi di Marx il creditore appare come un possessore *attivo* di denaro, in quanto produttore che ha ottenuto un profitto vendendo merci. In realtà, nel capitalismo maturo il creditore-borghese, appoggiandosi all'autorità dello Stato, diventa sempre più un "debitore" nei confronti del lavoratore (operaio o contadino che sia), benché questi economicamente non riesca a dimostrarlo, potendolo fare solo per via politico-rivoluzionaria.

c) Denaro universale (o fondo di riserva)

Per "denaro universale" Marx intende i lingotti di metalli pregiati (ammassati nei forzieri delle banche) che nel commercio mondiale hanno la funzione di materializzare socialmente la ricchezza in genere, ovvero di concretizzare *in abstracto* il lavoro umano. In tal caso il denaro non può mai essere sostituito, in alcun momento, da nessuna merce (a meno che - si può oggi aggiungere - una determinata merce non abbia un valore così alto e nel contempo così commerciale da renderlo equivalente a quello del denaro, come nel caso della droga. Ma anche qui l'operazione verrebbe fatta allo scopo di poter immediatamente riconvertire la droga in denaro).

Quando le riserve in lingotti sono superiori al loro livello medio è segno che la circolazione delle merci ristagna. Questo è evidente. Tuttavia Marx non ha preso in considerazione l'eventualità che le riserve, se possono apparire, all'interno di una nazione, superiori al necessario, a livello internazionale invece esse possono essere usate da quella stessa nazione per imporre a tutte le altre, dotate di minori riserve, il corso forzoso della propria moneta o il dominio mondiale del proprio commercio. Va però precisato che ai tempi di Marx vigeva il sistema aureo, basato cioè sulla moneta aurea coniata.

Il capitale

Passando dalla I alla II sezione, Marx mostra la trasformazione del denaro in capitale, ma sarebbe un errore ritenere che un uso "borghese" del denaro - così come è stato delineato nel cap. III - non presupponga già un'accumulazione di tipo capitalistico, per quanto lo stesso Marx affermi a chiare lettere che tutte le particolari forme del denaro, descritte in quel capitolo, non necessitano di una circolazione delle merci molto sviluppata (p. 201).

In effetti, solo ora si viene a sapere da Marx che non era per nulla assodato che nel cap. III (ma anche in quelli precedenti) si fosse in presenza di una formazione capitalistica, che - a suo giudizio - nasce anzitutto sul terreno della produzione e non dello scambio: il plusvalore nasce "*dietro le spalle della circolazione*", in maniera "*invisibile*" (p. 194).

Tuttavia nel cap. III non era certo stato descritto l'uso del denaro nella società schiavistica o in una qualunque società commerciale pre-capitalistica. Marx ha sempre avuto come punto di riferimento privilegiato il sistema mercantile quale s'è venuto formando a partire dal sec. XVI. Nell'*ouverture* del *Capitale* Marx parla esplicitamente di "modo di produzione capitalistico" (p. 25) e all'inizio della II sezione di "secolo XVI" come punto di partenza (p. 169). Ciò sta appunto a significare che l'uso del denaro descritto nel cap. III è un uso *specifico*, tipicamente borghese, benché alcune sua modalità possano ritrovarsi in altre società commerciali.

La causa di questa difficoltà è dipesa dal modo *astratto* e non storico con cui Marx ha trattato l'argomento. In ogni caso s'egli avesse parlato dell'uso del denaro di una qualunque società commerciale, ora non avremmo, al cap. IV, la sua trasformazione in *capitale*, poiché questa è *specifica* del modo di produzione capitalistico.

Esiste quindi nella II sezione una contraddizione latente, che solo ora viene alla luce, ed è la seguente: da un lato, nessuna forma fenomenica del denaro può portare, di per sé, al capitale che si autovalorizza, la cui nascita avviene nel campo della produzione; dall'altro, senza il grande sviluppo commerciale del sec. XVI non si sarebbe formato alcun capitale.

Dunque, come mai *solo adesso* si parla della trasformazione del denaro in capitale, visto e considerato ch'essa in realtà è un *presupposto* di un uso borghese del denaro? Risposta (plausibile): perché per Marx la società borghese non va rifiutata come società *mercantile*, ma solo come società *capitalistica* (si badi: non come società *industriale*, ma come società che forma un *capitale privato*). Per Marx non è in discussione il primato del mercato, del valore di scambio, della merce ecc., ma il primato del *capitale*, il quale presuppone lo *sfruttamento* della forza-lavoro. L'idea "rivoluzionaria" del Marx del *Capitale* è semplicemente quella di abolire il capitale per abolire lo sfruttamento del proletariato, conservando tutto il resto.

Rivediamo meglio in cosa consiste questa contraddizione di Marx. Egli parla di "nascita del capitale" in seguito alla "produzione delle merci" e soprattutto alla loro "circolazione sviluppata, ossia il commercio" (ib.). Il capitale si forma solo "a un certo grado di sviluppo" (ib.) della società mercantile, quando la divisione del lavoro ha già separato il valore d'uso da quello di scambio (p. 200). Nel senso che se è vero che il capitalismo nasce sul terreno della produzione, è anche vero ch'esso ha bisogno di un considerevole sviluppo del commercio. "È impossibile che il capitale derivi dalla circolazione [altrimenti si sarebbe formato anche nel mondo greco-romano o bizantino], ma è ugualmente impossibile ch'esso non derivi dalla circolazione" (p. 195).

Questa impostazione storica relativa alla nascita del capitalismo è di tipo *economicistico* e quindi sostanzialmente errata (essa peraltro non sfugge alla tautologia): sia perché il capitale non può sorgere *spontaneamente* da una società di tipo mercantile, sia perché la società mercantile nata nel sec. XVI era *già capitalistica*. Marx, in sostanza, non ha saputo spiegare il passaggio dalla società feudale a quella capitalistica perché non l'ha affrontato in termini *culturali*.

Se l'avesse fatto, avrebbe compreso che la nascita del capitalismo è strettamente legata, da un lato, non solo all'affermazione della libertà individuale, ma anche, dall'altro, alla *contemporanea* affermazione della "schiavitù" di chi insieme alla libertà individuale non ha una proprietà personale. Perché si affermi la schiavitù occorre che il soggetto da "schiavizzare" sia *convinto* che può effettivamente diventare "libero", emancipandosi da una precedente condizione sociale in cui si sentiva asservito. Marx ha saputo spiegare in che modo questo individuo s'è trasformato socialmente o economicamente in lavoratore salariato, ma non ha spiegato il *motivo* per cui ha *accettato* di diventarlo. Non è che Marx non si renda conto del problema, è che non può preventivare una soluzione del genere senza rimettere in discussione il primato concesso allo scambio sull'autoconsumo. Non avendo colto il momento della *libertà* o della *scelta*, egli è stato costretto ad attribuire allo scambio un ruolo sproporzionato, che nei fatti non poteva avere.

Non a caso egli stesso scrisse, riferendosi alla sua opera, che "il meglio" stava nell'aver attribuito al *valore d'uso* un'importanza particolare, strettamente legata a quella di *valore*; e quindi nell'aver saputo distinguere, nell'analisi della merce, i due tipi di *lavoro*, *astratto* e *concreto*. Marx cioè riteneva d'aver superato l'economia classica sul suo stesso terreno, lasciando così credere che, con le sue potenti forze produttive, il capitalismo, se fosse stato regolamentato da un *piano* (previa la socializzazione dei mezzi produttivi), avrebbe funzionato mille volte meglio di quanto non riuscisse a farlo con la borghesia (cfr. Lettera a Engels del 24.08.1867 e *Note su Wagner* del 1883). L'obiettivo di Marx era semplicemente quello di conciliare il contenuto del valore d'uso con la forma del valore di scambio, eliminando non il profitto in sé ma solo il plusvalore estorto all'operaio con una coercizione economica mistificata.

In sintesi, nell'analisi di Marx il capitale sorge necessariamente dallo sviluppo della società mercantile non perché questa abbia concesso il primato alla merce, al mercato, al valore di scambio ecc., quanto perché essa ha sviluppato tale primato nell'affermazione della *libera pro-*

prietà privata, dalla quale è rimasto escluso l'operaio.

Tale forma di proprietà - secondo Marx - ha dovuto *necessariamente* svilupparsi per superare i limiti della proprietà feudale e della società agricola, ma ora essa stessa rivela i suoi propri limiti, in quanto non è in grado di far sviluppare *ulteriormente* le forze produttive che ha promosso. L'alternativa sta nella *proprietà socializzata*, in virtù della quale è possibile realizzare una *pianificazione* della produzione.

Marx, come non vede alternative - oltre quella borghese - alla crisi della società feudale, così non ne vede alla crisi della società capitalistica, oltre quella della mera socializzazione dei mezzi produttivi. Egli non avrebbe mai accettato che in nome del "piano" scomparisse il "mercato", come poi è accaduto nei paesi est-europei. Ma l'esperienza di questi paesi ha appunto dimostrato che se si vuole realizzare la pianificazione dell'economia, senza tornare all'autoconsumo, il mercato scompare, almeno quello ufficiale, mentre si sviluppa quello clandestino o "nero".

L'autoconsumo invece permette la realizzazione di un mercato per i *beni necessari*, il cui prezzo (o il cui scambio) è *liberamente contrattato*, in quanto la libertà è data dalla reciproca e sostanziale *autonomia economica*. Per "autonomia economica" non si deve intendere l'"assoluta autarchia", la quale non solo non è mai esistita, ma non è neppure auspicabile, in quanto, paradossalmente, sarebbe troppo dispendiosa per le forze produttive in loco.

*

Il denaro, per Marx, è il "prodotto ultimo della circolazione delle merci" e insieme "la *prima forma fenomenica del capitale*" (p. 169). Già abbiamo detto che questo modo di vedere le cose è, nel *Capitale*, di tipo *logico* non *storico*. Nessuna circolazione delle merci, per quanto sviluppata sia, porterebbe mai a considerare il denaro come "equivalente universale" se a livello *culturale* non si fosse già affermata la "logica" del capitale. Non è la prima volta che Marx applica al passato criteri di vita del suo presente.

La circolazione delle merci quindi non è "il punto di partenza del capitale" (ib.), più di quanto questo non lo sia di quella. Il limite nell'impostazione metodologica di Marx non dipende tanto da una scarsa storicità degli avvenimenti, quanto da una posizione ideologica che privilegia il momento strutturale (economico) su quello sovrastrutturale (culturale), senza cercare il loro *trait d'union olistico*.

"Il capitale, considerato storicamente, si contrappone in ogni luogo alla proprietà fondiaria nella forma di denaro, come *patrimonio di de-*

naro, capitale commerciale e capitale usuraio" (p. 170). Questa definizione che Marx ha dato del capitale è vera ma generica, irrilevante. Il capitale, così come è sorto a partire dal sec. XVI, è *molto di più* del capitale commerciale e usuraio (che sono sempre esistiti): è denaro investito nella forza-lavoro che, formalmente libera, produce plusvalore. Ma attenzione: non è che Marx non si renda conto di questo, è che non riesce a spiegarsi il *motivo* per cui l'espressione storica determinata del capitale, quella assolutamente originale, cioè senza precedenti, debba essere vincolata alla *falsa libertà* del lavoratore.

Marx ha perfettamente capito che esiste una forma di *ipocrisia* tra l'uguaglianza affermata in sede giuridica e la disuguaglianza *de facto* in sede economica, ma non ha capito quale *cultura* o *ideologia* ha fatto nascere questa ipocrisia e in che modo essa s'è rapportata al fattore della struttura.

Decisiva resta la sua critica del formalismo giuridico borghese, che osserva il capitalismo solo dal punto di vista del mercato o dello scambio di merci, ove appare che il borghese imprenditore e l'operaio salariato siano "spinti solo dalla loro *libera volontà*" (p. 209). Marx ha giustamente messo in luce il fatto che è assurdo parlare di "libera volontà" in riferimento a un soggetto - l'operaio - che, non disponendo di proprietà privata, può solo vendere la propria forza-lavoro. E tuttavia Marx non ha afferrato il concetto che l'ideologia della "libera volontà" doveva essersi affermata anche nella *coscienza* dell'operaio, se questi, invece di ribellarsi politicamente al monopolio della proprietà privata, vi si adeguò o con rassegnazione, pensando che in futuro la "divina provvidenza" avrebbe tutto sistemato, o con l'aspirazione di poter un giorno diventare proprietario di qualcosa che non fosse semplicemente la sua capacità lavorativa.

Qui peraltro sta il senso del superamento di Marx da parte di Lenin, il quale affermò in *Che fare?* che la coscienza rivoluzionaria all'operaio che non comprende la necessità di superare *globalmente* il sistema, poteva essere data solo "dall'esterno", cioè da colui che ha capito che al di là di questa necessità vi è solo il tentativo di "riformare" il sistema. In tal senso il problema che Lenin dovrà affrontare sarà un altro, quello di come impedire che la trasmissione "esterna" della coscienza rivoluzionaria non si trasformi in una manipolazione ideologica o in una imposizione politica.

*

La diretta forma della circolazione delle merci: M-D-M, cioè *vendere per acquistare*, così come si manifesta nella società mercantile, non avrebbe senso se non esistesse il suo opposto: D-M-D, cioè *acquistare per vendere*. Marx invece le presenta come due forme parallele, "sostanzialmente diverse" (ib.), la seconda conseguente alla prima, e non strettamente legate *ab ovo*. Marx tende a salvare la prima forma e a negare la seconda, poiché quella presuppone la libertà dei produttori privati, questa lo sfruttamento del proletariato. Naturalmente la prima non avrebbe portato alla seconda se i produttori non avessero affermato un monopolio della proprietà privata, ma Marx aggiunge, a tale considerazione, che senza la pretesa proprietà privata non sarebbe crollata l'antiquata comunità agricola.

La formula più esatta della circolazione capitalistica delle merci e del denaro dovrebbe dunque essere la seguente: $D-M-D'-M-D^n$, dove il primo Denaro è il capitale investito, dove la Merce fondamentale è la forza-lavoro, dove il secondo Denaro è il capitale valorizzato col plusvalore estorto, dove il terzo Denaro è il capitale che si valorizza all'infinito se la forza-lavoro non reagisce politicamente. "Il movimento del capitale infatti non ha limiti" (p. 177).

L'altra formula di Marx: M-D-M, se considerata astrattamente, al massimo può andar bene per quelle società pre-capitalistiche che conoscevano l'uso del denaro. D'altronde lo stesso Marx, ad un certo punto, è costretto ad affermare che il fine ultimo del ciclo M-D-M "è il consumo, appagamento di bisogni, in altri termini è *valore d'uso*" (p. 174). Ciò sebbene Marx abbia descritto tale ciclo, nei precedenti capitoli, facendo esplicitamente riferimento alla società mercantile, ove, per definizione, domina il primato del valore di scambio. Valore che invece qui è la ragion d'essere del ciclo opposto: D-M-D. Se dovessimo accettare questo modo d'impostare le cose, dovremmo anche sostenere che la società mercantile, che Marx fin qui ha descritto, non è mai esistita; è una società "ideale" ch'egli ha voluto contrapporre alla progressiva, inevitabile, degenerazione cui essa stessa va incontro.

Da notare che Marx ancora non ha mostrato che tale infinita "*valorizzazione del valore*" (p. 177) dipende dallo sfruttamento del proletariato. Egli sta semplicemente mostrando la caratteristica fondamentale del capitalista: "il perenne succedersi del guadagnare" (p. 178). "Il movente delle sue azioni è una crescente appropriazione della ricchezza astratta" (ib.), astratta perché il fine è in se stessa e non nel consumo. La differenza tra il capitalista e il tesaurizzatore - dice Marx - è che questi accumula togliendo il denaro dalla circolazione, mentre quello, al contrario, accumula reinvestendolo di continuo.

Per Marx - e ciò per un determinista è davvero singolare - si tratta semplicemente di maggiore "furbizia" o "razionalità" (p. 179). In realtà, dopo la storia della società agraria (conclusasi in occidente con il crollo del feudalesimo), la possibilità di continuare la logica dello sfruttamento poteva esprimersi solo a una condizione: quella di far credere al lavoratore che l'unico modo di diventare *libero* nella comunità agraria non era semplicemente quello di vincere il servaggio, ma quello di vincerlo uscendo dalla comunità. Il capitalista investe il proprio capitale scommettendo che il lavoratore ci crederà. Naturalmente tale scommessa implicava la fiducia indispensabile nel valore di una determinata cultura, quella *borghese* e *protestante*.

Marx invece pensa che la produzione del plusvalore, essendo completamente estranea al valore d'uso, dipenda da un "impellente desiderio di arricchimento" (pp. 178-9). Di nuovo qui si passa da considerazioni di tipo economico a considerazioni di tipo psicologico. Paradossalmente, proprio mentre ha cercato di dare una definizione *storica* del capitale, Marx è andato a cercare in autori come Aristotele, A. Genovesi, Th. Chalmers, Mac Culloch ecc., quella definizione *astratta* di capitale applicabile a ogni epoca storica. Questo suo atteggiamento è una diretta conseguenza del fatto ch'egli, nel *Capitale*, non ha immediatamente legato il plusvalore allo sfruttamento della manodopera salariata.

Portando all'estremo l'analisi di Marx si sarebbe costretti ad affermare esattamente il contrario di ciò che lui voleva sostenere, e cioè che il proletariato è, in definitiva, una merce che il capitalista *trova* casualmente sul mercato e che sfrutta per ottenere plusvalore: cosa che però avrebbe ottenuto ugualmente, anche se non avesse incontrato la forza-lavoro. E questo perché Marx non riesce a trovare le ragioni *culturali* che fanno nascere il plusvalore proprio nel secolo XVI e non prima.

Il capitalismo quindi non sarebbe nato in questo secolo, ma p.es. ai tempi di Aristotele, il quale lo chiamava col termine di "crematistica", secondo cui non esiste "alcun limite alla proprietà e alla ricchezza" (p. 127 in nota). Se nel sec. XVI si è imposto un volume notevolissimo di plusvalore, ciò è dipeso da fattori contingenti, quali ad es. i *commerci mondiali*, che ai tempi di Aristotele erano solo mediterranei. La differenza, quindi, fra il capitalismo moderno e quello antico sarebbe solo *quantitativa*.

È la stessa lunga citazione di Aristotele che sta a dimostrare come Marx non sia riuscito a cogliere la peculiarità del capitalismo moderno, rispetto a quello antico. L'arricchimento assoluto, illimitato, non rende affatto uguali le due forme di accumulazione, né la loro fondamentale diversità riposa nel modo tecnico, meccanico, di ottenere plusvalore. La somiglianza non dipende dall'atteggiamento psicologico, né la diversità dipende dalle forme dell'accumulazione.

Non avendo collegato subito l'autovalorizzazione del capitale con lo sfruttamento del proletariato, Marx arriva a considerare il valore in modo magico, come un "soggetto automatico" (p. 179) che valorizza se stesso anche senza volerlo, semplicemente usando le merci come "mezzi miracolosi per fare più denaro dal denaro" (p. 180). Il capitalismo, nell'analisi della II sezione, appare, ad un certo punto, contro le stesse intenzioni di Marx, come l'esito dell'adeguamento di una posizione psicologica individuale a un meccanismo economico oggettivo. Per Marx insomma non vi è differenza, stante la sua definizione astratta di capitale, tra capitale commerciale, industriale e usuraio: tutti e tre possono ottenere plusvalore, acquistando per vendere più caro. Marx - e questa è davvero una novità - non vede nel *capitale industriale* la modalità principe di estrazione del plusvalore.

*

Tutto ciò però va spiegato meglio. Per Marx, nella circolazione semplice delle merci, espressa dalla formula M-D-M, non si forma plusvalore, poiché "il valore delle merci è *espresso nei loro prezzi* prima che esse si immettano nella circolazione" (p. 184). Non c'è "alcun cambiamento della *grandezza di valore*" (ib.), proprio perché di tratta di uno scambio "allo stato puro" (p. 185), "da un punto di vista astratto" (p. 184). Nel senso che se alle "leggi immanenti" della circolazione delle merci non si sovrappone un particolare atteggiamento individuale di uno dei due contraenti, lo scambio dovrebbe comportare un vantaggio reciproco.

Inutile qui ricordare come questo modo d'impostare le cose sia, da parte di Marx, "troppo astratto" per essere vero. E la ragione è molto semplice: la società mercantile qui descritta non è mai esistita sul piano storico (e non perché si dia per scontato che lo scambio sia solo tra "equivalenti", poiché più avanti si parlerà anche di quello tra "non-equivalenti").

Marx fa "funzionare" il suo modello teorico di società mercantile facendo astrazione dal fatto che la libera proprietà privata dei produttori indipendenti è stata *sin dall'inizio* il frutto di sanguinose lotte di classe, che hanno portato a una redistribuzione non *democratica* ma "classista" della proprietà. Il quadro da lui dipinto potrebbe trovare una qualche attendibilità in una società basata sull'autoconsumo, ove la proprietà sia un diritto collettivo acquisito, e il commercio un'esigenza regolamentata dalla comunità. Ma un'eventualità del genere Marx sarebbe il primo a rifiutarla.

Il plusvalore non si forma nella circolazione semplice delle merci perché qui, secondo Marx, tende a prevalere il valore d'uso su quello di scambio. Egli, in sostanza, voleva attribuire a una società mercantile pre-industriale quella facoltà che in realtà possedeva solo la società agricola che sul mercato scambiava il surplus. Ma così non si è reso conto che tale società mercantile, finché il plusvalore non si è formato, non era ancora prevalentemente "mercantile", e quando il plusvalore si è formato, essa era già prevalentemente "industriale". La facoltà che il capitale commerciale e usuraio hanno di estorcere plusvalore dipende direttamente, nel capitalismo, da quella che ha il capitale industriale.

La critica di Marx a Condillac risente, in tal senso, del pregiudizio nei confronti della società contadina. Marx non s'accorge che obiettandogli d'aver attribuito "a una società a produzione sviluppata di merci una situazione in cui il produttore produce da solo i suoi mezzi di sussistenza e immette nella circolazione solo l'eccedente del suo fabbisogno, il *superfluo*" (p. 186), non s'accorge che questo modello di società è quello stesso che potrebbe far *funzionare* il modello astratto, "puro", di società mercantile da lui stesso prima tratteggiato. Solo che Marx non accetterebbe mai il presupposto che l'autoconsumo abbia un primato sullo scambio. Ciò infatti è in netta contraddizione coll'idea di società mercantile sviluppata, la quale, anche nell'analisi di Marx e non solo nell'ideologia borghese, vuole essere un superamento *positivo* della società agricola. A parte questo, Condillac andava criticato, poiché attribuiva dei criteri borghesi di vita (in primis l'esigenza di ottenere un valore maggiore da uno minore) a una società pre-borghese.

Anche quando Marx ammette che "in pratica le cose non avvengono allo stato puro" (p. 187), nel senso che lo scambio è spesso "*tra non equivalenti*" (ib.), egli non riesce mai a uscire dall'astrazione. La posizione ideologica che fa dell'economia il *deus ex-machina* gli impedisce d'immergersi completamente nella storia.

Non è infatti sufficiente affermare che nella realtà lo scambio è spesso "tra non equivalenti" per dimostrare una maggiore storicità delle cose. Marx ha ragione quando sostiene che non sorge alcun plusvalore "neanche scambiando non-equivalenti" (p. 192), ma non riesce a trovare le ragioni *culturali* per cui, a un certo punto, sul piano della produzione sorge il plusvalore. Di qui il suo affidarsi alla realtà del *commercio mondiale*.

Le ragioni di questo limite metodologico sono a monte, nella concezione stessa che Marx ha della società mercantile, una concezione che, a sua volta, è frutto di un pregiudizio nei confronti della società agraria. Marx parte da un presupposto sbagliato, e cioè che "sul mercato delle merci sono contrapposti solo possessore di merci e possessore di merci; il potere che queste persone possono esercitare reciprocamente è soltanto il potere delle loro merci" (p. 187).

In realtà nella società mercantile questa è solo *una* delle polarizzazioni, e nemmeno la più importante, poiché essa può sussistere solo se *contemporaneamente* se ne afferma un'altra: quella fra produttore individuale di merci e comunità di autoconsumo (ovvero fra capitalista e contadino-artigiano in via di proletarizzazione). Lo scontro tra queste due realtà si può esprimere secondo diverse modalità più o meno cruente, a seconda della forza o della debolezza dell'una o dell'altra. Di sicuro dallo scontro deve comunque imporsi - secondo Marx - la subordinazione del contadino espulso dalla comunità e dell'artigiano espulso dalla corporazione al borghese imprenditore. Marx però non accetta l'assunto secondo cui i produttori di merci (contadino-artigiano, da un lato, borghese-imprenditore, dall'altro) si contrappongono proprio perché vi è *già* la polarizzazione sociale tra borghesia e proletariato. Il Marx del *Manoscritti del '44*, in questo senso, era più realista: la presenza contestuale delle due cose la dava per scontata.

Certo, dal punto di vista del *mercato* il potere di questi due possessori è quello delle "merci", ma dal punto di vista della *produzione* il loro potere è quello della *proprietà privata* dei mezzi produttivi. E questa proprietà sarebbe impensabile senza la distruzione della comunità di autosussistenza e la conseguente proletarizzazione della classe contadino-artigiana. Se non si parte da questo presupposto si finisce col sostenere che dei due possessori di merci ha la meglio quello che, essendo più dotato di "spirito capitalistico", riesce a ridurre a manodopera salariata gli ex-contadini-artigiani.

Marx parla della "differenza materiale delle merci" quale "causa materiale dello scambio" (p. 187), senza rendersi conto che tale causa poteva trovare una ragion d'essere nel sistema basato sull'autoconsumo, e non certo in quello mercantilistico, ove il *leit-motiv* dello scambio è il *profitto*.

La reciproca dipendenza dei possessori di merci - di cui parla Marx - è cosa del tutto relativa, che si verifica unicamente sul mercato, poiché sul piano della produzione ogni imprenditore pretende un'*indipendenza assoluta* da ogni altro produttore (che poi riesca effettivamente a ottenerla è un altro discorso). Non a caso l'obiettivo principale del proletariato dev'essere quello di ripristinare la dipendenza del produttore di merci dalle esigenze e dalla volontà della *comunità sociale* (anzitutto *locale*).

Il grande merito di Marx, in questa sezione, è stato quello di aver dimostrato che il plusvalore non si può formare nell'ambito della circolazione semplice delle merci. Infatti, sia che i venditori vendano la merce a un valore più alto, sia che gli acquirenti l'acquistino a un valore più basso, non si può pensare che una classe acquisti soltanto senza vendere, ovvero consumi senza produrre. Tuttavia Marx non ha spiegato il motivo per cui se questa classe avesse acquistato vendendo o consumato producendo, in un'epoca pre-capitalistica, non sarebbe ugualmente nato il plusvalore.

Per Marx il plusvalore non può nascere nella semplice circolazione delle merci non tanto perché, se avesse potuto farlo, sarebbe nato prima del sec. XVI, quanto perché non può esistere plusvalore là dove esistono solo produttori di merci indipendenti. "L'insieme della classe dei capitalisti di un paese non può sfruttare se stessa" (p. 191). Il che, anche come ipotesi, è di per sé *assurda*, poiché non esiste "capitalista" senza "operaio".

Marx aggiunge che se i produttori di merci non fossero indipendenti - come ad es. le città dell'Asia Minore che erano tributarie dell'antica Roma -, il plusvalore non si formerebbe ugualmente, poiché al tributo che Roma imponeva con la forza, quelle città rispondevano aumentando i prezzi delle loro merci. Esiste quindi plusvalore solo là dove una classe usa del denaro che estorce col diritto o con la forza a un'altra classe, senza che questa abbia la possibilità di riprenderselo.

Sembra che Marx, a questo punto, abbia dato una definizione convincente di plusvalore: in realtà è entrato in un vicolo cieco. Se il plusvalore è ciò che si ottiene "*senza scambio e gratis*" (p. 190), questa definizione potrebbe applicarsi tranquillamente a qualunque formazione sociale basata sul servaggio o, meglio ancora, sullo schiavismo. Là dove esiste sfruttamento di manodopera (schiava o servile), lì dovrebbe esistere un plusvalore.

In realtà la caratteristica del plusvalore capitalistico è un'altra, che Marx peraltro conosce perfettamente ma che non può mettere al primo posto, altrimenti se ne dovrebbe chiedere la ragione *culturale*: quella di realizzarsi, da un lato, in virtù della *libertà personale* del lavoratore, e dall'altro, in virtù del *macchinismo*. Non dobbiamo infatti dimenticare che la rivoluzione industriale (a partire dalla manifattura) è stata una conseguenza della fine della comunità autarchica. Alle sicurezze che offriva tale comunità, la borghesia ha voluto contrapporre quelle nuove offerte dal macchinismo.

Per un verso quindi Marx sostiene, giustamente, che nel capitale commerciale non si forma plusvalore tra produttori di merci, specie se vige lo scambio degli equivalenti. Il capitale commerciale "appare ricavabile solo dal duplice sopruso fatto ai danni dei produttori di merci che acquistano e vendono da parte del mercante che s'intromette tra di essi come un parassita" (p. 193), nel senso che il mercante cerca di acquistare a basso prezzo e di rivendere a prezzo maggiorato, mentre nel capitale usuraio "la forma D-M-D' è abbreviata e ridotta ai diretti estremi D-D', denaro che si scambia con più denaro" (ib.).

Un plusvalore realizzato in questi due modi non sarebbe in grado di determinare "l'organizzazione economica della società moderna" (p. 192), soprattutto perché "la formazione del capitale [e cioè del plusvalore] deve poter avvenire anche se il prezzo delle merci è uguale al valore delle merci" (p. 195 in nota), cioè anche se non c'è frode, dolo, usura ecc.

Per un altro verso invece Marx afferma che il plusvalore dipende dal valore d'uso d'una merce particolare, la forza-lavoro, che è "particolare" perché, pur essendo valore d'uso, essa è anche *fonte di valore*. La particolarità della formazione del plusvalore è tutta qui. Il possessore di denaro può autovalorizzare il proprio denaro in quanto ha la "fortuna" di trovare, sul mercato, una merce che crea valore.

L'incontro è pressoché *casuale*, in quanto la forza-lavoro appartiene a un individuo non meno "libero" del possessore di denaro. "Il possessore della forza lavorativa, perché possa venderla come merce, deve poterne disporre, perciò deve essere *libero proprietario* della propria capacità di lavoro, della propria persona" (p. 197). "Egli incontra sul mercato il possessore di denaro..." (ib.).

Qui Marx non spiega assolutamente il motivo per cui la forza-lavoro è *già* forza-lavoro, cioè il motivo per cui essa deve presentarsi sul mercato *solo* per vendere la propria merce. Marx dice che sul mercato questi due possessori di merci (forza-lavoro e denaro) sono "*persone uguali giuridicamente*" (ib.). Ma egli non sottolinea con altrettanta precisione che, al di fuori del mercato, queste due persone sono *già socialmente diverse*.

Sul mercato non avviene un incontro casuale ma *obbligato*, almeno fintantoché il proletariato non vi si oppone politicamente. È un incontro "libero" solo nella misura in cui il contadino-artigiano è convinto, entrando nel mercato, di potersi emancipare dal servaggio; ma resta "obbligato" nella misura in cui lo stesso contadino non ha di fronte a sé una forma diversa di alternativa al servaggio.

A Marx non interessa mostrare che il proprietario della forza-lavoro è costretto, a causa della dissoluzione della comunità agricola, a proletarizzarsi. Anzi, ciò che appare nella sua analisi è semplicemente il fatto che la forza-lavoro preferisce alienarsi "soltanto per *un tempo stabilito*" (p. 197), proprio per non doversi trasformare in merce *tout-court*.

Sembra essere una *volontà* del proletario quella di non diventare simile a uno schiavo.

Marx naturalmente afferma che il proletariato è *costretto* a vendere come merce la sua forza-lavoro, non potendo vendere nient'altro, perché privo di mezzi di produzione e di sussistenza. Però è singolare ch'egli consideri come "seconda" questa condizione, quando in realtà essa è la prima.

Marx infatti non ha capito che la forza-lavoro ha accettato l'uguaglianza giuridica, pur essendo alienata economicamente, perché sul piano *culturale* l'ideologia le prometteva un'emancipazione *anche economica*. Cioè a dire, il capitalista non ha incontrato sul "mercato-delle-persone-giuridicamente-uguali" quella disuguale sul piano economico, ma, dopo aver creato *l'ideologia dell'uguaglianza giuridica*, sulla base della propria autonomia economica, se n'è poi servito per ingannare il contadino-artigiano che, uscendo privo di tutto dalla comunità agricola, doveva convincersi sull'effettiva possibilità di emanciparsi economicamente in virtù della libertà "borghese".

Insomma il ragionamento di Marx è capovolto. "Al possessore di denaro, che trova il mercato del lavoro come particolare reparto del mercato delle merci, non interessa affatto il problema del perché quel libero lavoratore gli compaia dinanzi nella sfera della circolazione. E a questo punto non interessa neanche a noi. Noi, dal punto di vista teorico, ci atteniamo al dato di fatto, come fa il possessore di denaro dal punto di vista pratico" (pp. 199-200). Il che però è sintomatico: Marx, che pur ha capito l'origine *sociale* della proletarizzazione, finisce coll'approdare a una conclusione che può far comodo alla borghesia, invece di risalire al rapporto *genetico* (e drammatico) di quella proletarizzazione con la dissoluzione della comunità agricola. Nell'illusione di poter offrire un giudizio di fatto inconfutabile, Marx ha involontariamente espresso un giudizio di valore chiaramente opinabile.

Egli si è limitato ad affermare che il rapporto tra possessori di merci o denaro da un lato, e possessori di forza lavorativa dall'altro, "non risulta *dalla storia naturale* né da quella *sociale* ed esso non è comune a tutti i periodi della storia" (p. 200). Esso è "il prodotto di molte rivoluzioni economiche..." (ib.). Così dicendo, Marx non riesce a spiegarsi la ragione della nascita del capitalismo. Infatti, stando alla sua ideologia, le "rivoluzioni economiche", che pur sono "sociali", cioè essenzialmente frutto della "libertà", rappresentano unicamente un "*processo di storia naturale*", come vien detto nella *Prefazione* alla prima edizione del *Capitale*. (p. 6).

Alla domanda "quando nasce il capitalismo?", Marx dà questa risposta: "per poter rappresentare il *prodotto come merce* [in quanto finalizzato unicamente al mercato] occorre una *divisione del lavoro all'interno della società* che sia così sviluppata da essersi già effettuata la separazione tra valore d'uso e valore di scambio..." (p. 200).

Sembra essere questa la ragione di fondo, ma poi Marx aggiunge, rendendosi forse conto d'aver chiamato in causa un fattore semplicemente *tecnico*: "questo grado di sviluppo è però comune a formazioni sociali economiche le più diverse tra loro" (pp. 200-201). Le quali non tutte, anzi nessuna, eccetto una, è diventata *capitalistica*.

Analogo fattore *tecnico* è quello del denaro, le cui particolari forme (mezzo di circolazione e di pagamento ecc.) possono coesistere con "una circolazione delle merci relativamente poco sviluppata" (p. 201).

Il cerchio quindi si chiude: alla domanda "come ha fatto il capitalismo a nascere?", Marx non ha saputo trovare una risposta soddisfacente. Egli ha certamente capito, meglio di qualunque economista precedente, che il capitale "sorge solo dove il possessore di mezzi di produzione e di sussistenza trova sul mercato il *libero lavoratore* in veste di venditore della propria forza lavorativa..." (ib.). Ma altre spiegazioni non ne ha date.

Il motivo di ciò sta nel fatto che, essendosi limitato a un'analisi *fenomenologica* della nascita del plusvalore, Marx non ha saputo affrontare a livello *storico* né il processo di dissoluzione della comunità agricola, con i suoi drammi e le sue tragedie, né la formazione della cultura vincente, quella borghese e protestante, che ha legittimato quel processo, rendendolo ineluttabile.

Il plusvalore

Soltanto nell'ed. francese del *Capitale* si trova il paragrafo 1 dedicato al "processo lavorativo" ovvero alla "produzione dei valori d'uso". È un paragrafo strano, che sarebbe stato meglio inserire nel paragrafo 2 della I sezione, laddove si parla del "duplice carattere del lavoro", benché qui l'interesse prevalente di Marx sia già rivolto al lavoro "astratto".

Messo invece nella III sezione, questo paragrafo ha un senso che si fatica alquanto a comprendere. Ormai infatti il lavoro finalizzato al valore d'uso è stato surclassato dal denaro trasformato in capitale, il quale privilegia il lavoro salariato, volto alla produzione per il mercato.

Un paragrafo di questo tipo non avrebbe neppure avuto senso se collocato nella sezione dedicata al salario, poiché esso parla del "*processo lavorativo* indipendentemente da ogni *determinata forma sociale*" (p. 211).

Dunque la ragione che deve aver spinto Marx a inserirlo in questa sezione non può aver nulla a che vedere con lo schema generale dell'opera, con l'organicità della divisione delle sezioni e dei capitoli. Esso, in effetti, sembra più che altro costituire una sorta di *risposta* (filosofica, o meglio, antropologica) a una inevitabile obiezione che già la I sezione suscitava relativamente alla poca chiarezza con cui egli aveva saputo distinguere, nel lavoro *umano*, la parte "istintiva" da quella "consapevole".

Marx qui esordisce sforzandosi di precisare ciò che differenzia l'uomo dall'animale. Nelle prime due sezioni, infatti, essendo dominate dal primato del valore di scambio, tale differenza si era persa di vista. L'uomo appariva come succube di un meccanismo oggettivo, indipendente dalla sua volontà, cui doveva adeguarsi anche facendo leva sul proprio istinto. Qui invece Marx punta su concetti di tipo filosofico, come "fine", "coscienza", "ideale"...

"Innanzi tutto il lavoro è un processo che avviene tra l'uomo e la natura..." (ib.). È già un inizio sbagliato. Parlare del lavoro a prescindere "da ogni *determinata forma sociale*" (ib.) è come parlare del lavoro di un singolo separato da altri singoli: il che è anti-storico.

L'uomo che "media, regola e controlla con la sua azione il ricambio organico tra sé e la natura" (ib.), è per Marx una sorta di Robinson che vive in un'isola deserta dopo essersi emancipato dalla sua "rozza" comunità primitiva. "Qui infatti non dobbiamo considerare - dice Marx - le prime forme di lavoro, animalesche e istintive" (p. 212).

L'uomo delle comunità primitive viene considerato da Marx alla stregua di un "animale" incapace di trasformare se stesso. Singolare è il fatto che, secondo Marx, quest'uomo ha smesso d'essere primitivo proprio rapportandosi alla natura: "coll'agire tramite questo movimento sulla natura esterna e col trasformarla, egli trasforma allo stesso tempo la sua propria natura" (ib.). Cioè in pratica l'uomo primitivo può trasformare se stesso non tanto rapportandosi alla natura, quanto, nel rapportarsi alla natura, *uscendo* dalla comunità primitiva, quella stessa comunità che, pur avendo un analogo rapporto con la natura, non riesce a rendere "umano" l'uomo. Infatti, se vi riuscisse, sarebbe impossibile spiegarsi, nell'ideologia marxiana, come, rapportandosi alla natura, l'uomo, ad un certo punto, smetta d'essere *istintivo* e diventi *consapevole di sé*.

Per Marx il lavoro *consapevole* non è quello che nello stesso tempo si rapporta alla *natura* e al *collettivo*, ma quello che supera i limiti di quest'ultimo valorizzando i pregi del *singolo*, il quale si rapporta in modo *individuale* alla natura.

Il pregio fondamentale del singolo è il seguente: "al termine del processo lavorativo vien fuori un risultato che, al suo inizio, era già implicito nell'*idea del lavoratore*, che perciò era già presente *idealmente*" (ib.). L'uomo collettivo non "pensa", ma agisce istintivamente, al pari degli animali. Solo separandosi dal collettivo, l'uomo si differenzia dall'animale.

A parte questo, Marx non riesce assolutamente a spiegare come, rapportandosi alla sola natura, e *non anche* al collettivo, l'uomo giunga ad avere *coscienza di sé*, visto e considerato che è proprio sulla base di tale autoconsapevolezza che l'uomo "non *opera* soltanto un mutamento di forma dell'elemento naturale, ma contemporaneamente *realizza* in questo il *proprio fine*, di cui *ha coscienza*, che determina come legge la maniera del suo agire..." (ib.).

Qui non si tratta di risolvere il problema dell'uovo e della gallina. Ciò che è grave è che Marx ha omesso di precisare che il concetto di "fine" trova la sua ragion d'essere, in prima e ultima istanza, nel *rapporto sociale tra uomo e uomo*, al di là del quale non è assolutamente possibile non solo distinguere l'aspetto istintivo da quello consapevole, nell'essere umano, ma neppure l'attività umana da quella animale.

Non c'è nessun "ricambio organico" tra uomo e natura che possa sostituire o produrre il rapporto sociale tra uomo e uomo. È in questo e solo in questo rapporto che si può cogliere la differenza tra uomo e animale. Differenza che - come già più volte si è detto - riposa sul concetto di *libertà*.

Viceversa, per Marx, come per B. Franklin (che viene citato), l'uomo è "un animale che fabbrica strumenti" (p. 215). "L'impiego e la creazione di mezzi di lavoro, sebbene in germe si trovino in alcune specie animali, caratterizzano lo *specifico processo lavorativo umano*..." (ib.). La differenza, in sostanza, è solo *quantitativa*, anche se per Marx - sulla scia dell'idealismo hegeliano - le determinazioni quantitative, a un certo punto, portano a una nuova "qualità".

Peraltro, se si afferma che lo specifico dell'attività umana (che si suppone lavorativa) è il lavoro, si cade nella tautologia. È giusto affermare che "le epoche economiche si distinguono non per *quello* che viene prodotto, ma per *come*, con quali mezzi di lavoro, viene prodotto" (ib.). Ma è sbagliato precisare che "i mezzi di lavoro... servono pure a indicare i rapporti sociali nel cui ambito è effettuato il lavoro" (ib.).

In realtà è vero il contrario: sono i *rapporti sociali* e il *senso del valore* in cui essi si manifestano (che non è solo per un uso socio-economico: sussistenza, riproduzione ecc., ma per un *uso vitale* più *globale*) a farci capire il "come" *generale* della vita lavorativa e il "perché" la *scelta* sia caduta su determinati mezzi e strumenti lavorativi.

Questo naturalmente significa che quando una formazione sociale o un'epoca economica viene tragicamente distrutta, nei suoi rapporti sociali, da un'altra epoca o formazione, diventa molto difficile risalire al contenuto di valore ch'essa viveva partendo dagli strumenti produttivi che si sono conservati e che successivamente sono stati raccolti e depositati in qualche museo. Il passato può essere capito solo se il presente, pur mutando i mezzi di lavoro ereditati, ha conservato, in qualche modo, lo "spirito" di cui essi erano espressione.

In caso contrario è utopistico pensare che un processo lavorativo possa conservare i valori d'uso prodotti da "precedenti processi lavorativi" (p. 217). Non è per nulla vero che "*l'unico mezzo* per conservare *questi prodotti di lavoro passato* e per realizzarli *come valori d'uso...*" sia quello di metterli a contatto "con il vivo lavoro" (p. 219). La *memoria del valore d'uso* non dipende semplicemente dal lavoro, ma dalle *scelte* che l'uomo compie in riferimento al *senso generale* della sua *vita* e soprattutto al *modo particolare* di vivere il valore della *libertà*.

Per distinguere l'uomo dall'animale non è neppure sufficiente puntare sul fatto che il prodotto del processo lavorativo "è un *valore d'uso*, materiale naturale reso conforme a bisogni umani per mezzo del mutamento di forma" (p. 216). Forse che gli animali non hanno dei "bisogni"? Forse che essi, sulla base di questi bisogni, non si costruiscono dei "valori d'uso"? Si può forse affermare che il loro lavoro è un semplice "mutamento di forma" e che quando incontrano dei problemi su questa strada non riescono con la loro intelligenza a trovare nuove soluzioni?

Marx, pur rendendosi conto che per recuperare la differenza tra uomo e animale doveva sottolineare l'importanza della produzione di valori d'uso, poiché essa presuppone un "fine consapevole", ha fallito il suo tentativo, anche perché, essendo partito, nella I sezione del *Capitale*, dal riconoscimento del primato del valore di scambio, egli non poteva più ritrovare la *memoria del valore d'uso*, che è sempre legata a una formazione sociale determinata, storicamente situata e certamente di tipo pre-capitalistico.

Non a caso Marx tenta di recuperare il valore d'uso solo in maniera *astratta*, cioè nel rapporto generico che l'uomo ha con la natura, e tralascia completamente la possibilità di reperire dei valori d'uso nella comunità di autosussistenza. Per Marx la produzione di valori d'uso sganciata da quella per il mercato, appartiene all'epoca "animalesca" dell'uomo.

Naturalmente Marx è consapevole che l'individuo non coincide *sic et simpliciter* con il lavoro che svolge. Ad un certo punto egli non può fare a meno di accennare alla differenza tra "*consumo produttivo*" (il quale "consuma i prodotti come mezzi di sussistenza del lavoro, vale a dire della forza lavorativa in atto dello stesso individuo"), e "*consumo individuale*" (il quale "consuma i prodotti come mezzi di sussistenza dell'*individuo vivente*") (p. 219).

Con ciò in pratica Marx ribadiva la differenza tra individuo *biologico* e individuo *sociale*, ovvero che il concetto di *esistenza* non può essere inteso solo in quell'aspetto che accomuna l'uomo all'animale. Ciononostante egli non riesce a spiegare, se non dandolo per scontato, il motivo per cui "il risultato del consumo individuale è *il consumatore stesso*" (pp. 219-20). Di fatto, se c'è una cosa che *non fa* l'interesse del consumatore è proprio il consumo "individuale", separato da quello "sociale", separato soprattutto dal *significato collettivo del consumo sociale*.

A forza di analizzare il processo lavorativo "nei suoi semplici e *astratti* movimenti" (p. 220), Marx è finito col cadere, contro le sue stesse intenzioni, in una serie di ingenuità davvero singolari: 1) il lavoro - egli afferma - "è l'attività che ha per fine la produzione di valori d'uso" (ib.), mentre nel capitalismo la produzione principale è quella di valori di scambio; 2) il lavoro è "adattamento degli elementi della natura ai bisogni dell'uomo" (ib.), mentre nel capitalismo tanto la natura quanto i bisogni sono finalizzati unicamente al profitto, per cui non solo si alimentano "falsi bisogni", ma si trasforma anche la natura in un mero "oggetto di consumo"; 3) il lavoro è "condizione generale del ricambio organico tra uomo e natura" (ib.), mentre nel capitalismo il lavoro è così alienato dalla natura che il ricambio organico dell'uomo avviene solo attraverso il "macchinismo", cioè tramite tutti quegli strumenti artificiali che mediano il suo rapporto con l'ambiente; 4) il lavoro è "perenne condizione naturale dell'umano esistere" (ib.), mentre nel capitalismo il lavoro è vissuto nelle condizioni più "innaturali", poiché per taluni è "dolce far niente", per molti è "duro sfruttamento", per altri è "tragica emarginazione", infine per non pochi è dovere di conservare con la "forza" questo stato di cose.

È stato un errore non aver considerato "il lavoratore in rapporto ad altri lavoratori" (ib.), poiché se è vero che "non ci si accorge dal sapore del grano chi l'ha coltivato" (ib.), è anche vero che chi conosce, come Marx, le leggi dello sfruttamento, non si mette a tavola prima d'aver saputo da dove proviene il grano che mangia.

*

Ormai la teoria del plusvalore, elaborata da Marx, è diventata la cosa meno importante del marxismo, e non perché - come direbbe un popperiano - essa non è suscettibile di confutazione, ma proprio perché, nell'ambito del capitalismo, la sua confutazione è impossibile. È come se in campo astronomico si avesse la pretesa di rimettere in discussione la teoria copernicana.

La teoria del plusvalore, che mette in luce l'oggettività scientifica dello sfruttamento capitalistico, era già stata elaborata in *Per la critica dell'economia politica*; la stessa redazione delle *Teorie sul plusvalore*, considerata come il IV volume del *Capitale*, precede quella del I volume.

Durante la stesura del *Capitale*, Marx era così padrone di questa teoria che già alla fine della II sezione l'anticipa completamente nelle sue linee essenziali, mentre nella III sezione la espone in modo dettagliato. Con una precisione sconosciuta all'economia classica, Marx afferma che il plusvalore è prodotto dall'operaio perché il costo della sua forza-lavoro (la capacità lavorativa) non corrisponde al suo valore d'uso.

Come ogni altra merce infatti, la forza-lavoro ha un costo stabilito "in base alla quantità di *lavoro incorporato* nel suo valore, al *tempo di lavoro socialmente necessario* alla sua produzione" (pp. 223-4). Quindi il capitalista, sul mercato, al momento della contrattazione, paga il prezzo che occorre solo alla riproduzione della forza-lavoro, ovvero paga unicamente "il *valore giornaliero della forza lavorativa*" (p. 222), riservandosi nello stesso tempo la facoltà di usarla in fabbrica oltre il prezzo pattuito. Egli sa bene infatti che "lo *specifico valore d'uso di questa merce* è quello di essere sorgente di valore e di un valore più grande di quanto ne possieda essa stessa" (p. 232).

"Il fatto che occorre *una mezza giornata lavorativa* per farlo vivere ventiquattro ore, non impedisce per niente all'operaio - dice Marx - di lavorare per *un'intera giornata*. Perciò il *valore* della forza lavorativa e la sua *valorizzazione* nel processo lavorativo sono due grandezze diverse" (ib.). È la stessa differenza che passa tra il suo *valore di scambio* (sul mercato) e il suo *valore d'uso* (in fabbrica).

Il plusvalore quindi è un furto legalizzato sul valore d'uso della forza-lavoro: "il fatto che il valore creato in una giornata dall'uso [della forza-lavoro] superi del doppio il suo stesso valore giornaliero, questa è una fortuna particolare per l'acquirente, ma non è per niente una ingiustizia nei confronti del venditore" (p. 233).

Ora, il problema fondamentale che questa teoria suscita non sta tanto nella fondatezza dello sfruttamento economico che si verifica in fabbrica, e che si verificherebbe anche se a livello sociale (previdenza, assistenza, sanità ecc.) l'operaio fruisse di particolari servizi, quanto piuttosto sta nel fatto che Marx dà per scontato che il capitalista, sul mercato del lavoro, paghi *effettivamente* la spesa per la produzione e riproduzione della forza-lavoro: cosa che se non avvenisse - lascia intendere Marx - si ritorcerebbe contro gli interessi dello stesso capitalista.

Non avendo messo in discussione il primato del mercato, del valore di scambio, della merce ecc., ora Marx non può che limitarsi a considerare *giusta* la contrattazione e *ingiusto* il lavoro salariato, nel quale si genera un plusvalore non pagato. Lo sfruttamento della forza-lavoro avviene, per Marx, nel momento in cui l'operaio *entra* "nell'opificio del capitalista" (p. 222). Il lavoro salariato viene rifiutato da Marx *solo* dal punto di vista del plusvalore, o meglio: solo perché esiste un'appropriazione *privata* del plusvalore che non è quella del lavoratore.

Per Marx "*la trasformazione del modo di produzione* tramite la subordinazione del lavoro al capitale..." (p. 221), non è un *presupposto* ma una *conseguenza* del lavoro salariato. Naturalmente Marx non ha mai sostenuto che la contrattazione sul mercato del lavoro potrebbe anche avvenire senza lavoro salariato, però il suo ragionamento porta a questa conclusione. Che poi è stata, in un certo senso, la conclusione del "socialismo reale", il quale, statalizzando l'intera proprietà, aveva impedito la formazione di un mercato del lavoro capitalistico, anche se, nei fatti, non aveva potuto eliminare la necessità di tenere bassi i salari. La contrattazione stava nel fatto che in cambio di questi salari lo Stato garantiva la gratuità di certi servizi o il blocco di molti prezzi. L'esperimento è fallito anche per questa ragione economica: il plusvalore realizzato nella proprietà statale non tornava al lavoratore che in misura ridotta.

Qui Marx si limita ad affermare che "in un primo momento il capitalista deve prendere la forza lavorativa come la trova sul mercato, e così deve prendere anche il lavoro ch'essa ha portato a termine, come s'era sviluppato in un periodo in cui non esistevano ancora capitalisti" (ib.).

Il che in pratica vuol dire: anzitutto, che il costo della forza-lavoro, cioè il tempo di lavoro "socialmente necessario" per riprodurla, è determinato dalla consuetudine, ovvero dalla tradizione lavorativa di una determinata società: cosa di cui il capitalista deve prendere atto; in secondo luogo, anche le modalità operative dell'operaio non possono essere, nell'immediato, completamente modificate dal capitalista: "la natura *generale* del processo lavorativo non muta certo perché l'operaio l'effettua per conto del capitalista invece che per conto proprio" (ib.).

Marx, tuttavia, non si rende conto di fare delle considerazioni alquanto astratte. Parlare di "tempo di lavoro socialmente necessario alla riproduzione della forza lavoro" potrebbe andare bene in una società basata sull'*autoconsumo*, dove l'elemento "sociale" o "socializzante" è deciso da tutta la *collettività*. Viceversa nel capitalismo il tempo di lavoro è "sociale" solo nella misura in cui coincide con gli interessi del capitale. Non è un tempo deciso dalla collettività. Al massimo è un tempo deciso dal mercato, ma qui - come noto - sono gli interessi *privati* del proprietario dei mezzi produttivi che dettano legge (ciò che Marx con qualche difficoltà ammetterebbe, poiché nella sua ideologia il mercato è superiore all'autoconsumo). Se vogliamo, al capitalista la riproduzione della forza-lavoro ai livelli della *sussistenza indispensabile* non interessa più della *mera esistenza* della stessa forza-lavoro: gli è infatti sufficiente questa per rimpiazzare la forza-lavoro incapace di riprodursi o quella la cui riproduzione non è così indispensabile. Il capitalista è disposto a pagare bene solo la forza-lavoro specializzata, quella che gli permette di accumulare un enorme plusvalore.

Se il capitalista fosse preoccupato di garantire la *minima* riproduttività alla forza-lavoro, considerata *in senso lato*, non sarebbe un capitalista, ma, ai propri occhi, un "benefattore dell'umanità". Di fatto, la riproduzione è un diritto che il lavoratore, soprattutto in regime di monopolio, deve rivendicare ogni giorno, altrimenti il capitalista tenderà a ridurre il costo della manodopera salariata anche *al di sotto* del minimo vitale di sussistenza. E tanto più lo farà quanto più il mercato del lavoro offrirà la possibilità di sostituirla (vedi del cap. XXIII la parte relativa al cosiddetto "esercito industriale di riserva").

Sotto tale aspetto va detto che il capitalista è unicamente interessato alla riproduzione della forza-lavoro di *livello superiore*, che esercita un lavoro più complesso, di una maggiore importanza specifica. Tesi, questa, che Marx rifiuta categoricamente, poiché, a suo giudizio, la "superiorità" di una forza-lavoro del genere non comporta un aumento assoluto del plusvalore ma solo un aumento *proporzionato* al costo della manodopera.

In realtà il valore di questa manodopera, in una società a capitalismo avanzato, è altissimo, e almeno per tre ragioni: 1) è difficilmente sostituibile, poiché il sistema scolastico-formativo dello Stato non è in grado di produrre operai o intellettuali qualificati: sia perché l'istruzione nazionale è separata dalla produzione industriale, sia perché l'istruzione di massa serve anche per contenere la disoccupazione; 2) è la stessa concorrenza inter-capitalistica che impone un tasso elevato di *know-how*: la concorrenza avviene a livelli sempre più elevati e i primi monopoli a impiegare le scoperte nel settore "sviluppo e ricerca" sono quelli che realizzano maggiori profitti; 3) i costi di una manodopera specializzata vengono facilmente ammortizzati in un regime di monopolio. Naturalmente qui si dà per scontato che la richiesta di manodopera qualificata parta da imprese le cui merci siano per un vasto mercato, altrimenti avrebbe ragione Marx allorché afferma che nell'Inghilterra del suo tempo il lavoro di un muratore occupava "un posto molto più alto di quello di un tessitore di damaschi" (p. 239 in nota).

Lo sfruttamento quindi non avviene solo dentro la fabbrica, ma anche sul *mercato*, al momento della contrattazione salariale. Infatti nel contratto (oggi sindacale) l'imprenditore, essendo l'unico a disporre di proprietà, esercita un ruolo predominante, a livello economico, rispetto a quello di ogni operaio che non si oppone politicamente al proprio stato di soggezione. Il valore di scambio della forza-lavoro non è *mai* effettivamente corrispondente al costo dei mezzi di sussistenza che le occorrono per riprodursi. Tant'è che il "proletariato", per sopravvivere, è continuamente costretto ad abbassare il proprio tenore di vita, a lottare contro l'aumento dei prezzi, a cercare forme di sfruttamento clandestine, parallele a quelle contrattate ufficialmente, ad accettare modalità integrative del salario che spesso sconfinano nell'illecito, nell'illegale, nell'immorale ecc.

Che tutto ciò poi si verifichi di più tra le fila del proletariato "occidentale" o tra quelle del proletariato o sottoproletariato "terzomondiale", soggetto a sfruttamento coloniale e neocoloniale, la sostanza non cambia. Quanto più il proletariato occidentale rivendica un maggior valore di scambio della propria forza-lavoro, tanto più il capitalismo sfrutterà il valore d'uso della forza-lavoro terzomondiale. E quanto più sfrutterà il valore d'uso di questa forza-lavoro, tanto più rischierà la disoccupazione quella forza-lavoro di livello medio e medio-basso che in occidente rivendicherà maggiore potere contrattuale.

L'impostazione metodologica di Marx è dunque così astratta che con essa si rischia di dimostrare il contrario di quanto s'era preventivato, e cioè che il plusvalore non è *intenzionale* ma *casuale*, in quanto solo in fabbrica il capitalista, a un certo punto, s'accorgerebbe di poterlo realizzare. "Fino a che gli affari vanno bene - dice Marx -, il capitalista è troppo preso a fare plusvalore per accorgersi di questa gratuita proprietà del lavoro" (p. 249), cioè di "*conservare valore aggiungendo valore*" (ib.). In realtà il capitalista sa sin dall'inizio che lo sfruttamento di un lavoratore giuridicamente libero (nei cui confronti egli non abbia alcun obbligo, né legale né morale) è in grado di produrre *plusvalore*. Ciò che non sa è - almeno fino a Marx - *come* esattamente avvenga questo processo.

Allo stesso modo, il processo lavorativo tradizionale, allorché la forza-lavoro appare come merce sul mercato, è *già* stato ampiamente modificato. Proprio la trasformazione del lavoratore in operaio salariato, sta a indicare l'avvenuto *trionfo* del capitalismo sull'autoconsumo. Un capitalista non acquisterebbe mai sul mercato una forza-lavoro se non sapesse in anticipo di poterle estorcere arbitrariamente ma legalmente un plusvalore. Se così non fosse non sarebbero mai nati né il capitalismo né l'industrializzazione, e il capitale si sarebbe fermato sulla soglia delle due forme tradizionali: *commerciale* e *usuraia*.

Ciò significa che se l'imprenditore ritiene che per produrre migliori o maggiori filati, occorre adoperare dei *fusi d'oro* invece che di ferro, col tempo questi saranno inevitabilmente sostituiti da quelli, e in tutte le fabbriche, nella ovvia consapevolezza di poter così aumentare il saggio del plusvalore. Il taylorismo rappresenta la dimostrazione più convincente che per il capitalista non esiste "il grado medio di abilità, di rifinitura e di celerità", ovvero "l'usuale misura di sforzo" in cui viene impiegata la forza-lavoro di una determinata società (p. 236). L'obiettivo del capitalista è proprio quello di modificare costantemente tale "grado d'intensità" (oggi diremmo di "flessibilità", poiché l'automazione ha un ruolo prevalente) a vantaggio del plusvalore.

Paradossalmente, tuttavia, rivalutando il valore d'uso della forza-lavoro, Marx, senza volerlo, ha riaperto la strada alla valorizzazione dell'autoconsumo. Infatti, è solo passando attraverso il valore d'uso che si scopre la presenza (in sé necessaria) di una *proprietà personale generalizzata*. Nel capitalismo tale proprietà è monopolio di pochi; la maggioranza possiede soltanto la proprietà della propria forza-lavoro (fisica o intellettuale), di cui però non può disporre liberamente, non possedendo l'*oggetto* su cui e con cui applicarla. L'operaio ha una proprietà che è costretto a vendere quotidianamente alle condizioni del capitalista, finché non reagisce politicamente. Il plusvalore infatti non può essere eliminato né lottando per la riduzione dell'orario lavorativo, né esigendo un maggiore salario. La dimostrazione dell'oggettività del plusvalore è diventata, nel *Capitale*, la dimostrazione dell'impossibilità di superare tale oggettività restando sul terreno della rivendicazione contrattuale.

Capitale costante e variabile

Nel capitolo VI, intitolato "Capitale costante e capitale variabile", Marx torna a parlare del valore d'uso della forza-lavoro, riprendendo la terminologia della I sezione, riferita al valore d'uso della merce. Essendo ora in gioco la forza-lavoro non sarà inutile cercare, anche da parte nostra, di specificare meglio il senso della nozione di "valore d'uso".

Per Marx il valore d'uso d'una merce è dato dal *tempo di lavoro* occorso per produrla. Dev'essere però un tempo "socialmente necessario", cioè riconosciuto come tale dalla collettività, secondo una media standard di dispendio di energie. Un lavoro è *concreto*, cioè utile, se prima è *astratto*, cioè "*sociale lavoro in genere*" (p. 242). Marx dà per scontato che il valore d'uso di una merce sia *sempre* determinato dalla considerazione *astratta e generale* della collettività (che si esprime, per Marx, non nella comunità ma sul *mercato*) relativamente alla *durata* del tempo impiegato per produrla.

Se il tempo di lavoro per produrre una merce subisce una modificazione (nel caso p.es. di un cattivo raccolto), "si verifica - dice Marx - una *reazione* sulla vecchia merce [nel senso che il suo prezzo si modifica], che conta sempre e soltanto come unico esemplare della propria specie, e il suo valore viene misurato sempre in base al lavoro *socialmente necessario*, ossia necessario sempre, anche nelle *attuali* condizioni *sociali*" (p. 253).

L'operaio "aggiunge una data grandezza di valore non in quanto il suo lavoro ha uno specifico contenuto utile, ma in quanto dura un certo tempo" (ib.). La *qualità* di un prodotto dipende dalla *quantità* di tempo (generalmente riconosciuta) necessaria per fabbricarlo. Naturalmente Marx non affermerebbe mai che un oggetto ha tanto più valore quanto più grande è stato il tempo per realizzarlo. Il tempo in questione è una *grandezza media*, il che presuppone che la collettività sappia, per esperienza, cioè anche prima che sia costruito un determinato bene di utilità sociale, quanto dispendio occorra a livello psico-fisico e intellettuale. Il valore d'uso d'una merce specifica presuppone il *valore generale* delle merci riconosciuto dalla collettività sul mercato.

Ebbene, questo modo di vedere le cose oggi appare limitato e come tale va superato. Spieghiamone la ragione con un esempio. Marx impiegò vent'anni a scrivere il *Capitale*. È un'opera monumentale, certamente la più importante di tutte quelle che lui ha scritto. Contiene un'infinità di dati, di osservazioni, esprime una notevolissima cultura ed è strutturata in maniera molto organica. Inoltre rappresenta il superamento definitivo dell'economia politica classica.

Lenin invece scrisse *Che fare?* in pochi mesi, riflettendo non solo sulla società capitalistica ma anche sul movimento rivoluzionario. Sono due opere completamente diverse. Ma se uno oggi dovesse scegliere quale delle due lo potrebbe aiutare di più a superare i limiti del capitalismo, non potrebbe certo scegliere il *Capitale*. Relativamente all'esigenza di una transizione al socialismo, il *Che fare?* di Lenin ha ancora oggi un valore enorme, che non può essere paragonato con nessun altro libro della sinistra rivoluzionaria.

Dunque, ciò che dà valore al *Che fare?* è qualcosa che riguarda, molto da vicino, la *coscienza* o la *cultura* del soggetto che vuole uscire dal capitalismo. Se i due libri vengono messi a confronto, sotto tale aspetto, e lo possono essere, visto che entrambi gli autori desideravano la stessa transizione, il valore di *Che fare?* è decisamente superiore, e lo resterà fino a quando il socialismo non si sarà realizzato.

Qui naturalmente l'ideologo della borghesia potrà obiettare che il valore di *Che fare?* è relativo alla *coscienza* del lettore, cioè non è oggettivo. Da questo punto di vista però nessun libro lo sarebbe, neppure il *Capitale* né lo *Zum Abschluss des Marxschen Systems* con cui E. von Böhm-Bawerk ha dato il via alla critica del *Capitale*. È vero che l'importanza di *Che fare?* può essere colta solo da una particolare coscienza soggettiva, ma questo non significa che il suo valore sia "soggettivo". Certo, non si può stabilire a priori se una cosa ha un valore oggettivo o soggettivo, ma a posteriori lo si può dedurre. In tal senso è sufficiente costatare l'importanza che la *storia* (non solo dell'Europa ma del mondo intero) ha attribuito a quel libro, benché non tutto il mondo ne sia stato e ne sia ancora oggi consapevole.

L'esempio surriportato ci insegna due cose:

1) il mercato non è un criterio sufficiente per esprimere il *valore delle cose*; esso è un criterio per esprimere il valore di scambio delle merci, ma solo in termini di uso pratico, sociale, immediato. Il mercato, astrattamente parlando, dovrebbe limitarsi a riconoscere un valore che gli preesiste; esso al massimo può trasferire il valore da una merce all'altra, ma non può creare alcuna forma di valore. Il mercato che pretende di stabilire il valore d'uso delle merci a partire dal loro valore di scambio, compie un abuso (anche se questo fatto può riflettere la *crisi* di un sistema sociale), e lo dimostra il fatto che, ad un certo punto, esso alla fine impone un valore artificioso, irreale. Ecco perché il valore di scambio dovrebbe dipendere dal valore d'uso, il quale si forma al di fuori del mercato.

Prima e dopo del mercato c'è la *comunità*, che può decidere il valore d'uso dei propri beni solo se è fondata sull'*autoconsumo*. Una comunità che producesse solo valori di scambio, anche se fosse fortissima sul piano finanziario, sarebbe debolissima su quello strutturale, in quanto completamente soggetta al *trend* del mercato mondiale. Molto più forte invece è quella comunità che indirizza verso il mercato solo l'*eccedenza* dei propri valori d'uso. Naturalmente una comunità del genere non potrebbe sussistere se non fosse in grado di proteggere la propria autonomia, specie nei confronti della produzione straniera per il mercato.

2) Il valore non può dipendere solo dal lavoro, astratto o concreto che sia, poiché il lavoro è una determinazione dell'attività umana che non esprime *di per sé* il valore delle cose, se non in termini strettamente economici, cioè funzionali alla sussistenza e alla produzione e riproduzione. Il valore delle cose è dato in primo luogo dalla "cultura" della comunità

che autoproduce, cioè dal valore *ontologico* che la comunità vive in rapporto al significato della vita in generale. Le cose hanno un valore (anche pratico) in quanto ha valore il *contesto* in cui vengono collocate e usate. Non è sufficiente per stabilire il loro valore, quantificare il tempo di lavoro socialmente necessario; occorre che le cose abbiano un'*anima*, in virtù della quale possano suscitare negli esseri umani il senso della *libertà*.

La categoria del *valore* si deve pertanto "spiritualizzare". Questo perché il giorno in cui avremo risolto, nell'ambito del capitalismo, il problema dello sfruttamento sociale che evidenzia la produzione economica del plusvalore, resterà ancora un problema da affrontare: quello di creare *nuovi valori culturali* nella società socialista.

Da un lato quindi occorre rovesciare *politicamente* il primato del valore di scambio ripristinando il primato del valore d'uso; dall'altro bisogna estendere il concetto di "valore" a tutto ciò che non riguarda immediatamente la materialità della vita. Quando la merce non costituirà più l'oggetto del contendere umano, forse gli uomini conosceranno altre contraddizioni antagonistiche il cui oggetto sia necessariamente più spirituale, ma può anche darsi che i valori della *libertà* avranno raggiunto un tale livello di profondità da rendere facilmente smascherabile ogni antagonismo.

*

Parlando del processo di valorizzazione del capitale, Marx fa una precisa distinzione tra "capitale costante" (fattore oggettivo del processo lavorativo) e "capitale variabile" (fattore soggettivo). Il primo è quella "parte del capitale che si trasmuta in *mezzi di produzione*, ossia in materia prima, materie ausiliarie e mezzi di lavoro"; questa parte "*non altera la propria grandezza di valore* nel processo di produzione" (p. 252). Nel senso che essa non aumenta il proprio valore, ma si limita a trasferirlo nei beni prodotti.

"Nel processo lavorativo - dice Marx - si verifica un trapasso di valore dal mezzo di produzione al prodotto solo perché il mezzo di produzione *perde*, oltre il suo indipendente valore d'uso, anche il suo valore di scambio" (p. 244). Ciò in quanto la sua "*originaria grandezza di valore* [è determinata] dal tempo di lavoro occorrente alla sua stessa produzione" (p. 248); "se non avesse avuto valore *prima* di entrare nel processo, non trasmetterebbe al prodotto alcun valore" (ib.).

Oggettivamente, la perdita di valore è dovuta al "*logorio di tutti i mezzi di lavoro*" (p. 245). Ovviamente "un mezzo di produzione non trasmette mai al prodotto un valore maggiore di quanto ne perda..." (ib.). Calcolare la perdita è relativamente facile: "l'esperienza ci dice quanto dura in media un mezzo di lavoro..." (ib.).

Il capitale variabile invece è "la parte del capitale trasformata in *forza lavorativa* [che] *muta il proprio valore* nel processo di produzione. Essa riproduce il proprio equivalente e in più un'eccedenza, il *plusvalore*, che per suo conto può variare..." (p. 252). Questo significa che "un mezzo di produzione *entra tutto nel processo lavorativo*, ma *solo in parte nel processo di valorizzazione*" (p. 246), poiché questo secondo "processo" viene sostanzialmente gestito dalla forza-lavoro, la quale ha la "*proprietà naturale* [di] *conservare valore aggiungendo valore*" (p. 249). Per Marx solo il riciclo degli scarti permette a questi di "entrare per intero nel processo di valorizzazione, pur facendo parte solo parzialmente del processo lavorativo", a condizione però che tali scarti - egli aggiunge - non vengano usati per formare "nuovi mezzi di produzione, e perciò nuovi valori d'uso indipendenti" (p. 247).

Dopo aver lasciato chiaramente intendere che un modo di produzione basato *anzitutto* sul valore di scambio è superiore a un modo di produzione basato *anzitutto* sul valore d'uso (dice infatti a p. 244: "pur essendo importante per il valore esistere in qualche valore d'uso, gli è ugualmente indifferente in quale esso possa esistere..."), Marx, a p. 250, con un giro di frasi piuttosto involuto, cerca di spiegare la differenza tra valore d'uso e valore di scambio nei mezzi produttivi capitalistici. In tali mezzi - egli afferma - non si consuma il valore di scambio (non essendo essi permutati con alcunché), ma solo quello d'uso (a causa del logorio). Perciò il valore di scambio non può essere riprodotto, propriamente parlando, nella merce (con un aumento di valore), ma solo *conservato* così com'è (dal mezzo produttivo alla merce), a differenza del valore d'uso, che invece si trasferisce dalla macchina al prodotto, diventando un *nuovo* valore d'uso, con capacità di *scambio*. Il vecchio valore di scambio dei mezzi produttivi, che si era conservato, è riapparso alla fine del processo produttivo, nel nuovo valore d'uso creato.

Così è dimostrato che l'incapacità di creare "valore", da parte dei mezzi produttivi, dipende sia dal fatto ch'essi non possono trasferire più valore d'uso di quanto ne perdano, sia dal fatto ch'essi riproducono il loro valore di scambio solo "apparentemente" o "incidentalmente", poiché in realtà lo trasmettono perdendolo. Dunque chi crea vero *nuovo valore* (d'uso e di scambio) è solo la *forza-lavoro*, che riproduce "realmente" il proprio valore, ed anzi produce anche un'*eccedenza*, il *plusvalore*, che il capitalista non paga.

Da notare che per Marx la "scambialità" di una merce può essere verificata solo a posteriori, cioè sul mercato. Egli non poteva immaginare che in un regime di monopolio essa è un "a priori" di quell'impresa che non produce semplicemente per vendere (rischiando cioè l'invenduto), ma produce quel che *sa in anticipo* di poter vendere. Naturalmente la convinzione di poter realizzare determinati profitti presuppone l'investimento d'ingenti capitali.

Ma il difetto principale nell'analisi di Marx è che egli tendeva a considerare in maniera separata la macchina dall'operaio, giacché per lui anzitutto esistevano i mezzi produttivi offerti dalla tradizione lavorativa, i quali successivamente venivano modificati dalle esigenze di profitto del capitalista, il quale costringeva l'operaio ad adeguarsi *sic et simpliciter* alle capacità della macchina.

Questo modo di vedere le cose, causato da uno scarso affronto *culturale* della transizione dal feudalesimo al capitalismo, è all'origine del linguaggio poco chiaro ("filosofico") visto sopra. In realtà i mezzi produttivi capitalistici sono nati, sin dall'inizio, in netta *antitesi* al modo precedente di usarli, al punto che il plusvalore prodotto dall'operaio sarebbe stato impensabile, ai livelli raggiunti nel capitalismo, senza l'apporto straordinario del macchinismo, frutto, a sua volta, di una grande rivoluzione *culturale*. Successivamente, nel capitalismo monopolistico i mezzi produttivi vengono creati *in toto* dagli stessi operai che li usano, il cui apporto intellettuale è sempre più rilevante: tra operaio e macchina vi è una connessione molto stretta, che contrasta ancora di più con l'appropriazione privata del plusvalore.

La tesi di Marx secondo cui la facoltà di creare "valore addizionale" è tipica della forza-lavoro in ogni momento del processo produttivo, è giusta appunto perché nel capitalismo i mezzi produttivi permettono all'operaio questa facoltà. Negli altri sistemi produttivi il lavoratore *trasforma* valori già dati (dalla natura), non crea nuovi valori, proprio perché il valore di scambio non ha un primato su quello d'uso.

Marx dice che se anche l'operaio lavorasse il tempo necessario alla propria riproduzione, egli trasmetterebbe comunque alla merce "una *nuova creazione di valore*" (p. 251), che i mezzi produttivi, da soli, non saprebbero fare. Con il suo "lavoro concreto", l'operaio crea valore d'uso e con il suo "lavoro astratto" crea "nuovo valore", che va ad aggiungersi a quello già esistente.

Tuttavia, se il processo finisse qui - aggiunge Marx, senza accorgersi che il vero *limite* è un altro -, il valore della merce rappresenterebbe "un semplice *equivalente* del valore della forza lavorativa" (ib.), in quanto l'operaio avrebbe unicamente rimpiazzato il denaro anticipato dal capitalista per acquistare la forza-lavoro. La nascita del plusvalore avviene quando il capitalista obbliga l'operaio a lavorare "*oltre* il punto in cui si riprodurrebbe" (ib.). Il plusvalore rappresenta la valorizzazione solo del capitale variabile.

Marx cioè non si è reso conto di un limite ancora più grave del modo di produzione capitalistico, che prescinde in un certo senso dalla realtà dello sfruttamento, e che riguarda inevitabilmente anche il sistema socialista, democratico o burocratico che sia. È il limite della stessa produzione industriale e del primato del valore di scambio, che uccidono in maniera irreparabile la prassi dell'autoconsumo, il primato del valore d'uso, la tutela dell'ambiente, le tradizioni agricolo-artigianali, il senso dell'autogestione...

*

Marx distingue anche i "materiali da lavoro" dai "mezzi di lavoro". I primi sono p.es. le materie prime, il carbone con cui si riscalda la macchina, l'olio con cui si lubrifica l'asse della ruota, una macchina in riparazione ecc. (sono suoi esempi). Il capitale investito in questi materiali e che si consuma in un solo processo produttivo e che quindi entra tutto nel nuovo prodotto, è detto "circolante". I "mezzi di lavoro" propriamente detti sono invece quelli "produttivi": uno strumento, una macchina, l'edificio d'una fabbrica, un recipiente ecc. Il capitale qui impiegato, che trasmette nel prodotto solo la parte consumata (vedi le cosiddette "quote di ammortamento"), è detto "fisso".

La differenza sta nel fatto che i mezzi di lavoro "sono utili nel processo lavorativo solo fino a che mantengono la loro forma originaria e tornano domani nel processo lavorativo nella medesima forma che avevano ieri" (pp. 244-5). I "materiali da lavoro" invece servono solo a conservare intatti e utili i mezzi produttivi. Generalmente i materiali da lavoro scompaiono nel processo produttivo; Marx qui aggiunge, ancora ignaro dei problemi dell'*inquinamento*: "senza lasciar traccia" (p. 244). Viceversa, "i cadaveri di macchine, di attrezzi, di opifici ecc. continuano ad esistere separati dai prodotti che avevano concorso a formare" (p. 245).

Per Marx era inconcepibile l'idea che nel capitalismo vi fossero degli sprechi. A p. 247 fa l'esempio delle grandi fabbriche di macchine di Manchester che riciclano "montagne di scarti di ferro". Il riciclaggio degli "escrementi del processo lavorativo" è una caratteristica tipica del capitalista, che vuole risparmiare su tutto. Marx non poteva neppure sospettare che proprio quei "cadaveri di macchine" rappresentavano la testimonianza più eloquente delle leggi dell'*entropia*.

Ciò che Marx non avrebbe mai accettato è l'idea che in una moderna società industriale si possano produrre *solo* valori d'uso e *non anche*, nello stesso tempo, valori di scambio. L'unità dei due valori, per Marx, non solo è *inevitabile* in una società in cui i prodotti escono da aziende capitalistiche (e su questo nulla da obiettare), ma sarebbe anche *giusta* se i prodotti uscissero da aziende socializzate.

Per lui è del tutto "naturale" che un mezzo produttivo perda progressivamente il proprio valore d'uso per trasmetterlo, insieme a quello di scambio, ai prodotti del lavoro. "Se non avesse da perdere alcun valore... non trasmetterebbe alcun valore al prodotto. Esso servirebbe a formare valori d'uso, senza servire a formare valori di scambio: questo è il caso di ogni mezzo di produzione fornito dalla natura, senza che intervenga l'uomo, terra, vento, acqua, ferro nel filone, legname nella foresta vergine ecc." (pp. 245-6).

Cioè per Marx il rapporto *artificiale* dell'uomo con la natura è sostanzialmente da preferirsi a quello meramente *naturale*: il problema sta semmai nel potenziarlo secondo una regolamentazione sociale e razionale. Per lui quindi non è in discussione la *formazione* originaria del capitale costante, cioè la nascita dei moventi dell'industrializzazione e il sorgere della legittimità del suo primato sull'agricoltura e sull'artigianato, ma è in discussione la mera *distribuzione* del capitale variabile. Significativo è il fatto che dopo il cap. VI Marx parli del saggio del plusvalore e non dell'assurdità del sistema capitalista, che è costretto, per sopravvivere, a rivoluzionare continuamente i propri mezzi produttivi. L'analisi del capitalismo fatta nel *Manifesto* era, in tal senso, più indovinata.

In ogni caso questo modo di vedere le cose, alla luce delle moderne teorie sul *degrado ambientale* e sull'*entropia*, va ampiamente rivisto.

*

Che cos'è dunque il *plusvalore*? È una parte di lavoro non pagata. Nel capitalismo, come in ogni altro sistema antagonistico, è sinonimo di "sfruttamento". In nessun capitolo della III sezione Marx ha mai pensato di criticare la formazione *in sé* del plusvalore; egli si è semplicemente preoccupato di dimostrare che nel capitalismo la sua formazione avviene *a spese* del lavoratore. Infatti, il problema per Marx era unicamente quello di *distribuire* in modo equo i frutti del plusvalore. Questo, in sintesi, il significato della sezione in oggetto.

Fino ad oggi la critica borghese ha cercato di confutare l'oggettività del plusvalore scoperto da Marx, ma - bisogna ammetterlo - tutti i tentativi sono falliti. La stessa esigenza degli imprenditori di automatizzare sempre più la produzione nasce proprio dalla necessità di realizzare plusvalore estromettendo la forza-lavoro (che mal sopporta tale sfruttamento) dal processo produttivo.

Tuttavia, la resistenza della teoria del plusvalore alle critiche degli economisti non sta di per sé a significare ch'essa vada considerata come un dogma. Vi sono, in effetti, degli aspetti che vanno approfonditi e altri da sviluppare *ex-novo*, poiché Marx non li ha neppure presi in considerazione.

Il primo aspetto che bisogna assolutamente affrontare è di natura *culturale*, ed è inerente alla *genesi storica* del plusvalore capitalistico. Non dovrebbe essere difficile dimostrare che se non ci fosse stata la possibilità di creare un plusvalore *diverso* da quello che il feudatario realizzava con i suoi contadini-servi, non sarebbe mai nata alcuna rivoluzione industriale. Essa infatti rappresenta il tentativo (riuscito) di ricostituire, in forme diverse, quello sfruttamento cui il lavoro era fatto oggetto nel sistema feudale, e in cui - a ben guardare - si è sempre caratterizzato dalla fine del comunismo primitivo.

Ma perché ciò potesse avvenire con successo, occorreva che il lavoratore avesse *l'illusione della libertà*. Cioè da un lato occorreva che il capitalista fosse convinto al 100% che, sfruttando la forza-lavoro, avrebbe realizzato un profitto di molto superiore al capitale investito; dall'altro occorreva una forza-lavoro disposta a credere che, emancipandosi dallo sfruttamento feudale, non sarebbe ricaduta in uno peggiore.

Gli strumenti con cui realizzare il plusvalore non sono stati solo quelli socio-economici e tecnico-scientifici connessi all'uso della proprietà privata, del capitale, del macchinismo ecc., ma anche quelli di tipo *culturale*, strettamente legati all'ideologia e ai valori borghesi emergenti (che altro non erano se non una laicizzazione di precedenti valori religiosi). Se non ci fossero stati questi strumenti "invisibili", nessun imprenditore avrebbe mai impiegato ingenti capitali col rischio di ottenere soltanto la loro *conservazione originaria*, senza ulteriore valorizzazione.

Certo, la rivoluzione industriale sarebbe potuta nascere anche in una società non antagonistica, ma ciò, se lo fosse stato, sarebbe avvenuto in maniera molto più lenta, senza stravolgere il precedente modo di produzione, e soprattutto senza lo sfruttamento della forza-lavoro (né le risorse naturali sarebbero state saccheggiate, né il colonialismo sarebbe mai nato ecc.). La novità della produzione di tipo "capitalistico" è consistita proprio in questo, che si è voluta costruire una società *antitetica* in tutto e per tutto a quella del passato, conservando però la prassi della *sfruttamento* del lavoro altrui.

La conseguenza è stata che in virtù del macchinismo si è potuto realizzare un plusvalore assolutamente imparagonabile con quello delle epoche precedenti. Questo fatto da Marx non viene mai problematizzato a fondo. Nel *Capitale* (ma già nel *Manifesto* era così) l'industrializzazione viene considerata come uno dei fattori oggettivi di progresso che ha permesso all'uomo di emanciparsi dalla tradizione agraria pre-capitalistica. Eppure il plusvalore che l'operaio, attraverso la macchina, trasferisce alla merce e di conseguenza al profitto del capitalista, viene in un certo senso "pagato", oltre che dallo sfruttamento della forza-lavoro, anche da una progressiva svalorizzazione della macchina, per la cui costruzione era stato speso un certo capitale (risorse materiali e naturali, energie psico-fisiche e intellettuali), che alla resa dei conti ha comportato un impoverimento delle condizioni generali dell'ambiente naturale e quindi un'instabilità e una precarietà sempre più crescente nelle condizioni generali di vita della stessa società umana.

Oggi, dopo aver costatato che nell'esperienza del "socialismo reale" il primato concesso all'industria comporta degli squilibri socio-ambientali anche in assenza della "logica" del capitale, siamo arrivati al punto da doverci chiedere: *è veramente necessario produrre plusvalore*? In teoria esso serve ad aumentare il livello del benessere; nel capitalismo - come noto - ciò è alquanto relativo, poiché il benessere è accompagnato dallo sfruttamento più o meno "selvaggio" delle risorse umane e naturali e quindi da un'appropriazione privata del plusvalore. Quando tale sfruttamento garantisce in Occidente, nei paesi a capitalismo avanzato, un livello medio o medio-alto di benessere, ciò significa che nel Terzo mondo esiste uno sfruttamento già molto più intenso.

In una società senza antagonismi di classe, sarebbe ancora necessario il plusvalore? Ovverosia, cosa dobbiamo intendere con la parola "benessere"? La qualità della vita è forse una grandezza che dipende dalla quantità di beni che possediamo? Cos'è più importante: che l'uguaglianza sociale sia garantita o che la produzione aumenti di continuo? Le due cose infatti paiono escludersi a vicenda.

Probabilmente l'uomo, spinto in questo dalle stesse contraddizioni irrisolvibili del sistema capitalistico, è giunto ad una svolta epocale, in cui è costretto a prendere delle decisioni storiche, che dovranno necessariamente mutare lo scenario del suo futuro. Occorre dunque chiedersi: è preferibile limitarsi all'autoconsumo e alla semplice riproduzione dello standard di vita che garantisce a tutti libertà e proprietà, oppure dobbiamo puntare sullo scambio, sulla produttività in serie, sullo sfruttamento della natura, sulla ristrutturazione tecnologica, ovvero su tutto ciò per cui alcuni fruiscono di elevati livelli di benessere e altri (la maggioranza) non ne fruiscono affatto?

Naturalmente le alternative, nella pratica, non sono mai così nette come le formuliamo: sia perché non si può togliere all'uomo la speranza di poter umanizzare o democratizzare un sistema di vita basato sull'uso della tecnologia più avanzata; sia perché non si può togliere all'uomo il diritto di produrre più di quanto abbia effettivamente bisogno.

In questo caso però (che per noi è quello di maggiore interesse), se volessimo considerare positivamente la produzione di plusvalore, si dovrebbe affermare con certezza ch'essa, in una società democratica, non può essere né *vietata* né *imposta*. Nel senso che la produzione del plusvalore va lasciata alla *libera volontà* dei cittadini, i quali però devono essere consapevoli che l'autoconsumo produce meno entropia e che il plusvalore va regolamentato con un'efficacia maggiore di quella che occorre per l'autoconsumo.

Ciò che alla comunità locale dovrebbe importare più di tutto è la *riproduzione del valore*. Il plusvalore non si giustifica col fatto che il capitale costante è soggetto a logorio. È l'idea stessa d'investire del capitale per produrre *solo* plusvalore che va superata. Certo, se si dovesse guardare alla possibilità di produrre di più spendendo di meno, ogni innovazione tecnologica, utile allo scopo, dovrebbe essere ben accetta, anche se essa comportasse una contrazione del numero degli operai per ogni unità produttiva, o altri aspetti negativi.

Ma il problema oggi non è più semplicemente quello della maggiore efficienza (la cosiddetta "qualità totale"), del maggior risparmio e così via: sotto quest'unico aspetto sarà difficile contestare le ragioni dei capitalisti, eternamente angosciati, anche nella fase monopolistica, dal problema di battere la concorrenza. In realtà oggi il problema è diventato quello di mettere in discussione la necessità di produrre beni di consumo attraverso, anzitutto, i mezzi industriali, che da almeno 500 anni vengono considerati *prioritari* rispetto a quelli agricolo-artigianali, al punto che la scomparsa progressiva di quest'ultimi viene ritenuta come un fenomeno non solo inevitabile ma anche legittimo e segno di vero progresso.

Il macchinismo, che avrebbe dovuto garantire ordine e razionalità, ha prodotto invece disordine e arbitrio. Si sono persi i cicli della vita naturale, contadina; usiamo prevalentemente risorse non rinnovabili; i costi economici, per produrre plusvalore, sono sempre maggiori; ogni nuova applicazione tecnologica, fin dal suo inizio, presenta degli effetti secondari imprevedibili, che sono più disastrosi dell'assenza di quella nuova tecnologia, e ai quali, per giunta, si cerca di porre rimedio con un'altra tecnologia, ancora più sofisticata, e tutto ciò in omaggio al fatto che la tecnica non è più un semplice "strumento di lavoro", ma è addirittura diventata un "modello di vita". Il lavoro viene sempre più vissuto come una condanna anche da coloro che fruiscono di una vita relativamente agiata.

Ecco perché l'idea che oggi deve affermarsi è quella di una produzione del plusvalore *solo* in casi limitati, di stretta necessità. L'eccedenza di beni di consumo deve diventare la risultante naturale, spontanea, del processo produttivo, a meno che essa non nasca da un'esigenza particolare della collettività, soddisfatta la quale tutto deve tornare come prima.

Il difetto del capitalismo, in sostanza, non sta tanto nel voler produrre una merce il cui valore sia in eccesso rispetto al valore consumato nel processo produttivo, quanto piuttosto sta nel voler fare *solo questo e ad ogni costo*: "la produzione di plusvalore - dice Marx - è il fine specifico della produzione capitalistica" (p. 278). Ciò è potuto accadere perché, storicamente parlando, il problema di creare plusvalore si è imposto come esigenza di una persona *singola*, ostile all'interesse comunitario di "conservare" il valore: ieri questi "singoli" erano gli schiavisti e i feudatari, oggi sono i capitalisti (e nel socialismo amministrato i burocrati dello *Stato*). In virtù dell'attività imprenditoriale del capitalista, noi oggi diamo per scontato che la produzione di plusvalore sia indispensabile, ma la comunità dovrebbe opporsi a questa cultura rivendicando non solo, come chiede il marxismo, la *socializzazione del plusvalore*, ma anche quella della sua *riduzione al minimo indispensabile*.

*

Torniamo ora alla domanda iniziale: che cos'è il plusvalore? Se la produzione fosse completamente automatizzata ci sarebbe ugualmente il plusvalore?

Marx non si pone questa domanda non solo perché ai suoi tempi l'ipotesi era ancora inverosimile, ma anche perché l'avrebbe considerata mal posta. In effetti, una produzione automatizzata non rappresenta mai un'*autoproduzione*: le macchine, solo per il fatto di esistere, dimostrano la loro dipendenza dagli operai, dai tecnici, dagli ingegneri o dai progettisti; inoltre esse vanno periodicamente controllate, revisionate, perfezionate, sostituite... Una macchina non è in grado di migliorare, oltre un certo limite, la qualità della propria produzione. Quindi il plusvalore è inevitabile.

Naturalmente un'azienda così sofisticata - che ai tempi di Marx non esisteva - realizza plusvalore più con gli operai intellettuali che non con quelli manuali (almeno nell'area del capitalismo avanzato), e quindi più nel momento della progettazione e del controllo della macchina, che non nel momento della trasformazione della materia prima, ove la manovalanza è ridotta al minimo essenziale.

Tuttavia, in questo caso il plusvalore può essere realizzato a una condizione ben precisa: che le altre imprese non abbiano acquisito il medesimo livello di automazione, ovvero ch'esse impieghino manodopera salariata, senza la quale sarebbe impossibile acquistare le merci dell'impresa automatizzata. Non a caso quest'ultima, per evitare la sovrapproduzione, per realizzare alti profitti e per non costringere le altre imprese - che rischiano d'essere rovinate dalla concorrenza dei suoi prezzi - ad automatizzarsi nella stessa maniera, deve necessariamente puntare sull'export. Se tutte le imprese di una nazione sono automatizzate e l'export non garantisce uno sbocco sicuro, la crisi è inevitabile, poiché la macchina, di per sé, è nulla senza il *lavoro vivo* dell'operaio, manuale o intellettuale che sia.

Un'impresa automatizzata realizza il massimo risparmio sul costo del lavoro (a parte quello intellettuale) con il massimo di efficienza, ma realizza anche, indirettamente, il massimo di sfruttamento possibile della manodopera salariata delle altre imprese, divenendo così altamente parassitaria nell'ambito del capitalismo. La sostituzione dell'operaio con la macchina avrebbe senso se l'operaio fosse riciclato in un'altra mansione, meno faticosa, meno rischiosa, più gratificante ecc. Ma questo nel capitalismo sarebbe possibile (peraltro relativamente) solo se nel Terzo mondo lo sfruttamento della manodopera salariata avesse raggiunto livelli particolarmente elevati.

Se invece la proprietà della fabbrica fosse *statale*, si produrrebbe ugualmente plusvalore? Il plusvalore non è solo *relativo* allo sfruttamento capitalistico, esso è anche *oggettivo*, a causa della particolare modalità con cui s'investe il capitale costante, finalizzato alla valorizzazione della tecnologia e all'acquisizione di un profitto che incrementi il capitale investito. Questa modalità può avvenire anche in una società socialista.

Se non ci fosse lo sfruttamento, ci sarebbe ugualmente il plusvalore, ma esso, nel socialismo, non sarebbe una parte di lavoro non pagata. In questo senso il cosiddetto "socialismo reale" è fallito anche perché ha preteso di gestire in modo democratico il plusvalore attraverso gli organi statali. Proprio la presenza dello Stato, che deteneva un ruolo egemonico sulla società civile, impediva di garantire un'equa ridistribuzione del plusvalore a livello nazionale.

Se invece la proprietà fosse *sociale* non ci sarebbe alcun plusvalore "forzato", poiché l'operaio sarebbe pagato per quello che effettivamente produce. Il plusvalore potrebbe esserci solo in forma "liberamente accettata". Ovviamente l'operaio dovrebbe contribuire con le proprie tasse a che la comunità locale disponga di tutte le strutture e i servizi necessari.

Proprietari della fabbrica sono coloro che vi lavorano: essi sono i responsabili ultimi della sua gestione, benché il collettivo dell'impresa, in una società veramente democratica, non possa decidere per suo conto né il tipo delle merci, né la loro quantità e, anche per quanto riguarda la qualità, esso dovrebbe tener conto degli interessi e delle esigenze di tutti i consumatori.

In una società socialista occorrerebbe che tutti avessero consapevolezza che la macchina non può trasmettere al prodotto un valore superiore al proprio, per cui non è indispensabile produrre macchine sempre più sofisticate, costose, capaci di "grandi prestazioni": quanto più s'impiegano macchine di questo tipo, tanto più velocemente esse cedono il proprio valore d'uso al prodotto e quindi tanto prima diventano "cadaveri di macchine". Il capitalismo, che induce, a causa della concorrenza, a perfezionare sempre più la propria tecnologia, finisce col cadere in un circolo vizioso, poiché per integrare i costi coi profitti è costretto ad acuire al massimo le proprie contraddizioni.

Ciò che conta, in definitiva, è solo il "capitale umano", cioè il lavoro vivo dell'operaio, che, se vissuto in un contesto sociale significativo (ontologico), sa conservare l'uso delle macchine in modo conforme alle necessità dell'uomo.

*

Il capitolo dedicato al saggio del plusvalore è la parte più *tecnica* di tutta la III sezione, e quindi anche la meno interessante. Tuttavia essa era indispensabile nell'impostazione metodologica di Marx, il quale, nel *Capitale*, ha voluto dimostrare l'oggettività dello sfruttamento partendo non dalle *conseguenze sociali* del lavoro salariato (come ha fatto, p.es., nel *Manifesto*), ma dalle *contraddizioni matematiche* intrinseche allo stesso processo produttivo (di lavoro e di valorizzazione del capitale).

Marx in sostanza ha svolto questo ragionamento: 1) nel capitalismo - come in altre società basate sullo sfruttamento del lavoro - si produce *plusvalore*; 2) fine *ultimo* del capitalismo - a differenza delle altre società antagonistiche - è la *mera* produzione di plusvalore: "la misura del grado della ricchezza - dice Marx - non è data dalla grandezza assoluta del prodotto, bensì dalla grandezza relativa del plus-prodotto" (p. 278), che rappresenta il plusvalore. Solo nel capitalismo il plus-prodotto - che pur si trova in ogni tipo di società - diventa portatore materiale di plusvalore. Ciò è reso possibile dal fatto che qui diventa merce anche la forza-lavoro dell'individuo; 3) il plusvalore è dunque fonte di sfruttamento perché *non pagato* a chi lo produce; 4) superare il capitalismo vuol dire *socializzare* il plusvalore.

Marx non mette mai in discussione il plusvalore *come tale*, ma solo la sua destinazione *privata*. Egli non ha mai espresso alcun interesse circa la possibilità di creare un socialismo democratico che si limitasse alla pura e semplice *riproduzione del valore*.

La parte più difficile da accettare, nel modo di quantificare il saggio del plusvalore, è l'attribuzione di una valore = 0 al capitale costante ("c"). Come noto, per "capitale costante" Marx intende "*il valore dei mezzi di produzione consumati*" nella produzione (p. 256), cioè intende quella quota-parte del capitale complessivo investito che, logorandosi, si trasferisce nella merce.

Ora, Marx sostiene che se "c" fosse = 0 (e ciò è possibile se il capitalista utilizza solo materiali esistenti in natura, come ad es. le risorse rinnovabili, e forza-lavoro), il plusvalore ("p") ottenuto "resterebbe della medesima grandezza anche se "c" stesse a indicare la somma massima di valore" (p. 257). Questo perché il plusvalore non è prodotto dalla macchina ma dalla forza-lavoro. (Da notare che a Marx non interessa minimamente l'ipotesi di un c = 0, senza formazione di plusvalore).

Se invece il plusvalore fosse = 0, cioè se la forza-lavoro avesse prodotto un valore equivalente al suo prezzo, il capitale anticipato non si sarebbe valorizzato (e - si può aggiungere - il capitalismo non sarebbe mai nato).

Ciò che a Marx interessa mostrare è che, per comprendere l'entità esatta del plusvalore, l'economista deve considerare solo le trasformazioni di valore che avvengono in una porzione del *capitale variabile* (trasformato in forza-lavoro), e deve fare astrazione dal valore del capitale costante. Il plusvalore infatti non si forma col trasferimento di valore del capitale costante al prodotto, neppure aggiungendo tale valore a quello che crea la forza-lavoro.

Ecco perché è necessario che "c" sia posto = 0, altrimenti si avrà che, a causa dell'aumento del capitale variabile ("v"), alla fine sarà aumentato anche il capitale complessivo anticipato. Il che - secondo Marx - è un modo sbagliato di vedere le cose, essendo il plusvalore *un'eccedenza estorta con l'inganno del contratto*, per il quale non si paga il "lavoro" bensì la sola "forza-lavoro". Se nel calcolo del plusvalore si conteggia anche il capitale costante, sarà poi impossibile individuare il momento esatto dello sfruttamento; si tenderà infatti a pensare che il plusvalore sia ottenuto in proporzione al capitale anticipato o ch'esso serva a coprire le spese.

Marx non nega l'importanza del capitale costante; qui si limita semplicemente a dire - rimandando al III libro un'esposizione più dettagliata - che se delle "proporzioni" esistono, queste non sono tra capitale costante e plusvalore, ma da un lato tra *capitale costante* e *capitale variabile*: "per far sì che funzioni il capitale variabile, è necessario che venga *anticipato* capitale costante in corrispondenti proporzioni..." (p. 258); dall'altro, tra *capitale variabile* e *plusvalore*, nel senso che la grandezza proporzionale del plusvalore, cioè "la proporzione in cui il capitale variabile si è valorizzato, è chiaramente determinata dal *rapporto del plusvalore col capitale variabile*" (pp. 259-60) - il che appunto costituisce il "saggio del plusvalore".

L'altro rapporto che indica la proporzione tra "p" e "v" è quello tra *pluslavoro* (col quale l'operaio produce plusvalore nel tempo di valore superfluo alla riproduzione del valore della sua forza-lavoro) e *lavoro necessario* (alla riproduzione del suo valore).

Marx insomma ha voluto dimostrare che il saggio del plusvalore è molto più grande di quello che il capitalista vuol fare apparire mettendo nel conto il valore del capitale costante. Nelle equazioni di Marx "il lavoratore impiega più della metà della sua giornata lavorativa per produrre un plusvalore che diverse persone si ripartiscono tra loro con vari pretesti" (pp. 265-6). Tali persone sono tutte quelle non direttamente coinvolte nel processo di valorizzazione del capitale (politici, burocrati, militari, insegnanti ecc., inclusi ovviamente gli stessi capitalisti!).

Quindi il plusvalore rappresenta la valorizzazione del solo capitale variabile. Esso naturalmente aumenta coll'aumentare del grado di sfruttamento. Negli odierni paesi capitalisti avanzati il saggio del plusvalore è del 300% e oltre. Il tempo necessario per riprodurre il costo della forza-lavoro si è ridotto, in talune imprese automatizzate, a meno di un'ora.

Ora però poniamoci una domanda: anche ammettendo che non esista sfruttamento di manodopera salariata, fino a che punto saremmo disposti ad accettare che attraverso il lavoro si ottenga un plusvalore significativo grazie all'uso delle macchine? Se l'impiego delle macchine deve comportare la fine dell'*autoconsumo*, esso sarà sicuramente nocivo, all'uomo e all'ambiente. Il macchinismo s'è sviluppato a dismisura perché, grazie al colonialismo, si sapeva di poter sfruttare *ad libitum* le risorse altrui. Le macchine sono state utilizzate finché c'erano risorse naturali da sfruttare e finché c'era una manodopera disposta a lasciarsi opprimere, poi, quando le cose sono cambiate, molte di esse sono state abbandonate a se stesse. La macchina non era in funzione dei bisogni ma dei profitti. È il capitale che impone un lavoro salariato che crea plusvalore:

la macchina è solo un mezzo in più, che permette uno sfruttamento estremo, che non necessariamente è di tipo *fisico*, quanto piuttosto di tipo *economico*, nel senso che, a fronte di una macchinario molto sofisticato, il salario può apparire incredibilmente irrisorio.

*

È una contraddizione in termini quella di sostenere che il valore di una merce "è determinato dal tempo di lavoro che occorre per produrla" (p. 279). Questa legge non è contraddittoria soltanto perché sul mercato capitalistico esistono merci che hanno un valore di scambio del tutto sproporzionato al loro effettivo valore d'uso, o perché esistono merci costosissime pur essendo prodotte in tempi assai limitati (fenomeno, questo, che con l'automazione si va sempre più accentuando): la legge del valore non diventa inattendibile solo perché sul mercato si verificano delle assurdità.[3]

Quella legge - e ciò è davvero un paradosso - pare essere formulata apposta per essere applicata in una società che certo capitalistica non può essere. Gli economisti borghesi si sono serviti di questa incongruenza per sostenere che va superato non il capitalismo ma la stessa legge del valore e quindi l'idea di una transizione al socialismo. In tal modo essi non sono riusciti a cogliere i limiti *veri* di quella legge, che vanno al di là della semplice sfera economica.

In effetti, dire che il "valore" di una merce è determinato dal "tempo" occorso per produrla, è come dire, in pratica, che il "tempo" rappresenta un "valore". Ora, se c'è una cosa che di per sé *non ha* valore, questa è proprio il tempo, che può scorrere con una durata più o meno lunga a seconda di chi lo vive. Naturalmente Marx risponderebbe a questa obiezione che il tempo cui occorre riferirsi è quello "socialmente necessario", non quello "soggettivamente arbitrario".

Ma cosa significa "socialmente necessario"? Se il tempo cui ci si riferisce, per determinare il valore di una cosa, è un tempo *collettivo, socialmente condiviso*, allora esso non ha un valore *proprio*, ma dipendente dalla collettività che lo vive, e quindi dalla *cultura* di questa collettività e dalla *coscienza* con cui essa vive la propria cultura. Il tempo quindi ha un valore solo nella misura in cui qualcuno glielo conferisce. E questo qualcuno deve vivere in un determinato "spazio" (categoria, questa, che nel *Capitale* viene riempita di pochi contenuti, nel senso che la *storicità* dell'opera appare più "verticale" e meno "orizzontale"). Misurare il tempo di

---

[3] La legge del valore, nelle intenzioni di Marx, voleva più che altro indicare una linea di tendenza generale, un "dover essere" astratto.

valore di un oggetto soltanto sulla base del tempo socialmente necessario a produrlo (un tempo che viene poi calcolato in maniera economica sul mercato: il che, come ben sappiamo, non è neppure così facile), significa avere una concezione ristretta, cioè borghese, del valore, in cui l'aspetto davvero "sociale" del tempo necessario a produrlo non ha nulla di "etico".

Stando le cose in questi termini, il valore di un oggetto (di uso comune) non può essere determinato semplicemente dal "suo" tempo, se non in senso "tecnico", "economicistico", ma deve essere determinato anche dal *contesto semantico* in cui esso è collocato, e quindi in ultima istanza dalla *cultura significativa di una determinata comunità*, la quale, a sua volta, *dà senso* alla dimensione del tempo (e dello spazio) in cui vive. Ecco perché il concetto di "tempo socialmente necessario" può acquistare il suo effettivo senso etico solo in presenza dell'*autoconsumo*, che è quella attività che caratterizza una comunità locale autosufficiente.

Ma se è l'uomo, come essere sociale, a dare un valore alle cose, il valore di queste cose può anche oltrepassare i limiti della dimensione specifica del tempo (e dello spazio), così come il valore de *Il Capitale* può crescere o diminuire a seconda della coscienza di quanti, nel corso dei secoli, lo leggono. Marx non riusciva a comprendere perché al suo tempo il *Capitale* avesse più fortuna fra gli intellettuali progressisti della Russia zarista che non tra le fila del proletariato industriale dell'Europa occidentale. La ragione tuttavia era semplice, anche se, ovviamente, non afferrabile con gli strumenti dell'economia: è la *coscienza rivoluzionaria* che dà il valore giusto alle cose di valore, che crea cose il cui valore è destinato a rimanere nel tempo, a disposizione di una qualunque altra coscienza in grado di riconoscerlo. Cos'è in fondo la "lotta di classe" se non la testimonianza che di fronte a cose analoghe si *possono* dare valutazioni *opposte*?

*

Ora, se tutto ciò è vero, lo è anche in senso contrario, e cioè in riferimento al fatto che nel capitalismo la legge del valore è continuamente contraddetta dalla "legge dei prezzi", che è quella cui i capitalisti sono più interessati. In tutta la III sezione Marx non ha mai preso in considerazione l'ipotesi del prezzo di una merce che per la sua scarsità o novità sul mercato, sale alle stelle, permettendo al capitale costante di realizzare un valore di scambio della merce di molto superiore al suo valore d'uso, e quindi di acquistare, indirettamente, un valore addizionale particolare, relativo alla favorevole congiuntura o circostanza. Nella nota a p. 266

Marx afferma di aver supposto "che i prezzi siano uguali ai valori. Nel terzo libro - egli aggiunge - vedremo come tale uguaglianza non si verifica in maniera così semplice neanche per i *prezzi medi*".

La differenza tra valore e prezzo obbligherà Marx a rivedere la sua teoria sul plusvalore e a ricomprenderla in quella più generale di *profitto*, all'interno della quale si opera una rivalutazione del ruolo del capitale costante. In questa sezione Marx rifiuta a priori l'idea di considerare il plusvalore come una necessità per ammortizzare i costi iniziali dovuti all'acquisto non solo di forza-lavoro, ma anche, e soprattutto, di materie prime, macchinari ecc. Di plusvalore "netto", in effetti, si può parlare solo dopo aver "coperto" le spese iniziali.

Naturalmente il capitalista sosterrà sempre che i costi non possono mai essere ammortizzati definitivamente, in quanto il macchinario, essendo soggetto a logorio, necessita di essere periodicamente sostituito o ristrutturato, senza parlare delle necessità di riconversione industriale cui ogni capitalista si sente obbligato a causa della concorrenza altrui.

Marx tuttavia non ha cercato, in questa sezione, di uscire da questo vicolo cieco trasferendo il ragionamento sulle modalità con cui l'imprenditore ha potuto accumulare così ingenti capitali da poterli investire in una grande impresa capitalistica. Egli non è interessato a questo discorso per due ragioni: 1) l'accumulazione originaria non deve mettere in discussione la giustezza della transizione dal feudalesimo al capitalismo; 2) il limite di fondo del capitalismo consiste semplicemente nella gestione anti-sociale del plusvalore.

Di fatto però la formazione di plusvalore non dipende solo dal capitale variabile ma anche da quello costante, poiché, se è vero che lo sfruttamento sta nel plusvalore, è anche vero che il plusvalore capitalistico è di tipo particolare, in quanto può essere accumulato *all'infinito*. E questa particolarità non è offerta al capitalista unicamente dal valore della forza-lavoro, ma anche dal macchinismo, nel senso che se il capitale costante non altera la propria grandezza di valore, rende però possibile un plusvalore *inedito*, senza precedenti storici. È proprio il capitalismo che costringe il tradizionale capitale costante a trasformarsi in una diversa grandezza di valore, che comporta un mutamento *qualitativo* di tutta l'attività produttiva.

L'originaria grandezza di valore del capitale costante, nell'ambito del capitalismo, non sta più nel "tempo di lavoro necessario" alla sua produzione, poiché nel capitalismo il concetto di "tempo necessario" non ha più il riferimento oggettivo della socializzazione produttiva. L'unico riferimento (fatto passare per "oggettivo") è quello del mercato, ove dominano gli interessi dei proprietari privati, i quali vogliono realizzare un profitto il più possibile *sproporzionato* rispetto agli iniziali costi di produzione sostenuti.

Ciò significa che nel costruire il capitale costante il tempo è "necessario" solo nel modo in cui l'intende la *classe* capitalistica nel suo complesso. La macchina, in tal senso, non ha solo un tempo limitato dal suo progressivo logorio, ma ha pure un tempo "nascosto", che scorre assai più velocemente e che quindi è più corto di quello "ufficiale": è *il tempo che le impone una macchina concorrente*. Quindi è un tempo "psicologico". L'introduzione del macchinismo ha rivoluzionato la dimensione del tempo, che, nel capitalismo, ha assunto tratti patologici, dovuti appunto allo stress della competizione.

Il capitalista della macchina "A" sa, in anticipo, cioè prima ancora di farla funzionare, di avere meno tempo a disposizione di quello che gli concederà la sua stessa macchina, poiché sa che da un'altra parte esiste un capitalista che, con la sua macchina "B", farà di tutto per rovinarlo o, in attesa di averla, per carpirgli i suoi segreti industriali. Ecco perché il capitalista della macchina "A" non aspetterà ch'essa si logori, prima di ristrutturarla, ma farà in modo di farla lavorare al massimo, nel periodo iniziale (senza preoccuparsi della sovrapproduzione), mentre nei periodi successivi cercherà, appena saprà di poterne trarre un certo utile, di sostituirla o di modificarla prima ch'essa ne abbia "fisicamente" bisogno.

Il bisogno di ristrutturare il capitale costante non dipende tanto dal logorio di quest'ultimo, quanto piuttosto dalla necessità che il capitalista ha d'incrementare continuamente il plusvalore. Ad un certo punto, infatti, la necessità di accumulare plusvalore non dipende più dall'esigenza d'imporsi sul modo di produzione precedente, sui consumi tradizionali della gente ecc.: ormai questi obiettivi sono stati sufficientemente acquisiti, e il regime monopolistico-statale garantisce una relativa sicurezza. L'esigenza invece è quella di difendersi da altri monopoli che, ostili al protezionismo e favorevoli al libero mercato, minacciano di rovinarlo.

Ecco, in tal senso, si può affermare che nel momento in cui il capitalista introduce una nuova macchina, il valore di quest'ultima è maggiore rispetto a quello che si ottiene dalla divisione del tempo necessario al suo logorio, così come è diverso il prezzo dal valore della merce. Un'innovazione tecnologica permette all'inizio un plusvalore maggiore di quello che si ottiene con la stessa macchina, in buone condizioni, quando la concorrenza si è dotata di una macchina equivalente. Di qui la crescente importanza, soprattutto nell'ambito intellettualizzato dell'automazione, dello spionaggio industriale. Questo significa che il capitale costante non può né essere separato da quello variabile né posto = 0.

D'altra parte ha un che di singolare il fatto che da un lato Marx consideri il capitale costante = 0, quando tale condizione si verifica solo nelle società agrarie basate sull'autoconsumo; e dall'altro pretenda di valutare l'entità del plusvalore, quando tale grandezza presuppone il superamento di quel tipo di società. Marx ha bisogno di credere nel concetto di "tempo di lavoro socialmente necessario" per determinare l'entità *esatta* (matematica) del capitale costante e soprattutto del plusvalore, e non s'accorge che proprio quel tipo di capitale e di plusvalore, nell'ambito del capitalismo, vanificano l'applicazione del suddetto concetto.

Inoltre, non avendo analizzato in questa sede l'importanza del capitale costante nella formazione del plusvalore, Marx offre l'immagine di un operaio che sembra avere in sé una forza "magica" con cui creare continuamente valore aggiunto.

In realtà è solo nel capitalismo che il valore aggiunto appare nello stesso processo lavorativo; in tutte le altre formazioni esso o non appariva, oppure appariva in un'altra fase del processo lavorativo: quella "forzata" della coercizione extra-economica.

Il lavoratore ha il compito di "riprodurre il valore", o meglio, quello di "trasformarlo riproducendolo", non ha il compito di "aumentarlo", né, tanto meno, quello di "crearlo". Il valore non può essere creato *ex-novo*, né può essere aumentato più di quanto non possa essere riprodotto, come d'altra parte è impossibile riprodurre un essere umano che abbia caratteristiche *sovrumane*.

Se nel capitalismo si può costatare un aumento del valore, ciò avviene a scapito della possibilità stessa di riprodurlo usando la medesima energia: questa infatti, nel capitalismo, dev'essere sempre più "potente" perché si possa riprodurre il valore.[4] E questo senza tener conto delle ricadute negative di tale processo sulla sfera *etica*. Col macchinismo ci si è illusi che all'aumento del valore economico potesse corrispondere l'aumento del valore etico (intendendo col termine "etica" tutta la sfera sovrastrutturale). Invece il valore dell'etica ha subito un deprezzamento inversamente proporzionale al valore dell'economia.

L'esigenza del plusvalore - come metodo sistematico di creare valore - può nascere solo in una società antagonistica, dove gli interessi

---

[4] P. es. l'impiego dell'infotelematica ha sicuramente contribuito ad aumentare il plusvalore, ma è anche vero che nel capitalismo avanzato l'"energia" più forte viene garantita dall'attività finanziaria (borsistica, creditizia...), che può anche mandare in rovina l'economia di interi paesi. Questi aspetti, che tendono sempre più a prevalere su quelli più propriamente economico-produttivi (cosa di cui Lenin s'era reso ben conto già agli inizi del Novecento), rivelano maggiormente la natura parassitaria del capitalismo, non dissimile da quella dei latifondismo medievale.

di pochi singoli sono in contrasto con quelli della grande maggioranza. Il singolo, nei confronti della collettività, non potrebbe sussistere limitandosi a riprodurre il valore: egli ha necessariamente bisogno di un'eccedenza che lo tuteli, per ottenere la quale è disposto ad ogni cosa.

La particolarità del plusvalore capitalistico, in tal senso, è offerta proprio dal fatto ch'essa è sorta dopo la formazione sociale feudale. Il capitalista non poteva tornare allo schiavismo *tout-court*: là dove l'ha fatto (in Africa e in Americalatina), o le culture locali erano troppo deboli per poterlo impedire, oppure non esisteva ancora quella cristiana, la quale, nella veste cattolico-protestante, tollera sul piano pratico e condanna su quello teorico.

*

Il presupposto di Marx secondo cui "la forza lavorativa è acquistata e venduta al suo *valore*" (p. 279), nel senso che il suo valore "è determinato dal tempo di lavoro che occorre per produrla" (ib.), è un presupposto che avrebbe senso, al limite, in una società dove il *valore* avesse un *senso*: non può certo averne in una società dove ciò che ha veramente valore è solo il *prezzo* di una merce.

Nella società capitalistica tutte le merci sono "equivalenti", cioè *senza valore specifico*: ciò che le differenzia, in ultima istanza, è solo il *prezzo*, poiché in virtù di questo *ogni merce* può essere acquistata. Non esiste alcuna merce che "non abbia prezzo", il cui valore cioè sia "senza prezzo", assolutamente incommensurabile. Nel capitalismo ciò che ha un valore *personale* (affettivo, sentimentale ecc.), in realtà non ha un vero valore, poiché non viene riconosciuto *socialmente*. Ciò che ha vero valore è soltanto ciò che sul mercato ha un prezzo, e, paradossalmente, è proprio questo modo di "valutare" che toglie alle cose il loro valore specifico, quello che può essere determinato non dal mercato ma dal *contesto sociale* che usa quelle cose secondo un preciso *significato*.

Quindi il presupposto che nel capitalismo la forza-lavoro venga acquistata al suo valore, non si verifica mai, meno che mai *spontaneamente*. È solo attraverso la lotta di classe che la forza-lavoro può sperare di essere acquistata al proprio valore, per quanto una lotta di classe che si limitasse a tale rivendicazione, non uscirebbe - direbbe Lenin - dai limiti del "tradunionismo".

Infatti, il vero valore della forza-lavoro non può essere deciso nella contrattazione, poiché la riduzione dell'*uomo* a "lavoratore" risente già dei limiti della cultura borghese. È il capitalismo che costringe l'uomo a far valere il prezzo della propria forza-lavoro, al fine di non essere sfruttato economicamente. Ma ognuno si rende conto da sé che, superati i limiti del capitalismo, non avrà più senso misurare il "valore della forza-lavoro" in termini matematici, poiché questo valore non è misurabile, come non può esserlo quello del coraggio, dell'onore, dei princìpi ecc.

Il valore dell'essere umano non può essere quantificato, se non facendo astrazione dall'individuo specifico: il che è un controsenso. Il valore dell'uomo può solo essere *costatato*, osservando con quali capacità ed energie l'essere umano *in senso lato* (uomo o donna che sia, "produttivo" o "improduttivo", maggiorenne o minorenne ecc.) riesce a edificare una società democratica, fondata sulla libertà e sulla giustizia.

Una società la cui forza-lavoro ha un altissimo valore, non ci dice nulla sul "valore" dei suoi cittadini. Nella futura società socialista nessun indice economico potrà di per sé indicare il potenziale "etico" di una popolazione. Nessuno è in grado d'individuare quale tipo di *libertà* vive una nazione, limitandosi ad esaminare i suoi indici produttivi, di consumo ecc.

Peraltro, se si parte dal presupposto che la forza-lavoro venga acquistata al suo valore, si finisce col considerare il plusvalore come una *conseguenza accessoria* della contrattazione, che con una buona rivendicazione salariale potrebbe essere relativamente risolta. Questo anche se esplicitamente si sostiene che fine del capitalismo è accumulare plusvalore.

In realtà occorre evitare l'illusione di credere che, eliminato il problema del plusvalore, il capitalismo sia, nel complesso, un sistema accettabile. E soprattutto non si deve alimentare questa illusione facendo credere che sul mercato la forza-lavoro possa essere acquistata al suo giusto prezzo. Il capitalista non parte mai da questo presupposto. Sin dall'inizio, il tempo che occorre alla forza-lavoro per riprodursi appare al capitalista *sufficiente* anche quando non lo è affatto.

*

Nel cap. VIII, dedicato alla *giornata lavorativa*, Marx prende in esame la possibilità da parte del capitalista di estorcere all'operaio un *plusvalore assoluto*.

Come già visto, Marx è partito dal presupposto che la forza-lavoro viene acquistata e venduta al suo *valore*. Ciò significa che una parte della giornata lavorativa è caratterizzata dal tempo di lavoro necessario alla riproduzione della forza-lavoro.

Il plusvalore si realizza nell'altra parte della giornata, quella in cui la forza-lavoro crea un valore superiore al proprio e di cui non può beneficiare. Marx fa l'esempio che se a un operaio occorrono 6 ore per riprodurre il proprio valore, le altre 6 ore costituiscono plusvalore al 100%. Per ottenere un plusvalore superiore a questa percentuale, al capitalista basta prolungare la giornata di lavoro.

Il cap. VIII ha appunto lo scopo di dimostrare che la formazione del plusvalore assoluto può avvenire solo entro un *limite massimo* di tollerabilità, *fisica e morale*, relativo all'esigenza di riproduzione della forza-lavoro, altrimenti il capitalismo finisce coll'autodistruggersi, sebbene di questo non si preoccupino affatto i singoli capitalisti, che al massimo sono interessati alla possibilità di sostituire la forza-lavoro logorata con altra in esubero.

Se l'operaio si oppone al prolungamento della giornata di lavoro, il capitalista potrà giocare un'altra carta per estorcere plusvalore superiore al 100%: quella dell'*intensificazione del lavoro*, con la quale cercherà di costringere l'operaio a riprodurre il proprio valore non in 6 ore, ma ad es. in 4 o in 2. Questo plusvalore è detto *relativo*, ma col termine di "intensificazione del lavoro" Marx non intende qui che la riduzione del tempo di lavoro necessario e non anche l'uso della rivoluzione tecnico-scientifica applicata alla produzione (vedi ad es. la catena di montaggio). Di questo egli parlerà nel cap. X.

"Il capitale - dice Marx - non ha inventato il *pluslavoro*. In ogni luogo in cui una parte della società possiede il monopolio dei mezzi di produzione, il lavoratore, libero o non libero, deve aggiungere al tempo di lavoro necessario al proprio mantenimento un tempo di lavoro eccedente per la produzione dei mezzi di sussistenza del possessore dei mezzi di produzione" (p. 285). Infatti, l'assurdità dei sistemi antagonistici è che proprio chi detiene il monopolio dei mezzi produttivi è il più "improduttivo" e deve farsi mantenere dal lavoro forzato di chi è nullatenente.

"Ma è evidente - prosegue Marx, e questo è veramente importante - che se in una formazione sociale prevale il *valore d'uso* del prodotto più che il suo *valore di scambio*, il pluslavoro è allora limitato a una quantità più o meno grande di bisogni, *ma dal carattere stesso della produzione non sorge alcun insaziabile bisogno di pluslavoro*" (ib.), cioè lo sfruttamento trova un limite nella capacità di *consumo* dello stesso sfruttatore.

È appunto questo che, in ultima istanza, fa la differenza tra una formazione sociale antagonistica pre-capitalistica e una capitalistica. Che nella prima prevalga il valore d'uso non significa, ovviamente, che non sia conosciuto e apprezzato il valore di scambio, ma è solo nel capitalismo che questo valore ha una priorità assoluta. Prima del capitalismo il denaro veniva accumulato per acquisire potere politico, economico ecc.

Col capitalismo il denaro viene accumulato *per se stesso*, cioè anche *dopo* che si è ottenuto il potere politico, economico ecc. Il denaro diventa "padrone" di colui che lo possiede. Non sono tanto i beni acquistati col denaro che vengono accumulati, ma è il denaro stesso che viene accumulato. Il suo potere di astrazione raggiunge, nel capitalismo, la vetta suprema.

"Perciò - dice ancora Marx - nell'antichità il lavoro eccessivo appare in maniera incredibile dove si deve ottenere il valore di scambio nella sua indipendente forma di moneta, ossia nella produzione di oro e di argento. In questo caso, la forma ufficiale del lavoro eccessivo è lavorare sotto costrizione fino a che si muoia" (ib.). Nelle formazioni schiavistiche i metalli pregiati servivano per *acquistare*, ovvero per soddisfare bisogni di varia natura (materiali, di prestigio, di vanità ecc.); nel capitalismo invece servono per *investire* in attività produttive (o anche solo finanziarie) con le quali si possono accumulare capitali.

Marx ha colto bene le differenze fenomeniche, ma non ha compreso la *causa culturale* che le ha generate. Il passaggio da una formazione antagonistica pre-capitalistica a una capitalistica, è dipeso - a suo giudizio - dalla spinta "verso un mercato internazionale" (ib.), cioè dalla costatazione che la vendita dei prodotti all'*estero* poteva comportare maggiori profitti. Per Marx il capitalismo è nato a causa di un *allargamento della sfera commerciale*, la quale, a sua volta, presuppone una forte divisione del lavoro ecc. Non ci sono altre spiegazioni *genetiche*.

Se Marx si fosse preoccupato di analizzare in modo *culturale* l'origine delle diverse forme dei sistemi antagonistici, non avrebbe considerato la transizione al capitalismo come un evento necessario, ineluttabile. Inoltre avrebbe evitato di mettere sullo stesso piano "l'orrore barbarico della schiavitù, della servitù della gleba ecc." con "l'orrore civilizzato dell'eccesso di lavoro" (p. 286). La differenza infatti non sta semplicemente nel diverso tipo di sfruttamento, ma anche e soprattutto nel diverso tipo di *civiltà*.

Marx non trae alcuna positiva conseguenza dal fatto che "nella forma della *corvée* il pluslavoro è separato completamente dal lavoro necessario" (p. 287). In altre parole, a un lavoro chiaramente "forzato" in una metà della giornata e "libero" nell'altra metà, egli preferisce un lavoro "forzato" per tutta la giornata, poiché ciò, a conti fatti, toglie ogni illusione al lavoratore e lo costringe a reagire.

Tuttavia, la figura dell'operaio risulta alquanto controversa nell'analisi del *Capitale*. Da un lato l'operaio sa sin dall'inizio che il capitalista compra la sua forza-lavoro per sfruttarla al massimo (poiché la forza-lavoro è una merce che crea un valore più grande di quanto essa stessa costi); dall'altro però l'operaio si ribella non tanto alla contrattazione sul mercato e neppure al primato dell'industria sull'agricoltura e l'artigianato, quanto piuttosto al fatto che la distribuzione del plusvalore è ingiusta perché *privata*, cioè si ribella *solo* quando s'accorge che il capitalista, per ottenere sempre più plusvalore, fa di tutto per prolungare la giornata lavorativa. "La voce dell'operaio, che s'era zittita nel turbine incalzante del processo di produzione, d'un tratto sorge" - dice Marx (p. 282).

Il pregiudizio di Marx nei confronti del mondo contadino-feudale è ben visibile laddove egli parla della servitù della gleba e delle *corvées* nei principati danubiani. Il pregiudizio non era dovuto solo a una scarsa cognizione scientifica della formazione feudale (l'unico testo citato è quello di E. Regnault sulla *Storia politica e sociale dei principati danubiani*), ma anche e soprattutto alla convinzione che il mondo contadino, ostile di per sé alla transizione verso il capitalismo, non avrebbe mai potuto collaborare con gli operai per realizzare il socialismo, la cui transizione - secondo Marx ed Engels - presupponeva necessariamente lo sviluppo del capitalismo.

In una nota alla terza edizione, Engels ha evidenziato il proprio pregiudizio riconoscendo che il contadino tedesco, nel sec. XV, era sì obbligato alle *corvées*, ma per il resto era libero, *de facto* e, in certi territori, anche *de jure*. Engels mise questa nota per mostrare che la libertà goduta dai contadini danubiani non era molto diversa da quella dei contadini tedeschi. E tuttavia egli esprime questo giudizio sostenendo che i contadini tedeschi persero la loro libertà a causa della guerra contro i nobili, per cui essi non avrebbero potuto in alcun modo costituire un'alternativa al capitalismo.

Engels qui ha dimenticato di aggiungere che la sconfitta dei contadini, intenzionati a realizzare un comunismo agricolo, fu determinata, in primo luogo, non tanto dalla resistenza dei nobili, quanto piuttosto dall'appoggio che questi ottennero da parte della borghesia. In Germania la borghesia non riuscì a trovare nei contadini un potente alleato contro la nobiltà, perché sapeva che le loro rivendicazioni erano, sin dall'inizio, anche anti-borghesi.

Inoltre Engels non voleva ammettere la possibilità che, ai suoi tempi, in Russia il movimento anti-capitalistico potesse trovare nel mondo rurale la sua base sociale prioritaria. Il pregiudizio stava appunto nel fatto che per Engels se i contadini tedeschi, che pur erano relativamente liberi, non riuscirono ad opporsi né alla nobiltà né alla borghesia, tanto meno vi sarebbero riusciti quelli russi, per lui molto più asserviti di quelli tedeschi.

Per Marx il modo di produzione feudale delle province rumene era "primitivo", ma non come quello della "forma slava o addirittura indiana", che conoscevano solo la "proprietà comune" (p. 288) e che, per questo, impedivano all'uomo di formarsi come *individuo libero*. Tale giudizio era condiviso anche da Engels.

Per Marx non esiste libertà senza proprietà privata. Nelle province rumene "una parte delle terre era coltivata in forma indipendente dai membri della comunità, quale libera proprietà privata..." (ib.). Era questa proprietà che rendeva "liberi" e non quella "lavorata in comune" per avere un "fondo di riserva", in caso di cattivi raccolti, o una sorta di "tesoro pubblico" col quale sostenere "le spese della guerra, della religione e di altri bisogni della comunità" (ib.).

La crisi di queste comunità sorse - secondo Marx - solo nel momento in cui "dignitari militari ed ecclesiastici usurparono la proprietà comune e allo stesso tempo i servizi che le erano connessi" (ib.). Per Marx la differenziazione della libera proprietà privata dalla proprietà comune non era un indice di regresso della comunità bensì di *progresso*.

Il pregiudizio di Marx nei confronti dei popoli slavi s'accentua proprio laddove egli afferma che fino a quando la "Russia liberatrice del mondo" (detto con ironia) non arrivò nei Balcani, la servitù della gleba era solo di fatto e non di diritto. Fu appunto "col pretesto di abolire la servitù della gleba [che essa] la sollevò a legge" (ib.).

In realtà, rispetto al feudalesimo turco e persiano, quello russo era sicuramente meno devastante, più sviluppato sul piano economico-culturale: non a caso fu accolto, almeno in un primo momento, dai contadini asserviti, come un evento liberatorio. E comunque la Russia intervenne solo *in seguito* alle sollevazioni dei contadini danubiani.[5]

Quanto alle riforme del conte Pavel D. Kisilev, proprio con esse si voleva impedire uno sfruttamento dei contadini assolutamente arbitrario, come appunto avveniva nell'impero turco e persiano. Non solo, ma al conte Kisilev, ch'era ministro del demanio statale, si devono far risalire i tentativi, non riusciti, di mediare le esigenze della nobiltà feudale con quelle dell'emergente ceto dei contadini ricchi, che riceveva dall'erario crediti e aiuti agrotecnici.

Dovendo scegliere fra il *Regolamento organico* del conte Kisilev e i *Factory Acts* inglesi, Marx non ha dubbi: "queste leggi frenano l'im-

---

[5] Su questo tema però bisognerebbe esaminare le opere di Paul H. Stahl, *Terra società miti nei Balcani*, Rubettino, Messina 1993; *Il sangue e la terra: comunità di villaggio e comunità familiari nell'Europa dell'800*, Jaca Book, Milano 1977; *Le radici dell'Europa: il dibattito ottocentesco su comunita di villaggio e familiari*, Jaca Book, Milano 1979; *Antropologia sociale: la proprietà: (XIX e XX secolo)*, Jaca Book, Milano 1997.

pulso del capitale a sfruttare oltre misura le forze lavorative, tramite *la limitazione della giornata lavorativa imposta in nome dello Stato...*" (p. 290), limitazione - precisa Marx - "imposta dalla necessità", quella di permettere alla forza-lavoro di riprodursi.

Ovviamente sarebbe assurdo sostenere che un qualunque "codice feudale" possa essere considerato più "democratico" di una qualunque legislazione statale sulla regolamentazione dell'orario di lavoro nelle fabbriche capitalistiche; e tuttavia non è meno insensato sostenere che mentre attraverso il *Regolamento organico* si faceva di tutto per "sfruttare" il contadino, attraverso i *Factory Acts* invece si cercava d'impedire lo sfruttamento selvaggio degli operai inglesi.

È davvero singolare che uno storico come Marx non abbia compreso come nel primo caso l'osservatore deve dare per scontata la "libertà" dei contadini, mentre nel secondo caso deve dare per scontata la "schiavitù" degli operai. I nobili infatti non avrebbero cercato di fare l'*impossibile* pur di sfruttare i contadini se questi non avessero goduto di una relativa libertà. Viceversa, nei confronti degli operai *tutto il possibile* i capitalisti già l'avevano fatto, per cui agli operai non restava che lottare per avere un minimo di libertà.

Di fatto, il tipo di sfruttamento cui veniva sottoposto il contadino non ha mai conosciuto analoghe forme alienanti, oppressive e distruttive come quelle in cui si caratterizzò lo sfruttamento dell'operaio inglese (poi europeo, americano ecc.) agli albori del capitalismo. Si pensi solo all'impiego massiccio in fabbrica dei bambini, alle tante malattie professionali, alla fame causata dalla disoccupazione, alla breve durata della vita media, ma anche alla stessa intensità della giornata lavorativa, che praticamente conosceva solo le pause previste per il mangiare e il dormire. Le condizioni degli operai inglesi, "liberi cittadini" della loro nazione, non erano molto diverse da quelle degli antichi schiavi del mondo romano o delle civiltà pre-colombiane al tempo di Cortès e Pizarro.

Marx, peraltro, parlando dei *Factory Acts*, li presenta come se fossero nati da un'idea spontanea del governo inglese e non come il frutto della rivendicazione del movimento operaio. La "voce dell'operaio" - sorta a p. 282, per far notare al capitalista, non senza un certo *fair-play*, che la forza-lavoro è una merce che, creando valore aggiunto, va comprata a un prezzo *equo* e usata in un tempo di lavoro *ragionevole* - s'è di nuovo spenta nel corso dell'analisi delle inumane condizioni di lavoro delle fabbriche inglesi.

Praticamente, secondo Marx, è stato "nell'interesse stesso del capitale adottare una giornata *lavorativa normale*" (p. 328), poiché esso s'è accorto che "il prolungamento della giornata di lavoro non produce solo il *deperimento* della forza lavorativa dell'uomo, derubato delle sue normali condizioni fisiche e morali, di sviluppo e di realizzazione. *Essa produce anche l'esaurimento e il precoce spegnersi della forza lavorativa stessa*" (p. 327). Il che, per un capitalista - dice Marx -, dovrebbe essere un controsenso. È vero che "al capitale non interessa nulla *quanto duri la vita della forza lavorativa*" (ib.), ma è anche vero che se questa vita dura troppo poco "si rende necessario un più celere rimpiazzamento degli operai esauriti, perciò si rendono necessari maggiori spese per l'esaurimento della forza lavorativa che si deve riprodurre" (p. 328).

In che cosa consistano queste "maggiori spese" Marx non lo dice chiaramente. Esse non stanno, in effetti, nel *salario*, poiché fino a quando esiste una sovrappopolazione di ex-contadini ed ex-artigiani, i salari saranno tenuti sempre bassi. Esse neppure si riferiscono alla *professionalità* acquisita dall'operaio nel corso dell'attività lavorativa, poiché Marx aveva già escluso in precedenza la possibilità che esistano all'interno della fabbrica operai più importanti di altri, il cui plusvalore sia decisamente superiore. Le "maggiori spese" non consistono neppure nel fatto che se la forza-lavoro muore troppo velocemente, al capitalista restano *invendute* le merci con le quali essa dovrebbe riprodursi: infatti le merci del capitale inglese venivano allora vendute prevalentemente all'estero. Come avrebbero potuto acquistarle coloro che avevano salari da fame?

Secondo Marx le suddette spese si riferiscono semplicemente al fatto che con uno sfruttamento eccessivo si genera "un inevitabile spopolamento" (p. 333), anche se di questo il singolo capitalista non si preoccupa affatto. Le condizioni del neonato capitalismo erano così dure che la rovina più grave era anzitutto quella dell'annientamento fisico dei lavoratori. Oggi condizioni del genere si ritrovano solo in certe zone del Terzo mondo.

In realtà, la riduzione della giornata lavorativa, oltre ad essere stata l'esito di molte battaglie sindacali, è nata anche dal fatto che i capitalisti inglesi non potevano comportarsi in Europa come i loro colleghi negli Stati americani del sud, ove gli schiavi (già al tempo degli spagnoli) potevano essere tranquillamente rimpiazzati dalle riserve africane. La *cultura* euroccidentale, per quanto cinica fosse, non avrebbe permesso un trattamento analogo sui propri cittadini, anche se poi, alla resa dei conti, tra lo sfruttamento del libero operaio inglese e quello dello schiavo negro afroamericano la differenza era minima.

Viceversa, per Marx l'adozione di una giornata lavorativa normale è dipesa principalmente dal fatto che la "libera concorrenza" dei capitalisti ha determinato "*un intervento coercitivo dello Stato*", nel senso che alla volontà dei singoli capitalisti di sfruttare *ad libitum*, si sono opposte "*le leggi immanenti della produzione capitalistica* come *leggi coercitive esterne*" (p. 334). Cioè a dire, quelle stesse ragioni che avevano portato il capitalista a distruggere il genere umano, per realizzare un profitto, lo hanno altresì portato a conservarlo per realizzare il medesimo profitto. A questo punto però diventa pura retorica sostenere - come fa Marx - che "*lo stabilirsi della giornata lavorativa normale è il risultato di una lotta di più secoli tra capitalista e operaio*" (p. 335).

Dalla sua analisi si può dedurre solo una motivazione alla nascita dei *Factory Acts*: evitare la strage dei lavoratori, o quanto meno che dalla loro degenerazione psico-fisica si abbiano delle ricadute negative sul piano del profitto economico. Una motivazione, questa, che appare chiaramente di ripiego, conseguente al fatto che i capitalisti inglesi non potevano sfruttare la manodopera salariata con la *stessa libertà* dei piantatori di cotone americani.

Considerare la legislazione sulle fabbriche inglesi del sec. XIX come più "democratica" rispetto agli statuti del lavoro inglesi dei secoli XIV-XVIII, semplicemente perché qui si cercava di "prolungare" la giornata lavorativa, mentre là si cerca di "abbreviarla", significa non avere un elevato senso di *storicità* (cioè di *obiettività*) delle cose.

Nei secoli XIV-XV avvenne in Inghilterra, a causa della nascita dei rapporti mercantili-monetari, il tentativo da parte del ceto feudale e imprenditoriale di costringere i contadini e gli operai salariati a produrre più *corvées* o ad accettare bassi salari. Cioè la coercizione extra-economica era dettata da fattori *esogeni*, che non dipendevano dall'economia feudale in sé, per quanto proprio le contraddizioni del servaggio inducessero molti a cercare delle alternative nei commerci e nell'attività imprenditoriale a scopo di lucro.

Viceversa, nel secolo di Marx il capitalismo è stato costretto a diminuire il tempo della giornata di lavoro a causa degli squilibri ch'*esso stesso* aveva provocato, e non perché da qualche altra parte esistesse un modo di produzione alternativo che con tutti i mezzi cercava di farsi strada.

"Occorrono dei secoli - dice Marx -, affinché il 'libero' lavoratore, in seguito allo sviluppo del modo di produzione capitalistico, si adatti *di propria volontà*, cioè affinché sia socialmente costretto a vendere per il prezzo dei suoi normali mezzi di sussistenza *tutto il periodo attivo della propria vita...*" (p. 335). Ciò è vero, ma è singolare che qui Marx faccia coincidere la *necessità sociale* di vendere sul mercato la propria forza-lavoro con la *libera volontà* di farlo. È forse mai esistito un momento, nella storia del capitalismo, in cui la forza-lavoro si sia venduta sul mercato *soddisfatta di sé*, cioè nella consapevolezza che in tal modo essa avrebbe sicuramente e definitivamente superato i limiti del modo di produzione pre-capitalistico? Limitandosi ad osservare la resistenza degli operai al capitalismo, Marx non è mai riuscito ad accorgersi di quella del mondo contadino.

"Non appena la classe operaia, frastornata dal fracasso della produzione, cominciò in qualche maniera a riaversi, dette inizio alla sua resistenza..." (pp. 346-7). "Frastornata dal fracasso della produzione"? In realtà il contadino era diventato operaio dopo che per secoli aveva disperatamente lottato contro il capitale. Sì, era "frastornato", ma per essere uscito pesantemente sconfitto da quella guerra. Sconfitta dovuta - qui ha ragione Marx - al proprio "isolamento": "il lavoratore *isolato*, il lavoratore quale 'libero' venditore della propria forza lavorativa, soccombe irrimediabilmente quando la produzione capitalistica è giunta a un certo livello di maturità" (p. 375). Solo che tale "isolamento" - e questo Marx non l'avrebbe mai ammesso - non era affatto una caratteristica della società agricola, ma una *conseguenza* del capitalismo (nelle campagne).

Il fatto che, dopo essersi "riavuto", il contadino, in qualità di "operaio", abbia ricominciato a lottare contro il capitale, esigendo *almeno* una giornata lavorativa *normale*, ci aiuta senz'altro a capire lo scarso livello di consapevolezza politica del "mondo" che aveva lasciato, ma non ci autorizza a pensare che non vi fu alcuna forma di "resistenza" prima del lavoro in fabbrica. Non foss'altro perché proprio questo tipo di rivendicazione viene considerata, dallo stesso Marx, come il *primo esempio* di lotta operaia contro il capitale.

Ciò che più stupisce però è che Marx, dopo aver fatto un elenco incredibile di casi in cui il capitalismo mostra tutta la propria disumanità, considera l'adozione di una giornata lavorativa normale (il *Bill delle 10 ore* del movimento cartista) come una misura convincente per la risoluzione del problema dello sfruttamento capitalistico, quando tale riduzione - a detta dello stesso Marx - *tornava utile proprio al capitalismo!* Marx qui sembra farsi portavoce non degli interessi del proletariato, ma della borghesia imprenditoriale più progressista o più illuminata, la cui "scienza economica" aveva superato i limiti individualistici dell'economia politica classica (che portavano alla figura del "capitalista-vampiro").

Quale borghesia, infatti, non ha accettato il *Bill delle 10 ore*? Quella più ottusa e rapace, quella che si è difesa riducendo i salari del 10%, ripristinando il lavoro notturno, eliminando gli intervalli legali per i pasti ecc., quella che ha provocato la disfatta del partito cartista, mettendo al bando la classe operaia: in sostanza quella stessa borghesia che *alla fine* ha dovuto adattarsi all'inevitabile, mettendosi "l'animo in pace" (p.

371).

La prima edizione del *Capitale* è stata scritta nel 1867. Marx può qui costatare che dopo il 1860 "la forza di resistenza del capitale s'andava gradualmente indebolendo, mentre allo stesso tempo la forza d'urto della classe operaia s'ingrandiva col numero degli alleati che s'era procurata negli strati della società che non erano interessati direttamente" (ib.). E così "si verificò un progresso relativamente rapido" (ib.).

Senza saperlo, Marx stava assistendo al passaggio del capitalismo dalla fase concorrenziale a quella monopolistica e imperialistica. Purtroppo egli non s'era reso conto come al miglioramento delle condizioni lavorative degli operai inglesi, dopo il 1860, avesse fatto seguito il netto peggioramento delle condizioni lavorative del sottoproletariato delle colonie inglesi. A suo parere, il progresso era avvenuto perché il capitale aveva accettato i propri limiti, permettendo alla lotta di classe di conseguire i suoi obiettivi. Infatti, anche se negli Stati Uniti il movimento operaio stava già lottando per una giornata lavorativa di 8 ore, il problema di far passare una posizione di principio il proletariato europeo l'aveva risolto: "è impossibile riuscire a compiere ulteriori avanzamenti verso la riforma della società, se dapprima non viene limitata la giornata lavorativa e non viene imposta obbligatoriamente l'osservanza della limitazione stabilita" (parole dell'ispettore di fabbrica inglese, R. J. Saunders, fatte proprie da Marx, p. 379).

In sé la considerazione era giusta. Il guaio però è che l'analisi di Marx, in questo capitolo, si ferma qui, lasciando così credere che la transizione al socialismo potesse avvenire in maniera graduale, di riforma in riforma. Con ciò, in sostanza, non si riesce a intravedere la consapevolezza che le riforme solo utili solo se aiutano gli operai ad acquisire quella maturità politica sufficiente a capire che una riforma senza rivoluzione non fa che perpetuare, razionalizzandola, la loro condizione di schiavitù salariata.

*

Marx conclude la III sezione, dedicata al plusvalore assoluto, sintetizzando nel cap. IX i risultati fin qui raggiunti. L'argomento in questione è il *saggio* e la *massa* del plusvalore. La determinazione del saggio del plusvalore, partendo dal valore *costante* della forza-lavoro, nonché dalla grandezza *costante* della giornata lavorativa, appare, nell'analisi di Marx, come un'operazione matematica relativamente facile, ed in effetti lo è, se si considera la forza-lavoro e la giornata lavorativa in una maniera *astratta*.

In realtà, né l'una né l'altra sono costanti, ma sempre soggette a un movimento reciprocamente opposto. Il capitalismo è come un letto di Procuste che incessantemente cerca di diminuire il valore della forza-lavoro e di allungare il tempo di lavoro per estorcere plusvalore. In tal senso, stabilire con gli strumenti della matematica un saggio *regolare* del plusvalore è quanto di più inutile si possa fare. Il calcolo razionale, economico, può avere una qualche ragione scientifica solo in un contesto sociale ove la produzione sia tenuta sotto controllo dagli stessi produttori e consumatori.

Anche nei confronti della *massa* del plusvalore, Marx è costretto a ipotizzare un valore *medio* della forza-lavoro, ovvero un operaio *medio*, che nella realtà non esiste. Il concetto di "operaio medio" poteva andar bene agli albori del capitalismo industriale, ma da tempo non ha più senso, sia perché i contratti si fanno sempre più per categoria, sia perché esistono categorie di operai che vengono considerate privilegiate rispetto ad altre categorie, proprio perché coinvolte in settori produttivi strategici.

Si può parlare di "valore medio" in riferimento a una singola unità produttiva, ove gli operai fanno cose equivalenti. Ma appena ci si allontana dalle mansioni prevalentemente manuali e ci si avvicina a quelle intellettuali, ecco che il concetto di "valore medio" perde di ogni significato, e non solo mettendo a confronto le due diverse mansioni, ma anche all'interno della mansione intellettuale, ove la possibilità, per un tecnico, di distinguersi da un collega è assai maggiore di quella che può avere un operaio nei riguardi di altri operai. Persino tra quest'ultimi la possibilità di distinguersi è strettamente correlata all'applicazione di un ragionamento logico-funzionale a mansioni standardizzate, cioè ripetitive, al fine di modificarle in maniera creativa. La possibilità di modificare il valore delle cose, trasformandolo, è prerogativa della forza-lavoro appunto in questo senso, che è poi quello che frena il desiderio del capitalista di sostituire *in toto* l'operaio con la macchina.

Ciò ovviamente non significa che esiste la possibilità, nell'ambito del capitalismo, di pagare l'operaio o il tecnico per il plusvalore che produce. La forza del capitalismo sta proprio nella capacità che ha di estorcere un plusvalore maggiore sfruttando le doti *intellettuali* dei lavoratori.

Dunque è impossibile determinare il saggio *medio* del plusvalore *nel lungo periodo*. Non solo per le ragioni viste sopra, ma anche perché, sotto il capitalismo, nessun imprenditore può mai controllare al 100% le condizioni del mercato. Un capitalista avrebbe tutto l'interesse ad avere valori *costanti* che gli permettessero di realizzare un determinato profitto *costantemente*, ma siccome sa quanto ciò sia *relativo*, egli preferisce, anche in regime di monopolio, fidarsi dei risultati immediati, per i quali l'uso di ogni mezzo gli pare giustificato. Temendo l'incostanza del plusvalore, egli cerca di estorcerne, nel breve periodo, quanto più possibile.

Con la sua analisi economica, Marx ha offerto al capitalista l'illusione di poter razionalizzare il processo produttivo, evitando sprechi e investimenti sbagliati. Ma in tal modo egli non ha fatto che insegnare ai capitalisti come sfruttare al meglio gli operai. A forza di parlare dei "limiti tecnici" della produzione capitalistica, egli ha finito col proporre delle soluzioni che gli stessi capitalisti non potevano trovare che alquanto vantaggiose.

In tal senso, le tre leggi ch'egli delinea nel cap. IX, e che qui non val neppure la pena di esaminare, relativamente ai rapporti tra saggio e massa del plusvalore, numero degli operai e grandezza della giornata lavorativa, fanno certo più "comodo" al capitalista che all'operaio. Quale operaio, infatti, potrà esultare sapendo che "l'*offerta di lavoro* che il capitale può estorcere diviene indipendente dalla *offerta di operai*" (p. 384)? Quale operaio potrà mai consolarsi sapendo che tale estorsione non può avvenire oltre "certi limiti"? Non si fa forse un favore al capitalista spiegandogli nel dettaglio il modo in cui può ovviare al peso di questi "limiti"? Non è singolare che sia stato proprio Marx a mostrare ai capitalisti come per ottenere maggiore plusvalore bisogna puntare di più sul capitale variabile e meno su quello costante?

All'operaio, in sostanza, non resta che prendere atto di un'amara verità: "*non è più l'operaio che adopera i mezzi di produzione, ma sono i mezzi di produzione che adoperano l'operaio*. Piuttosto che essere consumati da lui come elementi materiali della sua attività produttiva, essi consumano lui come fermento del loro processo vitale, e il processo vitale del capitale non è altro che il suo movimento di *valore che valorizza se stesso*" (p. 392).

A questo punto, come non rimpiangere quell'epoca in cui "le corporazioni medievali cercavano d'impedire con la forza la trasformazione del maestro artigiano in capitalista, limitando a un *massimo* assai ristretto il numero dei lavoratori che il singolo maestro aveva il diritto di occupare" (p. 390)?

Qui però Marx ha ragione: piuttosto che un capitalismo "strozzato" è meglio un capitalismo "libero", anche perché il primo sarebbe destinato con certezza ad essere superato dal secondo. Il fatto è che Marx, ogni volta che mette a confronto capitalismo e feudalesimo, riporta sempre degli esempi a favore del capitalismo. Questo accade perché egli intende riferirsi sempre al "basso Medioevo", allorché le pressioni del capitalismo commerciale erano già così forti da indurre, ad es., le autorità corporative a reagire con la forza. Marx non vede in tale "reazione" il tentativo di salvare un *ideale*, ma il tentativo di comprimere la *libertà*.

Marx non ha mai analizzato il momento di passaggio dall'*alto* al *basso* Medioevo, cioè la transizione dall'economia di autoconsumo alla lotta di tale economia contro quella basata sullo scambio. Non a caso egli considera la nascita del capitalismo come una semplice conseguenza della possibilità, da parte del possessore di denaro o di merci, di anticipare una somma minima per la produzione, che superasse di molto il massimo medievale consentito. E qui Marx si avvale della legge hegeliana, secondo cui "variazioni meramente *quantitative*, giunte ad un certo grado, si riducono a differenze *qualitative*" (p. 390). Legge che, in ultima istanza, rifiuta di prendere in considerazione proprio il valore della *libertà*.

Esiste forse qualche legge cieca della storia "che obbliga la classe operaia ad effettuare un lavoro maggiore di quello che richiede la ristretta cerchia dei suoi bisogni essenziali" (p. 392)? Marx ovviamente risponderebbe di no, ma perché allora considerare "ristretti" i "bisogni essenziali"? Forse grazie al fatto che il capitalismo "supera in energia, smodatezza ed efficacia tutti i precedenti sistemi di produzione basandosi sul *diretto lavoro forzato*" (ib.), i suddetti bisogni si sono fatti meno "ristretti"?

Il plusvalore relativo

Il cap. X apre la IV sezione, invece di chiudere la III, come avrebbe tranquillamente potuto fare senza danneggiare l'architettura del *Capitale*, proprio perché questo capitolo ha la funzione d'introdurre il discorso sul macchinismo e la rivoluzione tecnologica e industriale vera e propria.

Il plusvalore relativo è infatti quello estorto sulla base della *modificazione del processo lavorativo*, in senso strutturale, e non più sulla base del prolungamento della giornata lavorativa: cosa, quest'ultima, che nell'analisi di Marx non implica un mutamento sostanziale nell'uso della tecnologia tradizionale. "In un primo momento il capitale sottomette il lavoro nelle condizioni tecniche, date dallo svolgimento storico, in cui lo trova. Per questo non modifica subito il modo di produzione" (p. 392).

Già abbiamo detto, a tale proposito, che, a nostro avviso, non si può parlare di "capitalismo moderno" se non si presuppone un diverso modo di usare la "figura tramandata storicamente" del processo lavorativo (p. 399). Il capitalismo non nasce solo come trasformazione del denaro in capitale, ma anche, contemporaneamente, come trasformazione del lavoratore in uno strumento "vivo" che deve innestarsi in altri strumenti tecnici lavorativi. Per Marx invece la "*rivoluzione* nelle *condizioni di produzione*" (p. 398), ovvero l'aumento della forza produttiva del lavoro, avviene solo *dopo* che il capitalista ha costatato l'impossibilità (a causa della legislazione statale) di prolungare la giornata lavorativa.

Il sorgere del plusvalore relativo è in realtà una *conseguenza* delle lotte operaie per la riduzione della giornata lavorativa; è cioè uno dei modi del capitale di riprendersi quello che era stato costretto a cedere in precedenza. Marx non la vede così, perché nella sua analisi il plusvalore relativo è soltanto un *altro modo* che il capitalista ha di sfruttare l'operaio. È anzi il modo più intelligente, più razionale, poiché nel mentre si potenzia la forza produttiva del lavoro, si diminuisce il valore della forza-lavoro.

Il valore della forza-lavoro - Marx non si stanca mai di ripeterlo - è pari al tempo di lavoro necessario che occorre per riprodurlo. "Supponendo che un'ora di lavoro si esprime nella massa d'oro di mezzo scellino, ossia 6 pence, e che il valore della forza lavorativa è di 5 scellini per ogni giorno, l'operaio deve lavorare 10 ore al giorno per rimpiazzare questo valore giornaliero della sua forza lavorativa pagatagli dal capitale..." (p. 396)

Quanto poco "valore" abbia la definizione di Marx circa il "valore" della forza-lavoro, in un contesto capitalistico, è determinato, in questo caso, anche dall'esempio astratto ch'egli ha proposto. In effetti, se la forza-lavoro fosse pagata "in natura", sarebbe immediatamente evidente la corrispondenza reale o illusoria tra il suo valore e il salario ricevuto. Siccome però essa viene pagata in denaro, tale corrispondenza diventa automaticamente molto *relativa* (anche prescindendo dal plusvalore non retribuito).

L'uso del denaro come equivalente universale, imposto dalla classe capitalistica, comporta una forma ulteriore di sfruttamento della manodopera salariata. Nel senso che solo astrattamente noi possiamo ipotizzare che col salario ricevuto la forza-lavoro è in grado di riprodursi. Concretamente infatti il "salario reale" è cosa assai diversa da quello "nominale", poiché il capitalista può sempre far leva, più o meno arbitrariamente, sul rincaro dei prezzi dei beni di prima necessità. Dice Marx: "qualora sia determinato il valore dei mezzi di sussistenza, è determinato anche il valore della forza lavorativa" (p. 396). Ebbene, se nel capitalismo c'è qualcosa di altamente "indeterminato", questo è proprio il valore dei mezzi di sussistenza.

Paradossalmente, neppure l'operaio sa quale sia l'esatto valore della sua forza-lavoro, poiché non può fare riferimento, sul mercato, a una stabilità di *lunga durata* dei prezzi che maggiormente gli interessano. Egli, in sostanza, al momento della contrattazione, può decidere solo in maniera approssimativa il salario da chiedere. E se è abituato a prendere bassi salari, egli, adeguando la propria vita a quelli già ricevuti, si convincerà che per sopravvivere non ha bisogno di un salario molto più elevato. Tale convinzione ovviamente viene meno quando i prezzi lo portano ai limiti della sopravvivenza.

Gli stessi prezzi rincarati, tuttavia, pur non portando un impiegato statale verso la medesima soglia di povertà, indurranno quest'ultimo a chiedere l'aumento dello stipendio, anche se, prima della richiesta, esso fosse già il doppio del salario dell'operaio. Dunque, pur con due retribuzioni molto diverse, sia l'operaio che l'impiegato lotteranno, a livello sindacale, perché la propria forza-lavoro venga pagata al suo valore, cioè per non scendere al di sotto di quello che entrambi, con due metri di misura diversi, considerano il "minimo vitale".

Ecco perché una politica che si limita alla contrattazione sindacale lascia, alla lunga, il tempo che trova. Non foss'altro che per una ragione: gli aumenti retributivi che i sindacati riescono a strappare in favore di una categoria sociale, vengono pagati con i bassi salari di un'altra categoria sociale (ivi incluse quelle del Terzo mondo). Non solo, ma se gli operai prendono dei salari da fame, mentre le altre categorie di lavoratori, rispetto a quei salari, prendono degli stipendi discreti o almeno sufficienti, sul mercato i prezzi si rapportano a questi stipendi e non a quei salari, per cui la classe operaia non viene sfruttata solo dai capitalisti, ma, indirettamente, anche dagli impiegati.

Per Marx, al contrario, "contribuiscono al ribassamento del valore della forza lavorativa l'aumento della forza produttiva e la conseguente *riduzione di prezzo delle merci* nelle industrie che forniscono gli elementi materiali del capitale *costante*, vale a dire i mezzi e i materiali di lavoro per la produzione dei mezzi di sussistenza necessari" (p. 399). Cioè a dire, il valore della forza-lavoro diminuisce se calano i prezzi dei beni di prima necessità e i prezzi dei mezzi produttivi che occorrono per questi beni.

Il ragionamento di Marx, di tipo matematico, ha valore solo in quanto *astratto*. Se le merci calano di valore perché per produrle occorre meno tempo di lavoro, per lui diventa una conseguenza logica che cali di valore anche la merce per eccellenza che le produce: la forza-lavoro. Anche se il salario "nominale" resta uguale, il capitalista realizza un maggiore plusvalore, poiché è diminuito il salario "reale".

Qui non si discute il valore di questo ragionamento, ma semplicemente il fatto che il valore della forza-lavoro diminuisca solo perché diminuisce il valore delle merci di prima necessità e dei mezzi per produrle. Il realtà il valore della forza-lavoro diminuisce *anche* perché, dopo essersi conquistato un mercato più grande in virtù della riduzione dei prezzi di quelle merci necessarie, il capitalista, ottenuto il monopolio, si sente *libero* di alzare i prezzi delle merci (necessarie e facoltative) mantenendo inalterato il salario nominale dell'operaio. Cioè egli cercherà di strappare il massimo guadagno possibile facendo leva, in un secondo momento, proprio sul rincaro dei prezzi, tenendo sotto pressione i salari e gli stipendi con i quali i lavoratori devono comunque essere in grado di acquistare determinate merci.

Inoltre Marx, insistendo nell'equiparare il valore della forza-lavoro al valore dei mezzi necessari alla sua riproduzione, non si rende conto che nel capitalismo questa equiparazione, alla lunga, non ha alcun significato, poiché in assoluto non può essere vero che "l'aumento della forza produttiva non modifica affatto il valore della forza lavorativa nei rami della produzione che non forniscono né mezzi di sussistenza necessari, né mezzi di produzione adatti alla loro fabbricazione" (p. 399).

L'uso di un'analisi astratta ha portato Marx a credere che nel capitalismo l'imprenditore sia indotto a dare più peso alle cose necessarie alla riproduzione della forza-lavoro, che è poi quella che gli permette di realizzare il plusvalore. In realtà, una convinzione del genere il capitalista poteva averla solo agli albori del capitalismo. Infatti, appena egli si è impadronito, non tanto come individuo singolo ma come *classe sociale*, dei mezzi che producono i beni di prima necessità, il suo interesse, questa volta di *individuo singolo* (che può permettersi di fare certi investimenti, anche con l'aiuto dello Stato), verte prevalentemente su quelle merci che gli permettono il massimo valore aggiunto. Tanto è vero che la produzione dei beni alimentari di prima necessità viene affidata alle multinazionali presenti nel Terzo Mondo, mentre quelle a livello nazionale rischiano sempre di collassare a causa di una concorrenza impossibile da sostenere.

Di conseguenza l'operaio che produce merci non strettamente necessarie ma di alto valore tecnologico (ad es. un automobile o un computer), pur avendo, in proporzione al valore della sua merce, un salario assai ridotto, risulterà comunque un "privilegiato" rispetto all'operaio che produce altri beni, inclusi quelli cosiddetti "necessari" alla sua riproduzione, benché questo operaio prenda un salario più proporzionato al valore dei beni prodotti. Marx non poteva immaginare che il capitalismo, una volta diventato "sistema dominante", sarebbe caduto in contraddizioni sempre più assurde; però poteva evitare di perdere del tempo prezioso ad analizzare delle contraddizioni che per essere risolte devono soltanto essere superate *politicamente*.

Il valore *sociale* di una merce, nel capitalismo maturo, non è più costituito "dal tempo di lavoro necessario socialmente per la sua produzione" (p. 402), bensì dalla volontà del capitalista, che detiene il monopolio in un ramo industriale, di trasformare in "sociale" il valore *individuale* di una determinata merce. Per farlo egli si avvale della forza produttiva del lavoro, la quale, potenziandosi o specializzandosi ulteriormente, può ridurre i costi di una singola merce, poiché "il *valore delle merci* è in *ragione inversa della forza produttiva del lavoro*" (p. 404). Ma, una volta realizzata tale riduzione, al capitalista non resta che innescare quei meccanismi di persuasione (pubblicità ecc.) utili a far diventare un prodotto individuale di costo medio o medio-basso un prodotto *sociale* a costo elevato.

In regime di monopolio il costo effettivo di certe merci fabbricate con tecnologie sofisticate è di molto inferiore a quello che l'imprenditore realizza sul mercato. Perché il costo di queste merci si ribassi occorre che sul mercato si affacci un altro monopolista di forza equivalente. Ma anche in questo caso la nozione di "tempo lavorativo socialmente necessario" continua a non avere senso, poiché la *necessità* si riduce qui a un confronto di due colossi, non avendo nulla a che fare con le esigenze reali dei consumatori.

Il capitalista quindi, nella fase monopolistica, non sente affatto "l'obbligo di vendere la propria merce a un valore *minore* di quello sociale..." (p. 404), per realizzare (col maggior numero di merci vendute) un profitto maggiore. La sua esigenza in realtà è un'altra: quella di diminuire il valore *individuale* della merce aumentandone nel contempo, in maniera arbitraria, finché gli è possibile, il suo valore *sociale*. Questo perché "il *valore assoluto* della merce, considerato in se stesso, è indifferente al capitalista che la produce. A lui non interessa altro che il plusvalore racchiuso nella merce e che può realizzare con la vendita" (p. 405).

Marx non ha saputo trarre le conseguenze più estreme da questa sua pur giusta conclusione. Se al capitalista interessa unicamente il plusvalore, egli cercherà di realizzarlo non solo nel momento della produzione, ma anche in ogni altra fase del processo economico (dall'acquisizione della materia prima alla distribuzione del prodotto finito).

Quindi, quel capitalista che, "intento unicamente alla produzione di valori di scambio, cerca in continuazione di far scendere il valore di scambio delle merci" (pp. 405-6), sarebbe uno stupido se, dopo essersi in tal modo creato uno spazio sul mercato, non *alzasse* il valore di scambio delle sue merci. Infatti, dal momento in cui egli ha cercato d'imporsi al momento in cui vi è riuscito, egli si sarà dotato di mezzi sufficienti per difendersi dalle rivendicazioni operaie di maggiori salari.

Sarà stato lo stesso operaio che, non avendo reagito subito, politicamente, al proprio sfruttamento, avrà dato al capitalista la possibilità di potenziare economicamente le proprie risorse, parte delle quali potranno essere spese per allestire un sistema poliziesco con cui tenere sotto controllo il movimento operaio.

Ecco perché l'operaio, nel momento stesso in cui accetta una riconversione tecnologica dei mezzi produttivi, dovrebbe esigere, nello stesso momento (come minimo), un aumento sostanzioso del proprio salario, evitando di lasciarsi intrappolare nel ricatto del capitale per il quale con gli aumenti salariali non ci può essere ristrutturazione e senza questa c'è disoccupazione. Di fronte al persistere di un ricatto del genere, l'operaio dovrebbe reagire non sindacalmente ma politicamente.

A volte insomma si ha l'impressione che il capitalista descritto da Marx sia un individuo tenuto a rispettare le regole di un proprio galateo (beninteso "da vampiro"), ovvero che la "libera concorrenza" sia una legge che, rispettando certe condizioni, potrebbe anche funzionare. In realtà, il capitalista non si sente tenuto a rispettare altra regola che quella del *massimo profitto col minimo sforzo*.

Con un ultimo esempio cercheremo di dimostrarlo. Il capitalista, sapendo benissimo che, oltre un certo limite di tempo, la macchina, a causa del logorio, non può più trasmettere lo stesso valore alla merce, non si pone soltanto il problema di come sfruttare meglio la forza-lavoro nel momento della produzione, ma si pone anche il problema di come sfruttarla meglio nel momento della commercializzazione del prodotto. La macchina cioè deve essere sfruttata al massimo anche per "ingannare" il mercato (il che può comportare dei rischi solo se non si fruisce di una posizione monopolistica). Ingannare il mercato significa appunto produrre falsi bisogni, beni che hanno solo un valore effimero, apparente, o il cui valore di scambio è del tutto sproporzionato al loro effettivo valore d'uso. Oggi questa è una strada non meno praticata di quella che vede le aziende produrre beni di qualità, limitando al massimo le rivendicazioni salariali.

Tre fasi nello sviluppo della produzione capitalistica

Analizzando la produzione del plusvalore relativo, Marx delineò le tre fasi storiche fondamentali che hanno caratterizzato l'aumento della produttività del lavoro nel capitalismo e che quindi hanno portato all'aumento del plusvalore relativo: 1) cooperazione semplice, 2) manifattura, 3) macchine e grande industria.

1) La produzione capitalistica ha inizio nel momento in cui un solo capitalista occupa contemporaneamente, secondo un piano, più ope-

rai che fanno lavori simili, in uno stesso processo produttivo o in processi differenti ma connessi: è la **cooperazione semplice**.

Questa forma di cooperazione del lavoro era conosciuta anche nelle società schiavistica e feudale. La differenza - dice Marx - sta, per il contenuto materiale, nelle dimensioni. Nel senso cioè che il grande volume di capitali impiegati dai capitalisti permette di assumere nello stesso tempo un'ingente massa di forza-lavoro, di concentrare fortemente i mezzi produttivi e di realizzare un notevole volume di produzione.

Mentre, per quanto riguarda il contenuto socio-economico, la differenza sta nel ricorso alla manodopera salariata: il che presuppone la *libertà giuridica* del lavoratore.

La cooperazione da un lato si basa sulla divisione del lavoro, dall'altro essa ne accentua le forme. Infatti il lavoro individuale di ogni operaio diventa una frazione minima del lavoro complessivo: è appunto così che il lavoro, divenendo sociale, aumenta la propria produttività. L'aumento dipende anche dal fatto che tra operai salariati si sviluppa l'emulazione, la competizione.

Altri vantaggi della cooperazione (che, sotto il capitalismo, riguardano anzitutto l'imprenditore privato) sono: si risparmia sui mezzi produttivi impiegati in modo congiunto; si riduce il tempo di lavoro necessario per produrre una merce; si abbassa il valore della forza-lavoro, poiché il tempo dell'apprendistato è minimo.

La cooperazione del lavoro è esistita anche nel comunismo primitivo, ma qui i mezzi produttivi appartenevano a tutti i lavoratori, per cui la cooperazione era libera e i suoi frutti erano equamente divisi.

Marx non indica un periodo preciso in cui si svolge la cooperazione semplice capitalistica, perché, se l'avesse fatto, sarebbe stato facilmente contestato sul piano dell'analisi storica. Egli infatti contrappone tale cooperazione al lavoro isolato, individualistico, dell'artigiano, che in realtà non è mai esistito, essendo esso piuttosto il frutto di una società già fondamentalmente "borghese".

Nel basso Medioevo l'artigiano poteva anche essere relativamente isolato sul piano economico, in quanto, al massimo, egli poteva disporre di apprendisti e garzoni, non di un'officina di grandi dimensioni. Tuttavia questo isolamento era il frutto di una "decisione comune", che serviva per impedire la concorrenza sleale e la formazione dei monopoli.

L'artigiano medievale viveva il senso del collettivo sia in maniera professionale (oggi diremmo "sindacale"), attraverso le corporazioni di arti e mestieri, sia in maniera politica, partecipando attivamente alla vita della città, sia in maniera sociale, tenendosi costantemente in contatto con l'ambiente rurale. La corporazione difendeva l'artigiano persino sul piano militare.

Parlando della cooperazione semplice, Marx ha tralasciato quella della manifattura sparsa, cioè del lavoro a domicilio che vari artigiani svolgevano su commissione di un commerciante che dava loro la materia prima e acquistava il prodotto finito.

2) Diversamente dalla semplice cooperazione, la **manifattura** può essere datata in modo preciso, perché essa ha riguardato contemporaneamente molti Paesi euroccidentali: dalla metà circa del XVI sec. alla seconda metà del XVIII.

Con questo termine s'intende una cooperazione capitalistica in un'officina di lavoratori di diverse specialità, legati da operazioni consecutive, in grado di fare un prodotto relativamente complesso, ma s'intende anche la cooperazione in un'officina di artigiani della stessa specialità, le cui operazioni vengono suddivise fra diversi lavoratori. L'operaio si specializza in un'operazione definita, particolare, e si trasforma così in operaio parziale, impossibilitato a produrre in modo autonomo una merce, ma capace di affinare le proprie abilità.

La differenza dalla cooperazione semplice sta nel fatto che ora gli strumenti di lavoro sono differenziati e perfezionati: il che permette una diminuzione di tempo nel passaggio da un'operazione all'altra. L'operaio però s'impoverisce intellettualmente, perché svolge mansioni noiose e ripetitive, si affatica di più.

Compaiono i primi elementi tecnico-scientifici della produzione meccanizzata. Gli artigiani vanno in rovina, anche se non completamente, almeno fino a quando la produzione non sarà del tutto meccanizzata.

In questo senso si potrebbe dire che il vero capitalismo, quello che rende irreversibile il modo di produzione capitalistico (se non interviene un fattore politico contrario), è solo quello manifatturiero, cioè quello che costringe definitivamente il lavoratore autonomo ad abbandonare i suoi mezzi produttivi per diventare operaio salariato all'interno di una fabbrica (qui s'intende la manifattura centralizzata, non quella sparsa, che è esistita anche in Italia). Finché non esiste questa forma di capitalismo, il suo futuro non è economicamente assicurato.

Lo dimostra quanto è accaduto in Italia dopo il '500. Il paese più ricco del mondo, sul piano del capitalismo commerciale, è diventato, di fronte al capitalismo manifatturiero di altre nazioni europee, il più povero, a testimonianza che la semplice emancipazione dei servi della gleba non è una garanzia sufficiente per il successo del capitalismo: occorre anche che il lavoratore indipendente venga rovinato dalla concorrenza dei prodotti industriali e costretto a trasformarsi in salariato.

Nessuno può contestare il fatto che dopo lo sviluppo della manifattura mai alcun Paese è tornato "indietro", neanche quelli che con le due guerre mondiali subirono delle spaventose devastazioni. Naturalmente non ci si può dimenticare di sottolineare che lo sviluppo della manifattura è andato di pari passo con quello della tecnologia. Il capitalismo ha potuto definitivamente vincere il feudalesimo solo perché seppe concentrare i suoi massimi sforzi nella realizzazione di potenti macchinari, il cui uso permetteva una produzione estremamente vantaggiosa.

I Paesi est-europei che passarono dal capitalismo al socialismo, pur avendo a che fare immediatamente con la fase del capitalismo industriale avanzato, riuscirono a liberarsene perché non avevano sperimentato per secoli la fase del capitalismo commerciale e manifatturiero. La resistenza morale e materiale del feudalesimo era stata troppo forte.

Inoltre essi, superando politicamente il capitalismo industriale, lo fecero coll'intenzione di andare "avanti", verso una società che avrebbe utilizzato la scienza e la tecnica occidentali, i capitali e i macchinari a vantaggio dell'intera collettività. Nessuno dei Paesi est-europei pensò di restare "feudale", anche perché la stessa formazione del capitalismo, in questi Paesi, era di per sé un segno che il feudalesimo, come sistema sociale, aveva esaurito il proprio ruolo storico.

Oggi tuttavia ci si è resi conto, in questi Paesi, che la costruzione del socialismo non può assolutamente avvenire utilizzando le forme del capitalismo, neppure svuotandole del loro contenuto antagonistico (ciò che d'altra parte il *Capitale* suggeriva di fare). Ad es. il primato concesso all'industria (specie a quella pesante) ha portato tutte le società socialiste al fallimento. La Cina ha saputo evitare questo rischio, ma solo perché, con il maoismo, aveva imposto il primato dell'agricoltura. Oggi l'illusione cinese, dopo il fallimento del maoismo, è quella di poter controllare politicamente uno sviluppo economico che in parte si vuole capitalistico. Ancora una volta l'obiettivo di realizzare un socialismo democratico, in politica e in economia, resta lontano.

In Occidente il crollo del capitalismo non è avvenuto perché il colonialismo e il neocolonialismo hanno saputo scongiurarlo, ma è solo questione di tempo. La minaccia del crollo del capitalismo occidentale sarà tanto più forte quanto più forte sarà l'emancipazione economica dei Paesi del Terzo Mondo.

Un socialismo veramente democratico non può non impegnarsi attivamente per l'affermazione dell'agricoltura, per l'autogestione della produzione e per l'unificazione di città e campagna.

*

Se si guarda lo sviluppo del capitalismo, pensando, con soddisfazione, che in virtù delle contraddizioni scaturite da tale sviluppo, è potuto nascere il socialismo, si farà sempre un grave torto alle formazioni pre-capitalistiche, e soprattutto non ci si potrà mai mettere nella condizione giusta per poter capire il movimento storico della *libertà umana*, la quale, se vogliamo, non è mai stata e non potrà mai essere destinata - come vuole il marxismo - da una spontanea e naturale "necessità storico-materialistica" a scegliere un'alternativa piuttosto che un'altra. Così facendo il marxismo è ricaduto nella metafisica che diceva di combattere.

Non si può giustificare la nascita del capitalismo col dire che la produzione di tipo artigianale del mondo feudale era di molto inferiore e che lo sviluppo tecnico si era ad un certo punto bloccato. I criteri per cui sia legittimo parlare di "sviluppo" non possono essere unicamente quelli "economici", in quanto non è per nulla scontato che uno sviluppo della produzione comporti anche un maggior benessere sociale, una migliore democrazia politica, una più sentita convivenza civile. L'economico va subordinato alla dimensione del "sociale".

Il socialismo non si è mai nascosto i limiti dello sviluppo capitalistico, ovvero il fatto che le contraddizioni antagonistiche avrebbero prima o poi portato il capitalismo al suo superamento, ma tale costatazione, censurando l'apporto contestativo delle civiltà pre-capitalistiche nei confronti della società borghese, restò di fatto viziata da un pregiudizio di fondo, quello secondo cui l'anti-capitalismo può essere condotto solo da quelle forze sociali che si sono completamente emancipate dalla cultura religiosa.

Nel criticare il capitalismo, il socialismo marxista non ha mai cercato di capire e di apprezzare positivamente, tra le ragioni dell'anti-capitalismo feudale, quelle che meritavano di confluire nell'alternativa socialista, senza per questo rischiare d'essere fagocitate o strumentalizzate. Se il socialismo avesse compreso le ragioni dei contadini, da tempo in Europa occidentale il capitalismo sarebbe stato superato. Ormai purtroppo è diventato un fatto incontrovertibile: come il capitalismo non ha risolto l'antagonismo sociale presente nel feudalesimo ma lo ha soltanto posto ad un altro livello, così il socialismo non è in grado di risolvere quello presente nel capitalismo, se non recupera l'idea contadina dell'*autoconsumo*. Quando si dice che le condizioni per creare il socialismo vengono poste all'interno dello stesso capitalismo, semplicemente ci s'illude.

Naturalmente sarebbe altrettanto sciocco sostenere che lo sviluppo produttivo non deve esserci, se si vuole conservare l'uguaglianza sociale. L'uno e l'altra non sono di per sé antitetiche, anche se la storia ha dimostrato che là dove esiste un forte sviluppo produttivo esiste anche oppressione e ingiustizia.

È probabile (ed è forse una legge di natura) che la tutela dell'uguaglianza sociale comporti una limitazione dell'espressione individuale, nel senso che laddove vige il collettivismo, anche libero, le possibilità individuali di manifestare il proprio talento sono relativamente minori, proprio perché si deve anzitutto tener conto degli interessi collettivi. D'altra parte l'identità di un individuo può essere colta solo nell'ambito di un collettivo.

L'ideale naturalmente sarebbe che l'espressione dell'individuo fosse in sintonia con quella di tutto il collettivo, che cioè le esigenze dell'uno non debbano essere scavalcate dalle esigenze dell'altro. Ma resta molto difficile garantire un'intesa del genere quando la produttività è elevata.

Resta comunque indubbio il fatto che in Europa occidentale si è definitivamente persa l'occasione di recuperare la *memoria* del pre-capitalismo. Ora non ci resta che sviluppare il *desiderio* di una transizione al socialismo, che sappia tener conto del pre-capitalismo ancora presente nei Paesi del Terzo Mondo.

*

La merce può essere il presupposto della genesi del capitalismo solo se la società in cui si produce il valore d'uso ha già attribuito al valore di scambio un'importanza maggiore di quella che dovrebbe avere, cioè se ha permesso che nel mondo agricolo le contraddizioni socio-economiche si acuissero, offrendo così al mercante - che s'introduce come un cuneo tra quelle contraddizioni - la possibilità di un'autonomia prima impensabile.

Non chiarendo che il capitale può nascere dalla merce in virtù di ragioni *culturali* (quanto consapevoli è difficile stabilirlo), Marx fa risalire la genesi del capitalismo a fattori *naturali* del tutto spontanei.

Marx in sostanza non ha delineato lo sviluppo *storico* del capitale ma solo quello *fenomenologico*, perché quello storico implica le varianti possibili della *libertà umana*. Quello fenomenologico invece dà per scontata l'evoluzione del processo, e attribuisce al soggetto un'importanza marginale. Marx è stato grande come economista e come filosofo dell'economia, ma uno storico dell'economia deve saper tener conto del "se ipotetico", cioè del come sarebbero potute andare a finire le cose se gli uomini avessero scelto una diversa strada.

Per Marx, in sostanza, la differenza tra capitalismo e pre-capitalismo sta unicamente nel fatto che qui la merce è un prodotto "parziale", accanto al valore d'uso, che è dominante, mentre là è il prodotto principale, necessario, a cui il valore d'uso dipende completamente. La differenza è quantitativa, anche se ciò comporta, a lungo andare, una diversa qualità della vita.

Ora, nessuno mette in dubbio che merce e denaro siano i presupposti del capitale, né il fatto che essi, di per sé, non possano presupporre il capitalismo, in quanto merce e denaro si trovano anche in forme sociali pre-borghesi. Qui però si mette in dubbio che il passaggio dalla merce e dal denaro al capitalismo (come modo produttivo) possa avvenire in maniera spontanea e naturale, come una logica conseguenza delle cose.

Marx è chiaro nell'affermare che il capitalismo non potrebbe sussistere se l'operaio non fosse costretto a vendere la propria forza-lavoro come merce. Ma non è altrettanto chiaro quando delinea il passaggio dal contadino soggetto al servaggio o dall'artigiano soggetto a un perenne apprendistato alla figura sociale dell'operaio salariato.

Si può pensare a un'evoluzione spontanea dallo schiavismo al servaggio, benché tale evoluzione potesse avvenire - e di fatto è avvenuta - solo in un periodo di crisi (in cui il mercato degli schiavi s'era ristretto), e benché il servaggio abbia caratterizzato la fine del mondo antico e l'inizio del feudalesimo. In fondo tra lo schiavo e il servo della gleba è esistito il colono.

In ogni caso non ci poteva essere pacifica evoluzione dal feudalesimo al capitalismo: il passaggio implicava una rottura traumatica col passato comunitario, per quanto esso fosse caratterizzato dal servaggio. Se si accetta l'idea della pacifica evoluzione, allora si dovrebbe spiegare perché il capitalismo non si è evoluto dallo schiavismo, ovvero perché il capitalismo ha potuto evolversi dallo schiavismo solo nel Terzo Mondo, a partire dal 1492.

Il capitalismo in realtà s'è formato, e non a caso, solo dopo il feudalesimo, perché tra schiavismo e feudalesimo s'era posto un nuovo elemento, che prima non esisteva: il *cristianesimo*. Solo in virtù del cristianesimo si poteva ripristinare in forme diverse l'antica schiavitù (e queste forme sono state tanto più diverse quanto più il cristianesimo, pur tradendo le sue origini, se n'era allontanato di meno).

Solo illudendo il cittadino sul valore della sua *libertà personale* (giuridica e filosofica: si veda il cogito cartesiano), lo si poteva indurre ad accettare la *schiavitù sociale salariata*. Senza questo esplicito riferimento alla libertà personale (di cui il cristianesimo, pur con tutti i suoi tradimenti, è stato un grande cultore), non ci poteva essere la grande mistificazione del capitalismo. Ovviamente se ciò in Occidente è potuto accadere, il motivo risiede nel fatto che il cattolicesimo-romano aveva subito un'involuzione molto profonda, più profonda di quella dell'ortodossia, ma non così profonda da accettare la sua morte naturale nel protestantesimo.

Marx non ha mai offerto spiegazioni convincenti sul motivo per cui il capitalismo non è nato in epoca romana. Infatti, se il denaro a un certo punto deve trasformarsi in capitale, perché ciò non è avvenuto nel mondo antico? Per quale ragione in questo mondo si accumulava per spendere, mentre nel capitalismo si accumula per accumulare? Perché nel capitalismo appare come segno di potenza e di libertà ciò che nel mondo antico sarebbe apparso come segno di follia?

Insomma, per quale motivo il mondo antico non ha potuto far nascere il capitalismo dalla schiavitù, cioè non ha potuto concedere allo schiavo la libertà personale trasformandolo in operaio salariato? Non stava forse accadendo questo nel momento in cui l'impero entrò in crisi? Cosa ha impedito di continuare l'esperimento del colonato? Forse l'intervento dei barbari? Ma non poteva proprio il colonato rendere più forte l'impero?

Il fatto è che *senza il cristianesimo non si può creare l'illusione della libertà*. Il capitalismo è nato in virtù di una mistificazione: quella per cui si può essere liberi anche se non si possiede nulla. Questa mistificazione sarebbe stata impensabile nel mondo pagano.

Per Marx invece il passaggio dallo schiavismo al capitalismo non è potuto avvenire perché non bastano *semplici* determinazioni quantitative. Infatti, per realizzare il capitalismo occorrono grandi capitali, ingenti mezzi produttivi, un certo numero di operai salariati, ecc.

Una delle caratteristiche più singolari del feudalesimo, che avrebbe meritato ben altra considerazione, fu che la piccola proprietà contadina poteva coesistere più o meno tranquillamente accanto alla grande azienda signorile basata sulle *corvées* dei servi della gleba. Questa coesistenza diventa tanto più difficile (ovviamente per la piccola proprietà) quanto più il signore feudale, pressato dalle esigenze borghesi che vanno emergendo, ha bisogno di ampliare i propri domini o di ristrutturarli in senso capitalistico. Il capitalismo infatti non può affermarsi finché non è stato completamente distrutta l'economia agricola del Medioevo. In seguito, a capitalismo realizzato, la piccola proprietà viene costantemente minacciata dalla grande.

Se vogliamo, la grande proprietà capitalistica è stata una risposta efficace, seppur negativa, al persistere delle contraddizioni antagonistiche nell'economia feudale. Invece di risolvere quelle contraddizioni in modo politico e sociale, la borghesia ha cercato di superarle in modo economico e individuale.

La nascita della borghesia è stata una conseguenza dell'incapacità del contadino di liberarsi dal giogo del servaggio. La borghesia cercò sul terreno economico-individuale quella emancipazione che, quand'era "contadina", non era riuscita ad ottenere, nella vita rurale, sul piano socio-politico.

Perché non s'è formata la borghesia nell'Europa dell'est? 1) Perché qui l'antagonismo nel sistema feudale era meno forte (nello stesso periodo); 2) perché qui il cristianesimo aveva conservato un'idealità maggiore, per cui avrebbe tollerato di meno la nascita di rapporti borghesi. Il fatto che il capitalismo non sia nato nell'Europa dell'est sta appunto ad indicare la sua anomalia storica e nient'affatto la sua necessità.

*

Il marxismo ha addebitato ai mutamenti tecnologici la causa incausata della genesi del capitalismo. In tal modo però esso non ha spiegato: 1) il motivo per cui, ad un certo punto, avvengono "forti" mutamenti tecnologici (in molte civiltà ciò non è avvenuto), ovvero il nesso fra tali mutamenti e l'ideologia ad essi sottesa; 2) il motivo per cui da tali mutamenti si possa passare a una transizione così "radicale" da modificare anche qualunque aspetto sovrastrutturale.

Se si considera che, per certi versi, il mondo antico, rispetto a quello feudale, aveva conosciuto una tecnologia più sofisticata, non si spiega il motivo per cui non sia nato il capitalismo in epoca romana o greca.

*

Un'altra domanda a cui il marxismo non ha saputo dare una risposta convincente è questa: perché lo sviluppo della borghesia s'è verificato anzitutto in Italia? Risposte del marxismo: 1) perché qui le città romane non vennero completamente distrutte dai barbari, o almeno non lo furono come negli altri Paesi europei; 2) perché l'Italia godeva di un'ottima posizione geografica per i commerci con l'Oriente e il Nordafrica.

Ora, queste due risposte non possono essere sufficienti a spiegare l'incredibile ritardo commerciale degli altri Paesi europei, né il fatto che questi Paesi divennero commerciali grazie soprattutto allo sviluppo del protestantesimo, e neppure il fatto che la Spagna cattolica - situata anch'essa nel Mediterraneo - non abbia mai conosciuto (neppure dopo il 1492) un vero sviluppo capitalistico.

La risposta quindi dev'essere un'altra. Ed è questa: in Italia, negli ultimi tre secoli del basso Medioevo, s'è verificata la progressiva separazione dei cattolici dagli ortodossi (sanzionata definitivamente nel 1054). Ciò è stato determinato da un'involuzione etico-ideale del cattolicesimo e, in seguito, tale involuzione s'è approfondita. La chiesa romana, inevitabilmente, ha dovuto concedere più spazio alle forze sociali borghesi. Quando poi queste forze, con lo sviluppo comunale, pretesero maggiori poteri, la chiesa istituzionale intervenne con la riforma gregoriana, che è stata appunto il tentativo di recuperare "politicamente" un potere "morale" perduto.

Ormai tuttavia era tardi: la chiesa non riuscirà, sino al Rinascimento incluso, a impedire lo sviluppo borghese dell'Italia. Vi riuscirà solo con l'aiuto di una forza esterna: la Spagna, che non aveva mai conosciuto alcuno sviluppo borghese.

L'Italia dunque aveva sostenuto il peso maggiore della rottura col mondo bizantino, era cioè stata la principale protagonista dell'affermazione della cattolicità occidentale, ma i frutti di questa rottura alla fine li ottennero altri Paesi, quelli nord-europei, cioè quelli più lontani dalle tradizioni bizantine.

La cooperazione

La prevalenza che Marx ha sempre concesso alla *quantità* rispetto alla *qualità* (seguondo, in ciò, la lezione hegeliana) la si può riscontrare anche nel cap. XI, dedicato alla *Cooperazione*. Per Marx "*il punto di partenza della produzione capitalistica* è costituito, sotto l'aspetto storico e concettuale, dall'operare di un numero abbastanza elevato di operai che avviene nello stesso tempo e nel medesimo luogo (o, se si vuole, nel medesimo campo di lavoro), volto a produrre, sotto il comando di un medesimo capitalista, uno stesso genere di merci" (p. 407), su scala *quantitativamente* molto elevata.

Questo modo di spiegare la genesi del capitalismo può aver valore sul piano *fenomenologico*, ma non su quello *ontologico*. Come spiegazione *storica* e *concettuale*, essa resta senza dubbio insufficiente.

Dire che "all'inizio la differenza [tra capitalismo e corporazioni medievali] è meramente *quantitativa*" (ib.), è come dire, implicitamente, che tra corporazione e capitalismo non vi è mai stata una vera *rottura socio-economica*, ma solo il passaggio obbligato da una formazione meno produttiva a una più produttiva.

Difficilmente Marx avrebbe ammesso che pur in presenza delle suddette condizioni "formali" per il sorgere del capitalismo, la corporazione avrebbe potuto continuare a restare corporazione per secoli e secoli. Difficilmente egli avrebbe ammesso che quelle condizioni non sussistevano nelle corporazioni artigiane appunto perché la *ragione culturale* che supportava la corporazione era di tipo pre-capitalistico, cioè "voluta" e non "casuale".

La fabbrica capitalistica non è nata semplicemente perché "l'officina del mastro non ha fatto che ingrandirsi" (ib.): anche là dove ciò fosse avvenuto, avrebbe dovuto per forza maturare, ad un certo punto, la consapevolezza che si stava costruendo qualcosa di *radicalmente diverso* dal tradizionale modo di produzione. La transizione dal feudalesimo al capitalismo è stata anzitutto il frutto di una *libera scelta*, più o meno consapevole, o comunque non più obbligata in un senso di quanto non lo fosse in un altro. La necessità storica dell'affermazione del capitalismo è stata, se vogliamo, una diretta conseguenza del fallimento di una possibile *alternativa democratica* alla crisi del sistema feudale.

L'esigenza del capitalista di riunire in un medesimo campo di lavoro il maggior numero possibile di operai, riflette, già di per sé, l'esigenza di dare più peso alla *quantità* di *ciò* che si produce che non alla *qualità* di *come* lo si produce: il che implica l'assegnazione di un primato al valore di *scambio* rispetto a quello d'*uso*. Si tratta di una vera e propria *rivoluzione culturale*.

L'interesse per il *lavoro sociale medio*, nell'ambito del capitalismo, implica la fine del lavoro creativo, di *qualità*, del singolo artigiano o dell'*équipe* di artigiani attorno a un medesimo manufatto, e la nascita del lavoro meccanizzato, di *quantità*.

Anche nel Medioevo c'era l'esigenza di determinare il *lavoro sociale medio*: infatti si parlava di "giusto prezzo". Solo che tale esigenza non era finalizzata alla determinazione matematica del profitto. Il "giusto prezzo" era una garanzia soprattutto per il consumatore: una garanzia di tipo *etico-giuridico*, per quanto proprio la necessità di stabilire un "giusto prezzo" implicasse, indirettamente, un abuso economico da parte dei produttori.

Al di fuori di tale esigenza, la determinazione di una *giornata lavorativa sociale media*, nel feudalesimo, non avrebbe mai potuto portare a un'esatta determinazione del prezzo di una merce, per la semplice ragione che, quando vige il principio della qualità del lavoro, taluni oggetti, in realtà, *non hanno prezzo*, e lo scambio avviene su basi che non sono strettamente economiche. Nel senso che se si pone uno *scambio di equivalenti*, esso non va inteso in modo matematico (o finanziario), ma *etico*: due oggetti possono essere equivalenti anche se il loro valore monetario è diversissimo. È la *coscienza* dei contraenti che decide l'equivalenza.

La visione economicista di Marx potrebbe avere un qualche significato se si partisse dal presupposto che lo sviluppo storico non è altro che il continuo e necessario superamento di determinate condizioni negative di esistenza materiale. Ma anche in questo caso (che è già di per sé inverosimile) sarebbe tutto da dimostrare - e Marx naturalmente non lo fa - che ogni superamento, per quanto limitato sia, costituisca sempre una fase progressiva rispetto alla situazione precedente. Marx cade in un semplicismo disarmante quando fa chiaramente intendere che il capitalismo, proprio perché ha superato il feudalesimo, rappresenta la *positività* nei confronti della *negatività*. O, peggio ancora, quando lascia intendere che il socialismo rappresenta la positività nei confronti del capitalismo, proprio perché il *futuro* è sempre migliore del *presente*.

Uno dei difetti principali dell'analisi economica di Marx è quello di voler applicare al sistema feudale dei criteri interpretativi che, al massimo, sono validi *solo* per il sistema borghese. Quando Marx afferma, p.es., che nel feudalesimo il saggio generale del plusvalore, a causa del modo individuale di lavorare, era impossibile determinarlo all'interno delle varie botteghe del mastro artigiano, in quanto s'imponevano di continuo, e necessariamente, delle differenze tra un operaio e un altro nel medesimo lavoro, egli, così dicendo, fa astrazione completa dal "vero feudalesimo" e si crea, su misura, una sorta di para-feudalesimo che necessariamente risulta di molto inferiore al capitalismo.

Per Marx infatti la compensazione economica delle differenze individuali degli operai, si otteneva, nel feudalesimo, solo a livello dell'intera società, "non per il singolo mastro artigiano" (p. 410). Questo svantaggio individuale è stato superato dall'imprenditore capitalista proprio con la sua volontà d'essere "borghese" sino in fondo, con estrema coerenza.

Marx non sospetta neanche lontanamente che la suddetta compensazione, a livello dell'intera società feudale, potesse avere della ricadute positive sullo stesso mastro artigiano. Cioè che l'eventualità di lavorare in perdita, in un determinato caso, non pregiudicasse di per sé un *feed-back* positivo sulla propria attività, in termini non strettamente o non esclusivamente economici (si pensi p.es. alla sicurezza sociale). Per Marx il mastro artigiano concepisce se stesso in antitesi alle esigenze della società - proprio come il borghese sotto il capitalismo. La differenza sta nella scelta dei *mezzi* con cui affermare tale contrapposizione.

Dice Marx a p. 412: "*l'economia nell'uso dei mezzi di produzione* non proviene che dal loro *consumo comune nel processo lavorativo di molte persone*". Qui sta la differenza tra artigiano e capitalista.

In realtà le cose non sono così semplici, altrimenti tale economia

- si può pensare - si sarebbe potuta verificare anche nel feudalesimo, senza che per questo vi fosse il pericolo di far nascere il capitalismo. Un'altra, più profonda, ragione riposa invece nella *volontà di ottenere un profitto economico individuale* contro l'interesse sociale della collettività.

Paradossalmente è proprio tale ragione a far sì che l'uso "comune" dei mezzi lavorativi sia "sociale" solo in apparenza, essendo esso, di fatto, *costrittivo* per la totalità dei lavoratori. Mentre, all'opposto, il carattere "individuale" del lavoro feudale - sostenuto da Marx - è in realtà solo *presunto*, in quanto la maggioranza dei lavoratori, pur soggetta alle regole del servaggio, vive un relativo senso della collettività, conformemente anche all'ideologia religiosa di tipo cattolico e soprattutto di tipo ortodosso.

Fa specie che un attento economista come Marx non si sia accorto dell'esistenza di una forte socializzazione del lavoro anche nell'ambito del feudalesimo. Cosa d'altra parte inevitabile se si ha in mente un concetto borghese di "socializzazione", sempre basato su una marcata divisione del lavoro, tramite cui l'operaio parcellizzato non vede neppure il prodotto finito.

È singolare ch'egli non sia arrivato alla conclusione che se nel Medioevo il lavoro aveva un carattere meramente individuale, il capitalismo non avrebbe impiegato così tanti secoli prima di affermarsi. Non faremo forse un torto all'intelligenza dell'uomo medievale, allorché lasciassimo intendere che gli occorrevano molti secoli prima di capire che un lavoro socialmente organizzato produce di più e meglio di un lavoro individuale? D'altra parte, se il problema di un maggior benessere socio-economico stava solo in questa migliore organizzazione produttiva, c'era forse bisogno di far nascere il capitalismo?

Ma la cosa più stupefacente nell'analisi di Marx, la sua contraddizione più macroscopica sta proprio nel fatto che mentre da un lato egli afferma che la transizione dal feudalesimo al capitalismo era *inevitabile*, dall'altro sostiene che le condizioni di lavoro per l'operaio della fabbrica sono diventate, nel capitalismo, molto più *disumane* che nel feudalesimo. Cioè invece di chiedersi se le cose sarebbero potute andare diversamente, non solo le considera *inevitabili*, ma addirittura le considera *necessarie* per lo sviluppo del socialismo.

Infatti, "contrapponendosi per conto proprio le condizioni di lavoro all'operaio, anche la loro economia [leggi: nel senso di "risparmio"] si presenta come operazione particolare a lui assolutamente estranea..." (p. 412). Cioè per Marx il capitalismo è nato a prescindere dalla volontà del lavoratore: esso è stato subìto, come prima lo erano il servaggio e lo schiavismo. Il vero protagonista attivo è stato solo il capitalista, il quale, a sua volta, non ha fatto che adeguarsi a un processo storico immanente.

Volendo, l'analisi di Marx potrebbe essere considerata giusta se la si applicasse a quella fase di passaggio del capitalismo da commerciale a industriale. Dice infatti alle pp. 416-17: "A causa della mancanza di tale cooperazione, nell'Ovest degli Stati Uniti si spreca ogni anno una grande massa di grano, e nelle parti delle Indie Orientali in cui il dominio inglese ha tolto di mezzo l'antica comunità, si spreca ogni anno una grande massa di cotone".

Tuttavia, anche in questo caso bisognerebbe precisare che nella fase del capitalismo meramente commerciale, il modo di produzione dominante (nell'Europa occidentale, con tutte le sue colonie) restava quello *feudale*, poiché solo quando si realizza la rivoluzione industriale, il feudalesimo scompare definitivamente. Ciò significa che anche laddove si afferma il capitalismo commerciale, il passaggio a quello industriale non può mai essere considerato come "automatico". Il macchinismo e la cooperazione sono stati una risposta ai limiti del capitalismo commerciale, ma tali limiti potevano essere superati abolendo il servaggio e democratizzando la vita rurale, per quanto proprio la nascita del capitalismo commerciale fosse una diretta testimonianza che nel feudalesimo vi erano forze intenzionate a conservare lo *status quo*. In tutto ciò comunque la categoria della *necessità* può essere evocata soltanto dopo aver costatato che con la *libertà* gli uomini non sono stati capaci di trovare delle risposte adeguate ai loro problemi.

*

Per Marx la cooperazione di tipo capitalistico ha superato i limiti del capitalismo commerciale, perché ha saputo organizzare in maniera collettiva un lavoro ch'era individuale. Ora "*molte persone* prendono parte a un *medesimo* processo produttivo o a processi differenti ma *connessi*" (p. 412).

E all'interno di questa attività sorge ciò che, per Marx, nel feudalesimo non esisteva: l'*emulazione*. "Il solo *contatto sociale* - egli afferma - fa sorgere nella maggior parte dei lavori produttivi un'emulazione e uno specifico eccitamento degli spiriti animali... che accrescono la possibilità di rendimento individuale dei singoli..." (p. 413). Per Marx questo è del tutto naturale! "Ciò deriva dal fatto che l'uomo è per natura un animale se non politico, come ritiene Aristotele, almeno sociale" (p. 414). In altre parole, il capitalismo avrebbe superato il feudalesimo perché avrebbe saputo valorizzare meglio la natura *sociale* dell'uomo!

Marx si lascia completamente suggestionare dall'alta produttività del capitalismo e non si chiede affatto quale prezzo ciò possa comportare sulla salute (sul benessere) psico-fisico del lavoratore. Anzi per lui proprio la cooperazione capitalistica ha permesso all'operaio di scoprire il meglio di sé, le proprie intrinseche potenzialità. Cioè l'operaio si sente in competizione con altri operai non perché la cultura individualistica del capitalista ve lo obbliga, ma perché nella cooperazione egli avverte l'insopprimibile bisogno di produrre di più e meglio.

A quale cooperazione fa riferimento Marx? Come tutti sanno, agli albori del capitalismo gli operai distruggevano le fabbriche, quando lottavano contro gli imprenditori privati. Nel capitalismo maturo, invece, gli imprenditori devono di continuo incentivare gli operai per ottenere in cambio i frutti dell'emulazione.

A parte questo, chi l'ha detto che nel feudalesimo non esisteva l'emulazione? Certamente non esisteva un'emulazione fondata sul profitto, né una in virtù della quale si poteva emarginare dalla vita sociale il collega di lavoro. L'emulazione era, se vogliamo, una forma di "gioco", una gara ludica in cui il vincitore, al massimo, poteva aspirare a una maggiore considerazione sociale.

Pur di non voler ammettere l'inferiorità etico-sociale del capitalismo rispetto al feudalesimo, Marx è stato disposto a ritenere come "naturali" gli istinti "animali" di emulazione e di reciproca concorrenza (cosa che, peraltro, nessun animale possiede). Come se il problema di fondo, nella produzione degli oggetti, sia sempre quello di produrre di più in minor tempo! Come se questa necessità non faccia *già parte* di una cultura di tipo "borghese"!

Ma di queste ambiguità il *Capitale* è pieno. Dice Marx ad es. a p. 418: "La giornata lavorativa combinata produce una quantità di valori d'uso più grande...". Da un lato egli usa un concetto di tipo "capitalistico", come quello di "giornata lavorativa combinata" (per quanto - a ben guardare - tale concetto possa applicarsi anche al feudalesimo); dall'altro egli usa un concetto, "valore d'uso", che si applicherebbe meglio al feudalesimo che non al capitalismo, dove la cooperazione è finalizzata unicamente alla produzione di merci, le quali hanno un valore d'uso solo in quanto ne hanno uno di scambio.

Prendiamo un altro esempio. "Nella cooperazione pianificata con altri - dice Marx nella stessa pagina - l'operaio si libera dei suoi limiti individuali ed esplica le proprietà della sua specie". Qui vi è la stessa ambiguità di prima, dovuta a un modo troppo astratto e ideologico di affrontare i processi storici. Da un lato Marx parla della "cooperazione pianificata" come di un successo del lavoratore (mentre - si sa - nel capitalismo essa è una forma della sua condanna); dall'altro contrappone un inesistente lavoratore isolato all'esperienza del collettivo operaio.

Un altro esempio ancora. Dice Marx: "All'inizio il capitalista, quando il suo capitale ha raggiunto quella grandezza minima che sola può dare inizio alla produzione capitalistica..." (p. 422). Qui la causa viene confusa con l'effetto. Da un lato Marx dice che per far nascere il capitalismo bisogna essere capitalisti; dall'altro però non spiega come si possa diventare capitalisti in un sistema pre-capitalistico. Infatti, se bastasse il possesso di un *capitale minimo*, il capitalismo sarebbe nato assai prima del XVI sec. e, in ogni caso, avrebbe potuto nascere anche fuori dell'Europa occidentale.

Marx potrebbe avere ragione solo in un caso, quando dimostra che il lavoro dell'artigiano o del contadino privato è, nel capitalismo, molto meno produttivo di quello dell'operaio di fabbrica. Ora però, a parte il fatto che nella distribuzione generale del reddito, la differenza tra l'una e l'altra categoria di lavoratore non capitalista, non è poi così rilevante, ciò di cui Marx non vuole rendersi conto è che il lavoratore isolato non rappresenta affatto l'alternativa al lavoratore collettivo, ma semmai il simbolo del processo di disgregazione di un modo di produzione obsoleto. L'artigiano isolato è il residuo di un sistema in via di dissoluzione.

Dice Marx: "in qualità di persone indipendenti gli operai sono dei *singoli*, che stabiliscono un rapporto col capitale senza stabilire tra loro un rapporto sociale reciproco. Essi iniziano a cooperare solo nel processo lavorativo, ma in questo processo non sono più proprietari di se stessi" (pp. 423-4).

Questo modo di vedere le cose è decisamente limitato, poiché porta a dare per scontata la vittoria (nel momento iniziale) del capitalista, il quale non è altri che un singolo agiato contrapposto a singoli liberi ma nullatenenti. Situazione, questa, che non si è mai verificata da nessuna parte, proprio perché il processo di superamento del feudalesimo è stato molto più complesso di quel che non si creda, essendo entrati in gioco dei fattori (quale ad es. la *libertà umana*) che sfuggono ad un'analisi meramente economica.

Marx non ha saputo resistere alla tentazione di attribuire al capitalismo, sul piano tecnico-scientifico, un progresso senza confronti, benché, nel contempo, non abbia potuto fare a meno di costatare che è soprattutto il capitalista ad appropriarsi dei benefici di tale progresso. Sull'altare della tecnologia Marx ha voluto sacrificare tutto quanto c'era di positivo nel sistema feudale. La grandissima alienazione sociale era un prezzo che l'operaio doveva pagare per il bene del progresso scientifico, per liberarsi "dei suoi limiti individuali ed esplicare le proprietà della sua specie" (p. 418).

La diversità tra Marx e gli economisti borghesi non sta in questa analisi, ma solo nell'accento ch'egli ha posto sul rapporto di sfruttamento tra capitale e lavoro. Infatti, l'economista borghese si limita ad affermare che, essendo il capitalismo un sistema produttivo molto potente, è bene che l'operaio svolga il suo ruolo senza opporre eccessive resistenze. Marx invece è dell'avviso che le forze produttive del capitalismo potrebbero meglio svilupparsi se si passasse al socialismo. Né l'uno né gli altri mettono in discussione il principio dell'incessante progresso scientifico e tecnologico, ovvero il rapporto di dominio e di sfruttamento che l'uomo moderno ha realizzato nei confronti della *natura*.

Nella concezione "positivista" di Marx il socialismo non è altro che una tecnica per far funzionare meglio il potere dell'industria, risolvendo una volta per tutta la questione dei conflitti sociali. Cioè è una tecnica che può funzionare solo se si presume la fine dello sfruttamento proletario. Se gli operai potessero pianificare per conto proprio la loro produzione, otterrebbero - a suo giudizio - risultati assai più positivi di quelli che il capitalista consegue con la propria limitata pianificazione.

Marx naturalmente è sempre stato convinto che il socialismo avrebbe superato il capitalismo in *tutti* gli indici produttivi. Nel *Capitale* gli è completamente estranea l'idea che nel socialismo si possano o addirittura si debbano abbassare alcuni indici strettamente economici (ad es. il prodotto interno lordo) a vantaggio di altri di carattere sociale (ad es. previdenza, assistenza ecc.).

Oggi in realtà va decisamente superata l'idea che il socialismo possa essere la continuazione del capitalismo *dal punto di vista della classe operaia*. La tecnologia non è mai stata una cosa "neutrale", il cui effetto sull'ambiente dipende dalla "buona" o "cattiva" volontà di chi la usa. Essa è sempre stata il frutto (più o meno consapevole) di una determinata scelta *culturale*, di carattere etico e ontologico. Il mutamento radicale del sistema capitalistico comporterà inevitabilmente un *uso diverso* della tecnologia, ma anche, molto probabilmente, una *diversa tecnologia*, cioè non solo un uso più *sociale*, meno legato al profitto individuale, ma anche, in virtù di ciò, una *nuova creazione tecnologica*.

Sotto questo aspetto non dovrebbe affatto preoccupare l'ipotesi di un futuro sistema socialista dotato di scarsa tecnologia (rispetto agli attuali parametri occidentali), ma dotato, in compenso, di un'alta democrazia, e quindi di una tecnologia adeguata alle esigenze dell'intera collettività. Il ridimensionamento delle pretese tecnico-scientifiche: questo sì che può essere un prezzo che la democrazia può tranquillamente pagare!

*

Solo alla fine del capitolo Marx ammette che la cooperazione non è una prerogativa del capitalismo, in quanto è sempre esistita. Ma lo fa semplicemente per ribadire la superiorità di quella capitalistica.

In Marx le conoscenze delle civiltà non-capitalistiche sono sempre state approssimative, anche perché gli studi critici, allora, erano piuttosto scarsi. Tuttavia in lui emerge un pregiudizio che vanifica un'obiettiva valutazione del passato.

Anzitutto Marx ha sempre escluso a priori la possibilità dell'esistenza, nelle civiltà pre-capitalistiche, di una cooperazione sociale al di fuori dei rapporti di servaggio o di schiavitù. "Nel mondo antico, nel medioevo e nelle moderne colonie - dice a chiare lettere a p. 425 - l'uso sporadico della cooperazione a grande scala si basa su rapporti *diretti* di signoria e servitù, e in quasi tutti i casi si basa sulla schiavitù".

La cooperazione, quindi, non era - secondo Marx - tra persone *libere*, come invece è accaduto - sempre a suo giudizio - nell'ambito del capitalismo. "La forma capitalistica presuppone sin dall'inizio l'operaio salariato libero, che vende al capitale la propria forza lavorativa" (ib.).

Ovviamente per Marx non può esistere libertà né nel servaggio né nello schiavismo. E tuttavia per lui non ne esiste neppure nella tribù o comunità primitiva, laddove era in vigore la "*proprietà comune delle condizioni di produzione*" (ib.). Qui non c'è libertà perché c'è *dipendenza*, e là dove c'è dipendenza, non c'è cooperazione produttiva su larga scala, poiché il lavoratore non è libero di vendere al mercato la propria forza-lavoro, e quindi non è libero di muoversi come meglio crede (o a seconda delle esigenze del capitale).

Marx ha sempre dato una grande importanza al concetto di *libertà individuale*. Non ci sarebbe capitalismo senza questa libertà. Tuttavia, nella sua analisi il concetto di *libertà giuridica* si confonde spesso con quello di *libertà sociale*. Di fatto il cittadino che chiede di lavorare in una fabbrica capitalistica (anche agli albori del capitalismo) è sempre stato libero *giuridicamente*, senza mai esserlo sul piano *sociale*.

Le due forme di libertà, se coincidevano nel borghese, non coincidevano affatto nell'operaio. Marx non è che si nasconda questa evidenza. Solo che, quando parla dell'operaio libero, non specificando che la sua libertà era meramente *giuridica*, lascia intendere ch'egli avesse accettato *volontariamente*, cioè in piena libertà, un rapporto lavorativo di tipo salariato: il che non è mai successo.

Perché questa ambiguità? Per la semplice ragione che Marx non vuole ammettere l'idea che in una società non-capitalistica l'uomo potesse sentirsi giuridicamente *dipendente* e socialmente *libero* (o comunque più libero del lavoratore salariato). Per Marx l'uomo pre-capitalistico era socialmente schiavo o servo, e quindi *totalmente* non-libero. Non era libero neppure l'uomo primitivo che non aveva "ancora strappato il cordone ombelicale che lo legava alla *tribù* o alla *comunità*" (ib.). La libertà, per Marx, sta nella contrapposizione del singolo alla comunità. In tal senso la cooperazione capitalistica è la migliore forma di cooperazione, perché garantisce alla libertà individuale il massimo di possibilità espressive.

Il libero contadino o l'artigiano indipendente perdono la loro battaglia nei confronti della cooperazione capitalistica, perché si rendono conto ch'essa è più forte, più potente sul piano produttivo. A Marx non interessa assolutamente esaminare il tipo di resistenza "etica" che la società feudale (meno individualistica di quella borghese) ha messo in atto nei confronti del capitalismo. L'opposizione esaminata da Marx era solo quella di tipo "politico" e ritenuta sempre di carattere "regressivo".

Marx non avrebbe mai accettato l'idea di considerare il conflitto tra Medioevo ed Epoca Moderna come il conflitto tra un modo di produzione "sociale" (benché anch'esso antagonistico) e un modo di produzione "individuale", in cui la cooperazione era utilizzata dal capitalista solo come mezzo per arricchirsi meglio.

Il pregiudizio ha portato Marx sia a sottovalutare le *ragioni culturali* sottese alla genesi del capitalismo, sia a formulare delle ragioni di tipo "psicologico" che non possono trovare un vero riscontro nella storia dei fatti. "Da un lato - egli afferma - il modo di produzione capitalistico appare come una *necessità storica* per la trasformazione del processo lavorativo in processo sociale" [trasformazione quindi avvenuta - com'egli stesso più sopra dice - "spontaneamente e in maniera naturale"]; "d'altro lato questa forma sociale del processo lavorativo appare come un metodo usato dal capitale per sfruttare con maggior profitto quello stesso processo tramite l'aumento della sua forza produttiva" (p. 426).

Da un lato quindi Marx ragiona come un economista *borghese*, che non si chiede il *perché* delle cose ma solo il *come*; dall'altro egli ragiona come un economista *socialista*, che vede nel *come* una palese ingiustizia e propone un modo per risolverla.

Paradossalmente a Marx fa difetto proprio la nozione di *libertà individuale*. Estrapolando il singolo dal contesto sociale, egli ha creduto di renderlo più libero; invece è accaduto che il singolo si sia lasciato dominare da una cieca fatalità storica, nell'illusione che fra le leggi di questa necessità e le proprie soggettive non vi fosse una vera contraddizione.

La manifattura

Parlando della manifattura (nel cap XII), cioè di quel tipo di cooperazione che è durato (in riferimento all'Inghilterra) "all'incirca dalla metà del secolo XVI fino all'ultimo terzo del XVIII" (p. 428), Marx non ha dubbi nell'affermare ch'essa consiste in un "evolversi dal lavoro artigianale" (p. 430), per cui, rispetto a questo, essa rappresenta un grado superiore di organizzazione del lavoro.

Infatti, "da un lato - dice Marx - essa ha per punto di partenza la *combinazione* di mestieri *di diverso genere, autonomi*, che son ridotti a *dipendenza* e unilateralità fino al punto da non essere ormai che operazioni parziali e complementari del processo di produzione di un'unica e medesima merce" (pp. 430-31). Nel senso che con la manifattura singoli e diversi mestieri artigianali, fatti in autonomia, divengono un semplice anello, cioè un'operazione particolare, di una catena di lavoro sotto la direzione di un unico capitalista in un medesimo luogo: l'officina.

"D'altro lato - prosegue Marx - essa [manifattura] parte dalla *cooperazione di artigiani di ugual genere*, decompone uno stesso mestiere individuale nelle sue diverse operazioni particolari, isolandole e *rendendole indipendenti* fino al punto che ognuna di esse diviene funzione esclusiva d'un particolare operaio" (p. 431). Nel senso che un singolo artigiano non svolge più tutte le operazioni necessarie in tempi diversi, ma ne svolge una sola, mentre nello stesso tempo un'altra operazione viene svolta da un altro artigiano.

Nel primo caso si uniscono artigiani divisi, che lavorano separatamente; nel secondo si divide un mestiere "unito", in sé completo, appartenente a un unico lavoratore.

Marx è contrario al lavoro individuale dell'artigiano: lo fa capire chiaramente. Nella manifattura l'artigiano perde, "insieme all'abitudine, anche la capacità di esercitare il suo antico mestiere in tutta la sua estensione. Ma d'altra parte la sua attività unilaterale riceve ora in questa sfera d'azione più ristretta [cioè nella manifattura] la forma più idonea al fine del proprio lavoro" (p. 429). "La manifattura infatti genera il virtuosismo dell'operaio parziale..." (p. 432), oltre al fatto che la merce prodotta è il frutto di un *lavoro sociale*, in quanto nessun operaio singolo può produrla.

Su questo tuttavia, nel paragrafo 5 Marx dirà esattamente il contrario, com'è d'altra parte nel suo stile, in virtù del quale egli esalta il capitalismo nel momento in cui parla del feudalesimo e lo contesta quando deve giustificare il socialismo. La manifattura - dirà alle pp. 461-62 - intacca "alle radici la forza lavorativa individuale. Essa deforma l'operaio in qualcosa di mostruoso, promuovendone come in una serra le abilità di dettaglio, tramite la soppressione d'una quantità di disposizioni e d'istinti produttivi... Non soltanto vengono *suddivisi* tra vari individui gli specifici lavori parziali, ma viene diviso l'individuo stesso, lo si trasforma in motore automatico d'un lavoro parziale".

*

Spesso Marx pone il lettore di fronte a un tipo di artigianato che in realtà non è mai esistito. Non a caso ad un certo punto egli mette tra parentesi l'eventualità che l'artigiano lavori "con l'aiuto di uno o due garzoni" (p. 430).

Cerchiamo di spiegarci. Nel Medioevo lo sviluppo autonomo dell'artigianato, come professione a sé, è stato il frutto di una progressiva decadenza della vita rurale, troppo soggetta agli abusi del servaggio. In origine era lo stesso contadino (uomo o donna che fosse) a svolgere il mestiere dell'artigiano, insieme a quello del contadino e dell'allevatore. Se esisteva un artigianato separato dall'agricoltura, esso non lo era definitivamente, o comunque non si poneva in antitesi all'agricoltura. Pertanto non ha molto senso sostenere - come vuole Marx - che "in origine l'operaio vende al capitalista la propria forza lavorativa in quanto gli mancano i *mezzi materiali per la produzione* d'una merce" (p. 462). Tale mancanza non è casuale, ma *voluta* dallo stesso sviluppo del capitalismo. I mezzi li avrebbe (quelli tradizionali), ma il capitalismo glieli toglie.

Marx non considera, in questo capitolo, la forma più semplice di artigianato, ma solo la sua specializzazione individuale. Per lui la divisione del lavoro che si ottiene con la manifattura è in grado di offrire il *prodotto sociale* di un'*équipe* di artigiani, in luogo del *prodotto individuale* offerto dall'unità del lavoro del singolo artigiano. Cioè a dire, mentre con la manifattura la *socializzazione della merce* è garantita dalla divisione sistematica del lavoro, con l'artigianato invece l'unità del lavoro riusciva a garantire solo un *prodotto individuale*.

Marx insomma non vede la *socializzazione del lavoro* nel Medioevo. Per lui *tutti* i prodotti pre-capitalistici sono o *individuali* (del singolo artigiano, più o meno capace) o *insignificanti* (perché valori d'uso che si dissolvono nell'autoconsumo).

Il suo ragionamento, per semplificare, è di questo tipo: l'artigiano ha fatto bene a staccarsi dal contadino (come la città dalla campagna), ma ora deve rassegnarsi a trasformarsi in operaio salariato, perché sul mercato esiste un capitalista in grado di comprargli la sua forza-lavoro. La socializzazione dell'operaio viene vista positivamente da Marx, benché essa, sin dall'inizio, sia in funzione dell'appropriazione privata del profitto.

A Marx sfugge completamente il *significato esistenziale* di quel periodo storico in cui l'artigianato non era ancora staccato dall'agricoltura o, se lo era, continuava però a dipendere dalla vita rurale, mentre in questa dipendenza (che pur gli artigiani, col tempo, cercheranno di ridurre al minimo) si realizzava quella forma di socializzazione del lavoro che non aveva bisogno, per definirsi tale, di "rinchiudersi" in un'officina ove le mansioni erano completamente parcellizzate. Non era certo un puro e semplice "spazio fisico" a determinare il carattere di socializzazione del lavoro. (E non si dica che Marx non è interessato a questo, essendo il suo obiettivo quello di descrivere la nascita del capitalismo: tantissime volte - incluso questo capitolo - egli fa digressioni sull'epoca classica, greco-romana o sulla comunità primitiva dell'India).

A parte ciò, l'artigiano non ha mai lavorato *da solo*, ma sempre in una corporazione di più artigiani e garzoni, per cui il suo lavoro non era meno "sociale" di quello dell'operaio salariato. Questo artigiano ha forse combattuto contro il capitalismo con meno convinzione del contadino, ma certamente non l'ha fatto in maniera individuale. L'artigiano isolato, descritto da Marx, è un'immagine fittizia, usata per dimostrare la superiorità della manifattura (superiorità, peraltro, che Marx misura solo in termini strettamente *economici*, tralasciando volutamente quelli *etico-sociali*).

Marx non è preoccupato più di tanto quando constata, con occhi da "socialista", che la superiorità produttiva della manifattura è stata ottenuta a prezzo di una profonda *alienazione* del lavoratore. "Un operaio, effettuando vita natural durante sempre l'unica e medesima operazione semplice, trasforma tutto il proprio corpo nello strumento, automatico e unilaterale, di tale operazione..." (p. 431). In questo starebbe forse il suo "virtuosismo"? È forse un vantaggio dell'operaio quello di dover "impiegare per il suo lavoro solamente il tempo necessario" (p. 440)? È forse un suo guadagno dover lavorare con "continuità... uniformità... regolarità... ordine... intensità..." (ib.)? Si vive forse per lavorare? Oppure Marx vuole sostenere che lo sviluppo della manifattura, portando inevitabilmente alla nascita del macchinismo e della grande industria, ha favorito la fine della fatica fisica, in quanto ha praticamente reso inutile l'intervento manuale dell'operaio? È forse vero questo? e, se anche lo fosse, non sarebbe ancor più insensato sostenere che il lavoro serve per *realizzare* la personalità umana?

In realtà la manifattura avrebbe potuto avere la sua ragion d'essere se fosse stata una scelta *consapevole e democratica* dell'intera collettività, ovviamente per produrre di più in un tempo minore, ma a seconda delle necessità del momento. Una scelta quindi che avrebbe dovuto essere tenuta sotto controllo collettivo, quel controllo col quale si sarebbe dovuta garantire al singolo operaio l'esigenza della *reversibilità*, cioè la possibilità in ogni momento di tornare al modo tradizionale di produzione. La manifattura avrebbe avuto senso se fosse stata considerata come *parte integrante* di un sistema produttivo di tipo "socialista".

Viceversa, per Marx la nascita della manifattura è parte di un processo storico inevitabile, come nella triade hegeliana l'antitesi usciva da una tesi "imberbe", che per potersi veramente affermare aveva prima bisogno di negarsi. "Questo *processo di scissione* - dice a p. 463 - ha inizio nella cooperazione semplice, in cui il capitalista rappresenta di fronte ai singoli operai l'unità e la volontà del corpo lavorativo sociale". Marx, in altre parole, non si chiede *come nasce* il capitalista: ne costata semplicemente l'esistenza, nonché la sua indiscussa superiorità rispetto alle figure sociali del passato.

È strano ch'egli non si renda conto che la necessità di "trasformare il lavoro parziale nel mestiere a vita d'un uomo" (p. 432) - come accadeva nella caste, nelle corporazioni medievali ecc. - rispecchiava una forma di società in cui le differenze di classe erano già notevoli. Se la manifattura può essere considerata un'"evoluzione" dell'artigianato, non può certo essere considerata come un'*alternativa positiva* all'"involuzione" dell'artigianato verso il privilegio di classe o di casta o di corporazione. Al contrario, la manifattura può essere considerata come una *risposta negativa* alla mancata soluzione della crisi dell'artigianato.

*

Il Marx del *Capitale* dà continuamente per scontato che un'appropriazione adeguata del *significato della vita* dipenda anzitutto e soprattutto da un aumento della produttività, ovvero dal benessere di tipo materiale. Sono relativamente pochi i momenti in cui egli parla come un economista "socialista" e, dove lo fa, le conclusioni *politiche* sono sempre di scarso rilievo.

Prendiamo ad es. le pp. 447-48. Marx sa bene che nella manifattura "cala il *valore* della forza lavorativa", in quanto si risparmiano le spese d'apprendistato dell'operaio, essendo sufficiente anche un operaio *senza abilità*. Naturalmente chi trae i maggiori vantaggi da tutto ciò è il capitalista. Ebbene, l'analisi di Marx, in sostanza, si ferma qui. Al massimo egli invoca la necessità della rivoluzione politica, al fine di sostituire l'imprenditore privato con uno collettivo, ma non arriva mai a chiedersi se per caso il precedente modo di produzione non avesse degli aspetti *positivi* da non meritare d'essere completamente distrutti dal capitalismo.

Marx giustifica questo suo profondo scetticismo verso i modi di produzione pre-capitalistici semplicemente perché li ritiene *responsabili* della nascita del capitalismo: non in senso *etico* (poiché Marx esclude il ruolo della *libertà* nella transizione da una formazione all'altra), ma in senso *economico*, in quanto il "passato" è necessariamente responsabile del "presente". Dunque, se il capitalismo esiste è perché non si è stati capaci d'impedirne la nascita, e quindi esso è necessario. Per capire questa tesi di Marx basta leggersi il paragrafo 4 di questo capitolo, laddove egli parla, con grande forza sintetica e dialettica, della differenza tra la divisione del lavoro nella manifattura e quella nella società.

*

Quando scrive il *Capitale*, Marx ha una conoscenza molto approssimata della comunità primitiva, non solo perché gli studi di allora erano scarsi (stando almeno a quanto dice Engels), ma anche perché lo stesso Marx non vi aveva attribuito un'importanza particolare ai fini della stesura della sua opera. Engels si sentirà in dovere, nella terza edizione del *Capitale*, di sottolineare in una nota questa lacuna, anche se neppure egli saprà trarre dai suoi studi le dovute conseguenze, teoriche e pratiche.

Queste conseguenze sono importanti perché, nella lotta politica contro il capitalismo - se non si tiene in dovuta considerazione il potenziale contestativo delle forze pre-capitalistiche - si rischia di assumere degli atteggiamenti settari, ideologici, che le stesse forze del capitale possono facilmente neutralizzare. Oggi naturalmente è impossibile recuperare queste forze nell'ambito dell'Occidente industrializzato. Tutta l'agricoltura è stata intaccata dal capitalismo.

Il pregiudizio di Marx (che è in fondo di derivazione hegeliana) nei confronti di queste forze, lo si nota anche nel suo modo di considerare la *tribù* come una conseguenza logica, naturale, dello sviluppo della *famiglia*. Il determinismo con cui Marx considera "necessarie" *tutte* le formazioni economiche della società, ognuna delle quali costituisce un progresso rispetto all'epoca che l'ha preceduta e un limite rispetto a quella che le subentrerà, risente in modo palese dell'influenza dell'hegelismo. Lo stesso Marx, d'altra parte, non ha mai nascosto che quanto al "metodo di lavoro" egli "civettava" con la *Logica* di Hegel, previamente depurata del suo misticismo.

Marx ha ragione quando afferma che nelle comunità primitive la divisione del lavoro aveva "un *fondamento* meramente *fisiologico*" (p. 449), essendo basata sulle "differenze di sesso e d'età" (ib.). E ha anche ragione quando afferma che, in origine, lo *scambio dei prodotti* avveniva tra famiglie, tribù ecc., reciprocamente indipendenti, e non tra persone private. "L'*ambiente naturale* offre alle diverse comunità diversi mezzi di produzione e diversi mezzi di sussistenza" (ib.).

Tuttavia, egli ha torto quando sostiene che questa economia "spontanea e naturale" (ib.) era destinata a evolvere, in maniera altrettanto "spontanea e naturale", verso il capitalismo. Solo un economista che non si preoccupa di conoscere motivazioni *culturali* sottese ai processi socio-economici può sostenere un determinismo così radicale. In realtà, è difficile pensare che una comunità antica, basata sull'autoconsumo, giungesse, ad un certo punto, nel commercio con altre comunità, a negare la propria autonomia per affermare l'interdipendenza "d'una produzione generale *sociale*" (ib.) tra diverse comunità.

Il passaggio dal *prodotto* alla *merce* non è affatto spontaneo, come non è naturale che dalla divisione fisiologica del lavoro si passi alla progressiva decomposizione degli "organi particolari" (ib.) della singola comunità. Certo, se la comunità fosse composta da individui singoli, se la tribù non fosse che la somma di tante famiglie, sarebbe inevitabile la disgregazione degli elementi singoli dopo aver affermato la divisione del lavoro. Il fatto è però che nella comunità antica, molto più forte della divisione del lavoro era il legame *culturale* (assiologico, normativo) che teneva uniti i suoi vari componenti. Difficilmente si sarebbe permesso che una semplice attività economica potesse stravolgere "spontaneamente" i princìpi fondamentali su cui si reggeva l'intero edificio comunitario.

È dunque assurdo pensare che "la produzione e la circolazione delle merci [siano] il presupposto generale del modo di produzione capitalistico" (p. 451). È vero anzi il contrario, che senza "spirito borghese" non c'è produzione di merci, ma solo *scambio di prodotti*. Ecco perché dobbiamo necessariamente credere che in origine lo scambio dei prodotti non andasse *mai* oltre un certo livello: non tanto perché le comunità erano limitate sul piano economico, quanto piuttosto perché esse erano gelose della loro autonomia sul piano sociale e culturale (anche se la cultura non era scritta). In questo senso la *separazione tra città e campagna* va considerata come una delle più grandi disgrazie dell'umanità, a cui è difficile pensare che le varie comunità siano giunte - come invece vuole Marx - a causa di un semplice aumento della *densità* della loro popolazione (p. 450).

*

Per Marx il passaggio dalla società pre-capitalistica a quella capitalistica (manifatturiera) non è che il passaggio da un modo di produzione *individuale e indipendente* a un modo di produzione *sociale e dipendente*. "La divisione del lavoro nella manifattura presuppone la *concentrazione* dei mezzi di produzione nelle mani di *un unico* capitalista, la divisione del lavoro nelle società [leggi: *pre-capitalistiche*] presuppone la *dispersione* dei mezzi di produzione tra molti produttori di merci che sono reciprocamente indipendenti" (p. 454). Paradossalmente, seguendo con coerenza questo ragionamento, si dovrebbe finire col sostenere che la produzione di merci va intesa *in senso lato* e, in questo senso, essa va considerata presente *anche* in civiltà non-capitalistiche: tant'è che il capitalismo si forma solo se la divisione del lavoro si trova "già a un certo grado di maturità" (p. 451).

Per dimostrare la tesi dell'"evoluzione", in antitesi a quella del "salto" o della "rottura", tra una formazione economica e l'altra, Marx finisce col delineare una storia dell'umanità che da uno stadio primitivo di capitalismo è passata a forme di capitalismo sempre più sofisticate. Il "pre-capitalismo" non sarebbe che un aspetto rozzo e primitivo della manifattura, con cui inizia il capitalismo vero e proprio. In questo quadro il Medioevo, dopo il "capitalismo commerciale" del mondo greco-romano, rappresenta una sorta di gigantesco "buco nero", meritevole d'essere analizzato solo in quella parte che tratta dello sviluppo comunale e delle corporazioni. Ma questo per dire, ancora una volta, che la manifattura, grazie alla "rivoluzione degli strumenti di lavoro" (p. 467), ha saputo superare la fissità dei mestieri tradizionali delle corporazioni, i quali, pur essendo basati sulla divisione del lavoro, offrivano sul piano produttivo risultati assai modesti.

Marx può avere ogni ragione quando cerca di legittimare la transizione dal capitalismo commerciale a quello industriale, ma non ne ha alcuna quando cerca di legittimare la transizione dalle società pre-capitalistiche a quella capitalistica. Anzi, a ben guardare, la sua stessa immagine di "capitalismo commerciale" andrebbe rivista, poiché sia questa che quella delle società pre-capitalistiche sembrano essere delineate unicamente allo scopo di giustificare la transizione al capitalismo e, di conseguenza, da questo al socialismo, il quale altro non è - nell'ottica marxiana - che un sistema *sociale* (al pari del capitalismo) e *indipendente* (nel senso che il lavoro dipende solo da *se stesso* e non dal capitale).

*

Anche quando parla della comunità antica, Marx (che ha in mente soltanto quella "indiana" delle caste) non fa che giustificare il superamento di questa organizzazione da parte di un'altra di tipo capitalistico. Nel *Capitale* Marx non riesce assolutamente a equiparare (simbolicamente s'intende!) il futuro socialismo col socialismo delle comunità antiche, pre-schiavistiche. Per lui la comunità antica ("indiana", nella fattispecie) era sì caratterizzata dalla *socializzazione del lavoro*, ma in maniera *costrittiva*, cioè esisteva sì la "proprietà comune della terra", una "diretta connessione tra agricoltura e mestiere artigiano", nonché "una stabile divisione del lavoro" (p. 456), ma anche un forte *autoritarismo statale*. Al cospetto di questa forma di autoritarismo Marx ha sempre preferito l'affermazione del singolo, che recide il "cordone ombelicale" che lo lega alla comunità. Delineato il quadro in questi termini, Marx purtroppo si è precluso la possibilità di apprezzare adeguatamente gli "organismi di produzione autosufficienti" (p. 457), ovvero il fatto che in tali comunità "la gran massa dei prodotti sorge per l'appagamento degli immediati bisogni della comunità..." (ib.).

Per Marx è limitativo il fatto che solo "l'eccedenza dei prodotti" (ib.) si trasformi in *merce*. In queste condizioni la manifattura non può sorgere non tanto perché lo impediscono la cultura, i valori, lo stile di vita, quanto perché il mercato è troppo ristretto. Si tratta di una causa meramente *estrinseca, quantitativa, incidentale*. Non ci può essere manifattura che là dove lo scambio delle merci ha raggiunto un certo livello di estensione. Anche qui Marx riprende la legge hegeliana del passaggio dalla quantità alla qualità.

A un sistema di vita dove tutto si riproduce "costantemente nella medesima forma" (p. 458), Marx ha sempre preferito il continuo rivolgimento dei mezzi e delle condizioni produttive che si verifica sotto il capitalismo.

A tale proposito, tuttavia, è bene precisare che le società asiatiche - cui Marx si riferisce - non erano affatto così "immutabili" dal punto di vista economico. Egli infatti è convinto che tale immutabilità non abbia nulla a che vedere con "la continua ricostituzione degli *Stati* asiatici e col perenne alternarsi delle dinastie" (p. 459).

In realtà politica ed economia erano strettamente legate anche nell'antica Asia. Con una differenza però, rispetto alle regioni occidentali dell'Europa e degli Usa, che si può capire ponendosi una semplice domanda. Posto che in Asia i rivolgimenti politici erano, come in Occidente, il frutto di contraddizioni socio-economiche (anche se Marx parla delle società asiatiche come se fossero prive di lotte e di conflitti di classe), per quale ragione in Asia, in seguito alle lotte di classe, non è nato il capitalismo?

A questa domanda Marx non è stato in grado di dare una risposta convincente proprio perché egli aveva concentrato tutti gli studi sull'economia e non anche sulla *cultura* (filosofia, religione, ideologia politica, arte dei Paesi orientali). Se l'avesse fatto si sarebbe accorto di due cose: 1) che per l'Oriente l'uomo è *parte* della natura, per cui non avrebbe mai potuto esserci uno sviluppo tecnologico particolarmente forte o un'esigenza di sistematico sfruttamento delle risorse naturali; 2) che la mancata diffusione della religione cristiana non ha permesso ai popoli asiatici di sviluppare il senso profondo della *libertà* umana.

L'Oriente asiatico, essendo più vicino al modo di produzione pre-capitalistico, è rimasto fedele alla *socializzazione del lavoro*, ma, non avendo accettato il cristianesimo, non è riuscito a sviluppare il lato *storico* della personalità umana. Le lotte di classe quindi c'erano, ma avevano appunto lo scopo di conservare lo stile di vita culturale, naturale e pre-schiavistico contro il potere di coloro che invece puntavano ad accentuare gli aspetti del servaggio (che in Oriente si è sempre manifestato come "servaggio di Stato"). Non a caso l'Asia (fa eccezione, in parte, l'India, perché qui lo sviluppo delle caste è sempre stato molto forte) è passata dalla crisi del feudalesimo al socialismo (quanto democratico o autoritario non è qui il luogo per discuterlo. Interessante comunque resta il fatto che proprio attraverso il socialismo europeo l'Asia ha acquisito, indirettamente, i contenuti fondamentali del cristianesimo, laicizzati appunto dal socialismo. Grazie a questa acquisizione si può parlare, per la prima volta, di "storia universale dell'uomo").

Il giudizio di autoritarismo (politico) che Marx ha rivolto alle società asiatiche, vale, a suo parere, anche per il *feudalesimo*. Parlando delle corporazioni di arti e mestieri, ciò che Marx non sopporta è appunto la *costrizione* cui esse erano sottoposte. "Le leggi delle corporazioni... impedivano sistematicamente la trasformazione del mastro artigiano in capitalista, limitando il più possibile il numero dei garzoni ch'egli potesse impiegare" (p. 459). Detto altrimenti: là dove esiste costrizione, lì, per Marx, esiste dittatura, per cui, in luogo all'artigiano, è preferibile il "capitalista commerciale", l'unico veramente libero, nel Medioevo, di "acquistare il lavoro come merce" (ib.).

Il ragionamento di Marx non è sbagliato quando afferma che là dove c'è costrizione non c'è democrazia e quindi la costrizione è inutile, perché, prima o poi, il sistema verrà rovesciato. Ma è sbagliato quando aggiunge che, affinché gli uomini capiscano l'importanza della democrazia, occorre ch'essi si liberino dal peso di tutte le costrizioni sociali e che sviluppino la loro individualità. In seguito, dalle contraddizioni che emergeranno, a causa dell'anarchia produttiva, della sfrenata concorrenza e dell'autoritarismo in fabbrica, i lavoratori comprenderanno che la società capitalistica deve necessariamente passare al socialismo.

Purtroppo è proprio sulla base di questo ragionamento che noi dobbiamo addebitare al socialismo marxista (non meno che al liberalismo borghese) la responsabilità della fine immeritata di tutti gli aspetti positivi che esistevano nel sistema feudale. Non era forse positivo il fatto che "generalmente l'operaio e i suoi mezzi di produzione rimanevano nel complesso congiunti tra di loro..." (p. 460)? Il socialismo non chiede forse la stessa cosa? Il crollo del cosiddetto "socialismo reale" non è forse stata la più lampante dimostrazione che le teorie di Marx, in questo campo, erano sbagliate?

*

Ora bisogna fare un'osservazione sul concetto di "divisione del lavoro". Essere contrari, in assoluto, alla divisione del lavoro, sarebbe come porsi fuori della storia. Tuttavia Marx ha torto quando afferma che "la cooperazione basata sulla divisione del lavoro, ossia la manifattura, è originariamente una creazione spontanea e naturale" (p. 467); ha torto perché la manifattura già rientra nello "spirito capitalistico". Egli potrebbe aver ragione se si considerasse la divisione del lavoro *in senso lato*, come un'attività che ha riguardato qualunque comunità sociale, anche quelle più antiche.

È incredibile che un uomo del "sospetto" come Marx, abituato a vedere la realtà con grande criticità e disillusione, non si sia accorto come il passaggio da una semplice cooperazione fondata sulla divisione del lavoro alla manifattura vera e propria, abbia comportato una rottura traumatica fra il vecchio e il nuovo. Dire che "allorché [la cooperazione] ha raggiunto un certo grado e una certa consistenza, diviene la forma consapevole, metodica e sistematica del modo di produzione capitalistico" (ib.), è come dire che gli uomini (ad eccezione naturalmente dei capitalisti) erano così ciechi che soltanto dopo molto tempo sarebbero riusciti a capire i grandi limiti del capitalismo, che è come dire che in origine la transizione venne accettata nella consapevolezza di realizzare un aumento del benessere per tutta la collettività!

Marx quindi è nel giusto quando afferma che la manifattura è "un raffinato e civilizzato mezzo di sfruttamento" (p. 468), ossia "un particolare metodo per procurarsi *plusvalore relativo*, cioè per accrescere a spese degli operai l'*autovalorizzazione del capitale*" (ib.). Ma è nel torto quando sostiene che la manifattura "appare come un progresso storico e un momento necessario dell'evoluzione del processo di formazione economica della società" (ib.).

Dunque, è vero, non ha senso essere contro la divisione del lavoro, ma poi occorre aggiungere che non ne ha solo a condizione di evitare ogni *determinismo storico*, poiché con questo si finisce col giustificare una *qualunque* divisione del lavoro, inclusa quella capitalistica. Gli uomini possono anche specializzarsi in un determinato settore produttivo (se vogliono), ma non debbono sentirsi *obbligati* a farlo. Essi cioè devono sempre restare *liberi* di non abbandonare quelle condizioni che permettono loro di sentirsi *moralmente soddisfatti*, anche se non sanno produrre alla perfezione alcun oggetto particolare.

In ogni caso è assurdo pensare che debba esserci una divisione del lavoro che un pugno di capitalisti impone a tutta la collettività. Si possono fare lavori diversi se i diversi lavoratori si riconoscono reciprocamente nel loro ruolo, cioè se assegnano liberamente un valore ai loro rispettivi lavori. Il valore di un lavoro non può essere imposto con la forza, neanche se questa forza è di tipo *economico* e non *fisico*, come nell'antichità.

A proposito di "antichità", Marx sbaglia anche quando afferma che "gli scrittori dell'antichità classica... considerano esclusivamente la *qualità* e il *valore d'uso*" (p. 469). Egli infatti non s'accorge che per gli antichi greci, romani ed egizi il concetto di "valore d'uso" (che può essere applicato solo alle comunità autarchiche) era in antitesi a quello di "qualità". Essendo il loro un regime schiavistico, il concetto di "valore d'uso" non aveva alcun vero *contenuto democratico*. Lo dimostra appunto il fatto che un oggetto aveva tanto più valore d'uso quanto più forte era la divisione del lavoro, e quindi quanto meno era d'*uso sociale*. In una società schiavistica un oggetto aveva un grande valore d'uso solo per i *ceti benestanti*.

In tal senso non esisteva il moderno concetto di "valore di scambio" semplicemente perché non esisteva ancora quella *spersonalizzazione volontaria e consapevole* dell'individuo post-cristiano, che sola può permettere, attraverso l'uso delle macchine, di ottenere ricchezza puntando sulla quantità (e quindi sui bassi prezzi) invece che sulla qualità (cioè sugli alti prezzi). L'uomo classico non avrebbe mai potuto attribuire a una "macchina" la fonte della sua ricchezza, né avrebbe mai accettato di sacrificare la sua vita per accumulare capitali.

A parte questo, il concetto di "valore d'uso" delle società schiavistiche non era molto diverso dal concetto moderno di "valore di scambio": la differenza stava nel fatto che allora lo scambio poteva avvenire solo fra un numero ristretto di persone (quello di "qualità" poi fra un numero assai esiguo).

Naturalmente anche nel mondo classico si usava la spersonalizzazione del lavoratore per accumulare capitali (non dimentichiamo che lo schiavo era una "cosa parlante"). Tuttavia la spersonalizzazione era imposta dalla classe dominante alle masse, non era una caratteristica della stessa classe al potere. Il potere economico anzi serviva per affermare il primato della individualità. Nel capitalismo invece il capitalista sacrifica la propria individualità a vantaggio del capitale, che è diventato un'entità a se stante.

"Platone - dice Marx nella nota 80 di p. 470 - spiega la divisione del lavoro... con l'unilateralità delle inclinazioni spontanee degli individui", cioè in realtà la spiega con una "falsità" dettata dai suoi interessi di classe, quegli stessi interessi che lo portarono ad affermare "che l'operaio - sono ancora parole di Marx - deve conformarsi al lavoro e non il lavoro all'operaio" (stessa nota). Singolare che Marx non abbia nulla da dire in merito a questa "coercizione economica", ma ciò si spiega pensando che anch'egli ha tutto l'interesse a far vedere come già nell'antichità classica il concetto di "divisione del lavoro" era acquisito, per cui tra una formazione economica e l'altra non c'è alcuna soluzione di continuità.

Infelice infine è la conclusione del capitolo. Resosi conto probabilmente delle patenti contraddizioni fra ciò che di positivo la manifattura sembrava volesse dare al lavoratore e ciò che di negativo di fatto essa ha dato, Marx cerca di ridimensionare il peso dei suoi limiti, sostenendo che: 1) "sebbene essa... conduca allo sfruttamento produttivo di donne e bambini, tale tendenza generalmente non raggiunge lo scopo, scontrandosi con le abitudini e con la resistenza degli operai maschi adulti" (p. 473). (Marx tuttavia non spiega se la resistenza dipenda dall'indignazione morale o dalla paura della concorrenza sul mercato del lavoro); 2) "sebbene la decomposizione dell'attività di tipo artigiano faccia diminuire le spese d'apprendistato e di conseguenza il valore dell'operaio, per certi lavori più complessi si richiede necessariamente un periodo di tirocinio più lungo..." (ib.). (Marx però non aggiunge che tali lavori appartenevano a una ristretta categoria di persone); 3) "il capitale si trova a dover lottare in continuazione con l'insubordinazione degli operai" (ib.). (È la prima volta che Marx, in questo capitolo, ne parla. A p. 464 aveva invece parlato di "degrado intellettuale" dell'operaio parcellizzato, arrivando persino a ricordare che "intorno alla metà del sec. XVIII in alcune manifatture s'impiegavano preferibilmente per certe operazioni semplici dei mezzo idioti..." (ib.). Dunque quali operai si ribellavano alla manifattura?).

Marx in realtà afferma tutto questo non per sottolineare l'importanza della lotta di classe, ma per dimostrare i limiti della manifattura, ovvero l'esigenza storica ch'essa fosse superata dalla "grande industria". "Quando ebbe raggiunto un certo grado di sviluppo, la sua ristretta base tecnica entrò in contraddizione con i bisogni di produzione che essa stessa aveva generato" (p. 474).

Qui insomma siamo da capo. Il macchinismo è subentrato per superare i difetti strutturali della manifattura, ma esso in realtà peggiorava la condizione dell'operaio e, indirettamente, dell'intera società, tant'è che il luddismo subentrò subito dopo.

Il senso della manifattura

La manifattura implica un diverso concetto del lavoro, una diversa cultura della vita lavorativa: non si lavora più per vivere, ma perché obbligati da un contratto, per permettere all'imprenditore di accumulare capitali.

Se non ci fosse questa nuova cultura (borghese e schiavistica allo stesso tempo, che il cristianesimo cattolico e protestante ha legittimato), non ci sarebbe neppure la necessità di trasformare il lavoratore in uno strumento del lavoro, da usare il massimo possibile.

Il fatto di poter produrre di più in un tempo minore nel capitalismo costituisce la regola non l'eccezione, nel senso cioè che questo modo di produrre non viene gestito in previsione di una particolare avversità (ad es. la carestia), ma allo scopo d'incrementare quanto più possibile il capitale investito, a prescindere dalle condizioni esterne (ambientali) del lavoro.

Questa riduzione dell'operaio a "strumento di lavoro" era possibile nel mondo antico perché si partiva dal presupposto che lo schiavo, non avendo i diritti del cittadino, potesse essere trattato come una "cosa". Questo modo di vedere il lavoro era stato sottoposto a critica dal cristianesimo, il quale poneva liberi e schiavi sullo stesso piano di fronte a dio. Il servo della gleba non voleva essere considerato un "oggetto" del feudatario, e lottava - come lo schiavo dell'epoca romana - per la propria emancipazione.

La differenza stava nel fatto che lo schiavista romano (almeno finché non divenne cristiano) preferiva uccidere lo schiavo piuttosto che concedergli dei diritti; il feudatario invece, di fronte alle dure rivendicazioni dei contadini, poteva anche scendere a compromessi. Era cambiata la *cultura*.

Nel capitalismo, paradossalmente, l'operaio appare più vicino allo schiavo che non al servo della gleba, poiché risulta essere un mero strumento lavorativo, e tuttavia l'operaio salariato non finisce in tale condizione perché "catturato in guerra" o perché ha accettato consapevolmente, non avendo alternative, di rinunciare a una parte dei propri diritti e di vivere un rapporto di dipendenza personale, ma vi finisce nella pienezza della propria *libertà*, anzi a causa di questa stessa libertà.

Sotto il capitalismo infatti il lavoratore diventa schiavo del capitale dopo che ha acquisito la piena libertà giuridica, cioè i diritti civili e politici. Egli è personalmente libero, anche se questa libertà non è supportata da alcuna forma di proprietà: è una libertà "totale", ma solo perché "da tutto". È la libertà del niente.

Quindi solo una particolare cultura poteva accettare un dualismo così netto tra libertà formale e schiavitù sostanziale: questa cultura non poteva essere che il *cristianesimo* e, in modo particolare, il *protestantesimo*.

Macchinario e grande industria

Leggendo il cap. XIII del I libro del *Capitale*, intitolato "Macchinario e grande industria", salta subito agli occhi la grande differenza che separa Marx da Lenin.

Dopo la sconfitta del proletariato industriale nella rivoluzione del 1848, Marx smise di credere nella possibilità di una vittoriosa rivoluzione comunista a breve termine, anzi arrivò a teorizzare che prima di tutto occorreva attendere l'esaurirsi della spinta propulsiva del capitalismo. Di qui il suo dedicarsi agli studi approfonditi di economia politica. La Comune di Parigi infatti lo coglierà del tutto impreparato.

Sotto questo aspetto ci si chiede quale valore possa avere un testo come il *Capitale*. Sul piano scientifico, quello appunto dell'economia politica, ne ha indubbiamente uno grandissimo, ma su quello politico? Potrà mai nascere una rivoluzione proletaria dalla lettura del *Capitale*?

Sino al confronto col populismo il Marx maturo restò fermo nella convinzione che la transizione al socialismo sarebbe potuta avvenire solo sulla base dell'acuirsi delle contraddizioni del capitalismo. Quale discepolo di Hegel, egli era convinto che il motore della storia fosse la "contraddizione", che deve svilupparsi al massimo livello, al fine di poter generare una nuova formazione sociale.

Come tale formazione concretamente si generi Marx lo lascia spesso al caso, al moto spontaneo delle circostanze. Saranno gli uomini a trovare, al momento opportuno, in forza di nuove condizioni storiche, i mezzi e i metodi migliori per superare le loro contraddizioni.

Marx ha fiducia piena nella storia, ritenuta una sorta di *deus ex-machina*, in grado di agire *motu proprio*, al punto che gli operai del *Capitale* sembrano doversi limitare a una mera lotta sindacale, riformistica, contro gli imprenditori privati.

Viceversa, Lenin si chiedeva se avesse ancora senso aspettare l'acuirsi delle contraddizioni capitalistiche quando quelle già esistenti erano più che sufficienti per capire che la battaglia andava condotta immediatamente contro il "sistema" del capitalismo e non tanto contro le sue storture più evidenti.

Non era infatti possibile accettare, in Russia, il passaggio dalla crisi strutturale del feudalesimo alla nascita del capitalismo, senza rendersi conto che il capitalismo produceva, nelle città ma anche nelle campagne, dei guasti superiori allo stesso servaggio. Lenin ebbe subito chiaro, e con lui migliaia di bolscevichi, che più tempo si dava al capitalismo di mettere radici e più tempo ci sarebbe voluto per estirparle.

Più in generale si può dire che la superiorità di Lenin rispetto a Marx è pari a quella che separa un politico da un teorico. Lo stesso *Capitale*, che pur vede il capitalismo quasi esclusivamente nella sua fase concorrenziale, è stato scritto quando ormai il capitalismo era entrato nella fase monopolistica. Viceversa l'*Imperialismo* è stato scritto da Lenin quando i monopoli avevano dato vita al loro impetuoso sviluppo.

*

Marx afferma che "l'estensione universale della legislazione sulle fabbriche" (paragrafo 9 di "Macchinario e grande industria", p. 657) servì "per proteggere fisicamente e intellettualmente la classe operaia"; tuttavia essa favorì pure "la concentrazione e il dominio esclusivo del regime di fabbrica".

Tale contraddizione, dal punto di vista del leninismo, sarebbe dovuta bastare per convincere la classe operaia sul fatto che qualunque rivendicazione sindacale, se non sostenuta da una forte esigenza rivoluzionaria, finisce col sortire l'effetto contrario a quello voluto.

Viceversa, Marx è convinto che quanto più si favorisce il "dominio esclusivo" del capitale, tanto più si "universalizza" la lotta contro tale dominio. In altre parole, la lotta anti-capitalistica, nella fase della manifattura o del capitalismo commerciale, non approdò al socialismo semplicemente perché il capitalismo non era ancora sufficientemente "concentrato" e quindi non lo era nelle fabbriche il proletariato.

L'unità organizzativa utile alla rivoluzione di sistema Marx la riteneva possibile solo come conseguenza della concentrazione dei capitali nelle imprese maggiori. Gli operai si sarebbero sentiti tanto più uniti politicamente quanto più lo sarebbero stati "fisicamente".

Questa logica deterministica è ben visibile anche a p. 639, laddove Marx ribadisce, con un'affermazione lapidaria, che "lo sviluppo delle contraddizioni di una forma storica della produzione è l'unico mezzo che offre la storia per la sua dissoluzione e trasformazione". L'istanza e quindi la prassi di liberazione vengono subordinate all'evolversi storico delle contraddizioni antagonistiche.

Essendo per sua natura "anarchico", il capitalismo, secondo Marx, era destinato all'autodistruzione o comunque al superamento da parte di quella classe che in ultima istanza non avrebbe accettato di lasciarsi coinvolgere in quella inevitabile rovina.

Lenin, pur partendo da premesse marxiste, perverrà a conclusioni praticamente opposte: il proletariato, anche se tutto concentrato nelle imprese capitalistiche, al massimo può giungere a una consapevolezza *sindacale*, in quanto non ha sufficienti possibilità (scientifiche, organizzative) per comprendere (agendo di conseguenza) che il sistema è in sé irriformabile. Sicché la coscienza che porta l'operaio a lottare in maniera irriducibile per il superamento del sistema, può essere sollecitata solo *dall'esterno* dei rapporti di lavoro.

Detto altrimenti: senza rivoluzione politica il capitalismo sarebbe in grado di superare le proprie crisi all'infinito, anche perché ne farebbe portare il peso ai lavoratori.

Lenin capì chiaramente questo, ma non arrivò ad accettare, con pari risolutezza, il passaggio successivo, e cioè che gli uomini (non solo i militanti del partito ma l'intero popolo di una nazione), pur avendo coscienza della necessità della rivoluzione, vanno lasciati liberi di usare tale coscienza anche contro gli interessi della stessa rivoluzione.

*

Nel cap. XIII Marx ribadisce a chiare lettere che l'introduzione del macchinismo è servita unicamente ad aumentare il plusvalore del capitale (e non tanto - come voleva l'economia politica borghese - ad alleviare le fatiche degli operai). Tuttavia egli non ha spiegato il motivo *culturale* del passaggio dalla manifattura alla grande industria, cioè delle cause di fondo che portarono alla rivoluzione tecnico-scientifica, che poi servì da volano alla rivoluzione industriale vera e propria.

La manifattura esprimeva certamente un rapporto mutato tra *uomo e uomo*, ma l'industrializzazione esprime anche un rapporto profondamente mutato tra *uomo e natura*. La grande industria infatti ha la pretesa di superare tutti quei limiti naturali che in qualche modo ostacolavano lo sviluppo su grande scala della produzione manifatturiera. Il capitale presume di trionfare non solo sul lavoro ma anche sull'ambiente in cui esso si manifesta.

Marx lo dice nella nota 89 (ed è singolare che sia solo una nota): "La tecnologia mette in luce la condotta dell'uomo nei confronti della natura...". E tuttavia egli non compie alcuna analisi critica nei confronti della *tecnologia in sé*. Anzi, qualunque tecnologia che assoggetti la natura alle esigenze dell'uomo viene giustificata, con l'ovvia eccezione ch'essa non venga utilizzata per sfruttare il lavoro altrui.

Con lo sviluppo della macchina-utensile, che determinerà tecnicamente la nascita della rivoluzione industriale, s'inverte il rapporto di dipendenza del macchinario dal lavoratore. Questo non può essere considerato un processo naturale, anche se indubbiamente le scelte operate in determinate direzioni possono portare a conseguenze inevitabili.

I limiti "culturali" di Marx sono ben visibili laddove afferma, a proposito della fine della famiglia contadina o patriarcale, che "pur apparendo orrenda e disgustosa l'oppressione della vecchia famiglia operata dal sistema capitalistico, ciononostante la grande industria, con la parte grandissima che è attribuita alle donne, agli adolescenti e ai bambini d'entrambi i sessi nei processi produttivi che vengono svolti socialmente al di fuori della cerchia familiare, crea la nuova base economica per una forma più evoluta della famiglia e del rapporto tra i due sessi" (p. 641).

Cioè a dire, mentre prima le donne e i figli erano nettamente subordinati agli uomini e tutti al patriarca della famiglia allargata, ora, essendo tutta la famiglia ugualmente sottomessa al capitale, è di conseguenza aumentata la possibilità di costruire dei rapporti più *democratici* tra i sessi.

È singolare che Marx non abbia sottolineato come, da un lato, nelle famiglie rurali del feudalesimo il dominio del signore o del patriarca era strettamente legato alla *fisicità* della sua persona e quindi a rapporti di tipo *personale*, la cui "forza" era in rapporto alle terre possedute o al ruolo riconosciuto per tradizione e non poteva comunque essere illimitata come sotto il capitalismo, dove il capitale si riproduce a prescindere dalla volontà del capitalista, e come, dall'altro, la nuova subordinazione al giogo del capitale non è sul piano fisico e sociale meno "orrenda" e "disgustosa" di quella feudale, mentre lo è senza dubbio molto di più sul piano *morale*, essendo mascherata dall'ipocrisia della *libertà giuridica*. Questo nei paesi del Terzo mondo è ancora oggi piuttosto evidente.

*

Anche in questo capitolo è palese la visione limitata di Marx nei confronti delle società pre-capitalistiche. Egli infatti da un lato condanna il capitalismo perché basato sullo sfruttamento sistematico del lavoro altrui; dall'altro però afferma, a più riprese, che sotto il capitalismo è avvenuta la "socializzazione del lavoro", la "cooperazione dell'operaio complessivo" ecc.

Per Marx è stato un grande progresso dell'umanità la socializzazione aziendale imposta dal capitale ai lavoratori; non solo perché quest'ultimi sono stati costretti a "stare uniti", a lottare insieme per migliorare le loro condizioni di vita e di lavoro (il lato *politico* della socializzazione), ma anche perché è proprio "con il carattere cooperativo del processo di lavoro [sottinteso: capitalistico] che si estende per forza di cose *il concetto del lavoro produttivo* e del suo strumento, *del lavoratore produttivo*" (p. 665), che è appunto il lato *economico* della socializzazione.

Tutte le rivoluzioni pre-comuniste sono fallite - sembra dire Marx - perché gli uomini erano anzitutto disuniti nell'ambito del lavoro. Dice infatti a p. 664: "appropriandosi individualmente gli oggetti di natura per le esigenze della sua vita, egli [il lavoratore] controlla se stesso. In seguito egli viene controllato". Il che in sostanza significa che l'uomo pre-borghese controllava sì se stesso, ma in maniera individualistica; era "libero" (relativamente parlando) ma "isolato". Sotto il capitalismo invece è sì "schiavo", in quanto "controllato", ma è "associato".

Marx non ha mai accettato l'idea di una società pre-borghese (anzitutto "primitiva") composta da uomini e donne "liberi e associati". Tutto ciò che è "pre-capitalistico" è necessariamente "individualistico". Qui il lavoro intellettuale e manuale - dice Marx - era unito e non in contrapposizione, ma il loro prodotto era quello "immediato del singolo produttore" e non quello "comune di un operaio complessivo, cioè di più persone che lavorano in combinazione" (pp. 664-5).

Egli vede l'operaio sociale del capitalismo in antitesi non solo al servo della gleba (considerato un semi-schiavo) ma anche a un operaio individualista che non è mai esistito. Il fatto che le corporazioni feudali non potessero avere più di un certo numero di operai non stava affatto a significare ch'essi facessero un lavoro individualistico, cioè se anche il lavoro in sé poteva apparire individualistico, non lo era però il *contesto* in cui si svolgeva. E in ogni caso il lavoro dell'operaio moderno industrializzato è sempre stato molto più parcellizzato (e quindi alienante) di quello del garzone. Il moderno operaio è semplicemente l'ingranaggio di una macchina in cui il momento "creativo" è soltanto nella fase iniziale, quando si costruisce la macchina. Dopodiché la produzione in serie è il trionfo della noia.

Marx equipara chiaramente la vita rurale della Germania tardo-feudale della sua epoca con la vita industrializzata della classe operaia inglese, e preferisce senza riserve quest'ultima. Egli non ha mai smesso di paragonare il capitalismo col feudalesimo del basso Medioevo, cioè un capitalismo *in atto* con uno *in potenza*, e facendo questo ha sempre avuto buon gioco nel sostenere che l'uno era migliore dell'altro sotto tutti i punti di vista.

Egli non ha mai ipotizzato l'idea che la *cooperazione* sarebbe potuta nascere anche a prescindere dal capitalismo. Marx parla continuamente dei vantaggi della cooperazione dimenticandosi di precisare a quale prezzo essi sono stati raggiunti. Parla della cooperazione senza rendersi conto, nell'ambito del capitalismo, essa non è mai separata dall'alienazione. Vien qui da rimpiangere quanto il giovane Marx scriveva nelle splendide pagine economiche dei *Manoscritti del 1844*.

È vero, con la manifattura aumentano gli operai da impiegare contemporaneamente, ma è anche vero che la macchina ora è uno strumento completo per il profitto capitalistico, al pari della stessa forza-lavoro. Il capitalismo non nasce utilizzando semplicemente in maniera diversa i tradizionali mezzi produttivi (cioè non arrivò improvvisamente a capire che con la cooperazione si poteva fare di più e meglio), ma sin dall'inizio è volto a trasformare questi mezzi in strumenti sempre più efficienti per realizzare profitti che in sostanza sono fini a se stessi. Questa rivoluzione *culturale* Marx non l'ha mai esaminata a fondo. D'altra parte non gli interessava sapere se nel mondo contadino esisteva la cooperazione. La cooperazione, per lui, è strettamente legata al macchinismo. Occorrerà il contatto col populismo russo prima ch'egli riveda i suoi pregiudizi nei confronti del mondo contadino.

*

Del capitalismo Marx non avrebbe mai detto ch'esso poteva porsi solo come *una* delle possibili alternative storiche al declino del feudalesimo. Era troppo forte l'idea del capitale di connettere "lavoro" a "produttività" perché si potesse pensare a una transizione non altrettanto "esigente". Eppure proprio il capitalismo ha trasformato il lavoro altrui in un'occasione di rendita, esattamente come faceva, con molto meno calcolo, il feudalesimo nei confronti del servaggio.

La stessa equiparazione borghese di "lavoro" e "produttività" possiede dei connotati *anti-umanistici*, poiché la misurazione del proprio lavoro in un rendiconto di tipo economico viola il principio etico secondo cui il lavoro è mezzo e non fine (o comunque strumento di vita e non di profitto). Concepire il profitto come cosa fine a se stessa significa vedere gli uomini solo come strumenti di lavoro.

L'uomo deve lavorare per il bene della comunità e quindi per il suo stesso bene, ma la comunità non può sottoporre il suo lavoro a un valore di tipo matematico. Da un punto di vista *sociale* e non meramente *economico*, ciò che più conta è che, potendolo fare, l'uomo lavori e non se ne stia a oziare a spese della comunità. Se vale il principio socialista: "Da ognuno secondo le sue capacità, a ognuno secondo il suo bisogno", non può esistere il concetto di "lavoro produttivo", in quanto ogni lavoro lo è e tutti in misura uguale. Quanto, nella realizzazione di tale principio, occorra la presenza di *comunità autogestite*, è facile capirlo.

*

Marx ha spiegato solo in maniera *fenomenica* il passaggio dalla produzione di *plusvalore assoluto* (che è caratteristica di ogni formazione sociale antagonistica) alla produzione di *plusvalore relativo* (che è tipica del capitalismo): non l'ha spiegato in maniera *ontologica* o *culturale*.

Egli ha connesso la nascita del capitalismo con il "culto dell'uomo astratto" elaborato dal cristianesimo, ma non ha mai svolto un'analisi sistematica di tale connessione, e chi ha preteso di farla - p.es. Weber o Sombart - l'ha fatto in maniera borghese.

Occorre riesaminare tutta la teologia cattolica, a partire dalla riscoperta medievale dell'aristotelismo, per giungere sino allo sviluppo del calvinismo, che è la quintessenza culturale del capitalismo. Se non si fa questo lavoro di ricerca si finisce col cadere in tautologie, da ritenersi ormai classiche nel marxismo, come la seguente: "la produzione di plusvalore assoluto costituisce il fondamento universale del sistema capitalistico e il punto di partenza per la produzione del plusvalore relativo" (p. 666). Se così fosse, non ci si potrebbe spiegare il motivo per cui lo stesso "fondamento universale" delle altre formazioni antagonistiche non s'è mai posto come *punto di partenza* per la produzione del plusvalore relativo.

Marx, che si rendeva ben conto del circolo vizioso, spesso - non avendo affrontato la questione in maniera *culturale* - era costretto a dare delle risposte equivoche, contraddittorie, come per es. la seguente: "Il fatto che in una società sia predominante questa forma di sfruttamento [il capitale usuraio o il capitale commerciale] *impedisce il modo di produzione capitalistico* [che presuppone la libera vendita della forza lavoro], che tuttavia può trovare in essa una forma di *transizione*: fu il caso del tardo Medioevo" (p. 667). Altrove però egli dirà che senza il "capitale commerciale" difficilmente può sorgere quello "capitalistico".

In realtà - ed è la storia che lo dimostra - fino a quando esiste un primato dell'agricoltura, la cultura che sorregge lo sfruttamento del lavoro difficilmente può favorire una transizione al capitalismo: cosa invece possibilissima se quel primato viene intaccato dallo sviluppo del capitale commerciale, cui ovviamente deve corrispondere, sul piano sovrastrutturale, una cultura opposta alla precedente.

La diretta e completa subordinazione del lavoro al capitale deve essere in qualche modo anticipata sul piano *culturale*, anche se qui gli strumenti teorici che si usano e lo stesso oggetto delle argomentazioni può risultare del tutto estraneo agli sviluppi sociali futuri. È difficile sostenere che la nascita culturale del capitalismo tragga le sue origini dalla riscoperta medievale dell'aristotelismo, *eppure le sue radici sono lì*.

L'analisi culturale deve essere approfondita, anche per evitare di dire delle sciocchezze, come p.es. là dove Marx pretende di aver trovato una "base naturale" del plusvalore: "nessun ostacolo naturale assoluto può impedire a una persona di esimersi dal provvedere al lavoro necessario per il proprio sostentamento addossandolo sulle spalle di un altro" (p. 669).

Se l'uomo è per definizione un "essere sociale", questa sua qualità non è un prodotto solo *culturale* ma anche *naturale*, che implica delle regole la cui verità dipende dalla libera accettazione. Anche se una cultura può farlo sembrare tale, lo sfruttamento non può mai essere considerato "naturale".

L'ostacolo naturale assoluto allo sfruttamento è dato proprio dalla naturale *socializzazione* della vita umana, che può arrivare ad accettare le discriminazioni solo se interviene, artificiosamente, una cultura che si contrappone alla "tradizionale natura delle cose", una cultura fittizia, non popolare ma intellettualistica, che pretende di mettere in discussione quella consolidata da secoli di vita sociale, e che trova un terreno fertile in quelle realtà non sufficientemente consapevoli del valore delle cose. La "spontanea produttività di plusvalore" è tipica delle società antagonistiche, ma era del tutto sconosciuta alle comunità primitive, che pur sono esistite per milioni di anni.

Per Marx le comunità primitive erano così arretrate da risultare assai simili alla socializzazione degli animali. Egli cita, in nota, "gli indiani selvaggi d'America" e nel testo parla di "cannibalismo". Il fatto che fra gli indiani quasi tutto appartenesse alla comunità viene considerato possibile da Marx appunto perché "le forze produttive erano assai piccole; anche le esigenze..." (p. 669). Quindi in sostanza mancava lo sfruttamento a causa dell'arretratezza sociale della tribù!

"I rapporti secondo i quali il plusvalore di una persona diviene condizione di esistenza di un'altra sorgono solamente quando gli uomini sono usciti tramite il lavoro dalla loro animalità, vale a dire solo quando il loro stesso lavoro è arrivato a un determinato grado di socialità" (p. 669). Dunque, il lavoro o meglio la forza-lavoro è tanto più fonte di valore quanto più si pone come unico mezzo in grado di far uscire una comunità primitiva dalla propria "animalità"!

Cos'è questo se non un modo ideologico di applicare al passato uno stile di vita moderno? In assenza di un'analisi antropologico-culturale approfondita Marx è costretto ad affermare che l'uomo diventa tanto più facilmente "umano" quanto prima inizia lo "sfruttamento"! L'umanizzazione trova le sue fondamenta in ciò che la contraddice. Di qui il rifiuto di considerare possibile l'idea che non tanto il lavoro sia fonte del valore, quanto piuttosto che sia il valore condiviso da una collettività a dare senso al lavoro.

Marx ha voluto usare categorie borghesi per ritorcercele contro la stessa borghesia: infatti se il lavoro è fonte del valore, la borghesia è una classe inutile perché vive sullo sfruttamento del lavoro altrui. Tuttavia, non è questo il modo di costruire un'alternativa globale al capitalismo. L'alternativa, infatti, va cercata proprio nell'esperienza della *comunità primitiva*. Gli storici hanno sostenuto che Marx non ebbe idee chiare sullo sviluppo del comunismo primitivo perché allora gli studi critici erano molto scarsi, ma non si tratta solo di questo.

Prendiamo ad es. questa affermazione: "in quel periodo primordiale la parte della società che vive del lavoro di altri è nei confronti della massa dei produttori diretti proporzionalmente esigua, quasi insensibile" (p. 669). Come se lo "scarso sfruttamento" del lavoro altrui fosse un difetto della comunità! Come se uno sfruttamento, seppur esiguo, debba per forza essere presente in ogni comunità primordiale! Come se il non-lavoro da parte di alcuni dovesse necessariamente coincidere con lo sfruttamento nei confronti di altri!

Chiunque può facilmente notare che non si tratta soltanto di mancanza di conoscenze. Tant'è che alla fine della sua argomentazione Marx, rendendosi conto di non aver saputo trovare una risposta convincente al problema della nascita del capitalismo, è costretto a concludere con un'affermazione generica: "Il *rapporto capitalistico* sorge su un terreno economico che è prodotto di un lungo processo di sviluppo... non è dono di natura, ma di una storia che comprende migliaia di secoli" (pp. 669-70). Il processo evoluzionistico della storia qui viene chiamato in causa per giustificare un fenomeno di cui non s'è ben capita la genesi storico-culturale.

D'altra parte ancora più assurda è la risposta, di tipo "geografico" (alla Montesquieu), ch'egli qui dà a questo problema: "Non è il clima tropicale con la ricca vegetazione la madrepatria del capitale, bensì la zona temperata" (pp. 671-2). Eppure poco prima egli aveva detto: "Quanto minore è il numero dei bisogni naturali da soddisfare in assoluto, e quanto più grande è la fertilità naturale della terra e la mitezza del clima, tanto più corto è il *tempo di lavoro necessario* per il mantenimento e per la riproduzione del produttore" (p. 670). Col che si potrebbe pensare che la comunità primitiva avesse meno bisogno di praticare lo sfruttamento dell'uomo sull'uomo. Invece secondo Marx è proprio il contrario: "tanto maggiore *può* quindi essere l'eccedenza del suo lavoro per altri..." (p. 670).

Ma allora - ci si può chiedere - perché il capitalismo non è p. es. nato nell'Egitto dei faraoni, che certo conosceva e praticava lo sfruttamento dell'uomo? Marx in sostanza sostiene che il capitalismo poteva nascere solo in una zona geografica la cui ricchezza naturale non fosse troppo rigogliosa, ma dipendesse dalla capacità dell'uomo di *dominare* la natura. E riporta vari esempi, soprattutto in riferimento all'irrigazione dei suoli: antico Egitto, Lombardia, Olanda, India, Persia, Spagna, Sicilia...

Eppure proprio questa capacità lavorativa, riscontrabile in epoche e luoghi diversi, non spiega affatto il motivo per cui la nascita del capitalismo si sia verificata proprio in Europa occidentale, né la ragione per cui in molti dei luoghi citati da Marx il capitalismo si sia affermato solo in seguito al colonialismo europeo, cioè come una forzatura imposta da un agente esterno.

Insomma, quando Marx afferma che "la prosperità delle condizioni naturali favorisce sempre solamente la *possibilità*, mai la *realtà* del pluslavoro..." (p. 673), non si rende conto che se avesse approfondito la ricerca culturale avrebbe trovato indimostrabile questa teoria climatica anche solo per il concetto di "possibilità del pluslavoro".

Che il passaggio dalla possibilità alla realtà dipenda da fattori extra-naturali, o che esso venga ritenuto impossibile semplicemente a motivo di determinati fattori naturali, bisogna in ogni caso trovare i fattori *umani* che hanno generato la transizione, altrimenti un qualunque nesso di clima e pluslavoro rischia di diventare una sciocchezza colossale.

*

Quando Marx parla di "valore della forza-lavoro" è sempre costretto a usare dei termini generici, benché la scienza economica esiga il contrario. Questo sta appunto a significare che quando è in gioco l'essere umano, qualsiasi determinazione quantitativa del suo valore rischia sempre di apparire approssimativa. Sotto questo aspetto sarebbe stato meglio dare una definizione *qualitativa* del valore dell'essere umano *qua talis*, anche a costo di finire nella tautologia.

In effetti, dire che "il valore della forza lavorativa è determinato dal valore dei mezzi di sussistenza generalmente necessari all'operaio medio" (p. 679), è come dire che tale valore è, in sostanza, poco determinabile in maniera scientifica. Peraltro, se un operaio produce più del suo valore (cosa che determina il plusvalore, che è lavoro non pagato), non potrà mai esistere un salario matematicamente adeguato al valore della forza-lavoro.

Quando si parla di mezzi di sussistenza "generalmente" necessari a un operaio non specifico ma "medio", si finisce col cadere nell'opinabile, nel soggettivo. Non si può pretendere che un'oggettività dipenda da un'astrazione, specie quando è in causa l'essere umano. O si parla, in maniera generica, del valore assoluto della persona umana; oppure si deve combattere la pretesa di trovare un riferimento scientificamente adeguato al valore della forza-lavoro. Se esiste un valore di tal genere, esso non potrà che oscillare fra un minimo e un massimo talmente diversi da rendere impossibile qualunque statistica attendibile.

Un operaio che lottasse solo perché sia riconosciuto il valore *esatto* della sua forza-lavoro, sarebbe un folle, poiché il suo essere "lavoratore" non occupa che 1/3 della sua giornata lavorativa. In realtà l'operaio ha bisogno che il valore della sua forza-lavoro non dipenda strettamente dal valore dei mezzi di sussistenza, altrimenti non gli resterebbe altro tempo per fare alcunché.

Lo stesso capitalista, che pur fa di tutto per limitare il salario al minimo indispensabile (alla riproduzione della forza-lavoro), sa benissimo che se l'operaio si limita a riprodursi non potrà mai diventare un acquirente delle merci ch'egli stesso produce.

Il valore della forza-lavoro è quindi, in realtà, il frutto di un continuo compromesso o, se si vuole, di una continua trattativa sindacale tra operaio e imprenditore. Il riferimento ai mezzi di sussistenza entra in gioco solo quando l'operaio rischia di essere licenziato o quando la sua prole non trova alcuna vera occupazione.

Il valore della forza-lavoro non è dato dal salario, che deve comunque permettere la riproduzione, poiché l'uomo non è solo ciò che mangia e il fine dell'esistenza umana non è quello di lavorare. L'uomo ha bisogno di lavorare per riprodursi, ma ha tanti altri bisogni che non possono essere soddisfatti col lavoro o, se vogliamo, il fatto di doversi riprodurre non può coincidere strettamente coi bisogni di tipo materiale.

L'uomo deve potersi riprodurre come *essere umano* e non soltanto come lavoratore che produce dei beni. Il concetto di *persona* è *antece-*

dente a quello di lavoratore. Possiamo accorgerci di questo solo nell'ambito di una comunità in cui l'individuo venga valorizzato anzitutto per quello *che è* e non per quello *che fa*.

Di una persona si devono stimare il carattere, i sentimenti, i pensieri, gli atteggiamenti, le virtù, le qualità morali... Se si pone il lavoro come primo fattore di valorizzazione si pongono in essere, immediatamente, dei fattori discriminanti: p.es. tra uomo e donna, tra adulto e minore, tra abile e disabile, tra forte e debole, tra residente e immigrato, tra intellettuale e manovale ecc. Se invece si accetta l'idea di valorizzare la persona per quello che è, occorre essere disponibili a veder emergere in questa persona le sue migliori caratteristiche.

Questo, si badi, non significa rinunciare all'idea che per eliminare il lavoro salariato occorra una rivoluzione politica, poiché è difficile credere che i capitalisti possano rinunciare spontaneamente alla possibilità di vivere di rendita sfruttando il lavoro altrui.

*

In una società socialista esisterà il plusvalore, il lavoro non retribuito? Sì, se sarà determinato dalla *spontaneità* e non dalla coercizione.

E potrà mai esistere l'idea di "profitto" se non ci sarà la possibilità di estorcere plusvalore dalla forza-lavoro? Senza coercizione economica o extra-economica non ci può essere "profitto", intendendo con questo termine anche quella parte di lavoro non pagata. Ci può essere il guadagno o il ricavo, ma non un profitto di tipo capitalistico. Il plusvalore infatti rappresenta proprio la garanzia che il profitto si realizzerà in maniera automatica, semplicemente pagando degli operai al di sotto del valore che rendono.

Il plusvalore infatti è la possibilità che il capitale si è dato di sfruttare l'operaio dietro l'apparenza dello scambio degli equivalenti, che in questo caso consiste nell'offrire denaro (il salario) contro merce (la forza-lavoro).

A questa finzione il capitalismo è stato indotto proprio dal cristianesimo, che non avrebbe tollerato un ritorno allo schiavismo *stricto sensu*. Il lavoratore salariato è schiavo nell'apparenza della libertà. E tale apparenza è tanto meno sofisticata quanto meno presente è stato nei secoli il cristianesimo (come p.es. in molti paesi terzomondiali, dove il capitalismo s'è sempre comportato con molti meno scrupoli).

Nel socialismo reale il plusvalore esisteva in quanto lo Stato si era sostituito a tutti i capitalisti privati, illudendo i lavoratori ch'esso fosse lo "Stato di tutto il popolo".

In una società democratica, dove i mezzi produttivi sono *socializzati* e non statalizzati, il lavoro non direttamente retribuito può essere solo quella forma di lavoro la cui retribuzione viene devoluta in fondi particolari che riguardano i servizi sociali, per il bene comune.

In una società del genere il lavoratore è effettivamente padrone di ciò che produce, ma appunto perché fa riferimento a una comunità di appartenenza (di lavoratori e di cittadini, della città e della campagna), in cui può liberamente decidere cosa e quanto produrre per le esigenze locali e come ripartire i beni prodotti.

Occorrono unità relativamente piccole per organizzare al meglio la produzione e la distribuzione dei beni materiali. Anzi, forse per la distribuzione tali unità devono essere ancora più piccole di quelle della produzione.

*

A più riprese Marx ha sostenuto che i meccanismi del capitale sono coperti da una sorta di "velo mistico", che non esisterebbe se si producesse in maniera libera e pianificata. Marx ha indubbiamente "strappato" questo velo, ma non ha saputo spiegare il motivo *culturale* per cui esso sia stato posto.

Oggi sappiamo che il capitalismo afferma in sede teorica ciò che nega in sede pratica, ma per sostenere un'incoerenza del genere esso ha avuto bisogno di grandi *finzioni*, in grado appunto di "mascherare" le sue insanabili, perché strutturali, contraddizioni.

Non è stato facile scoprire queste "finzioni". Gli economisti borghesi, p. es. (Smith, Ricardo ecc.), non riuscirono a comprendere la natura oppressiva del plusvalore semplicemente perché non volevano ammettere la natura oppressiva del sistema capitalistico. Loro vedevano solo un progresso nella giustizia economica, in quanto, a differenza del latifondista, l'imprenditore industriale appariva come un uomo capace di rischiare il proprio capitale, investendolo in attività produttive. È il capitalista che dà lavoro agli operai e non il contrario.

In sostanza la domanda che ci si pone è la seguente: com'è nato questo processo, per il quale sono occorsi indubbiamente dei secoli? La storia dell'Europa, negli ultimi duemila anni, passa attraverso continue e violente rotture nei confronti degli ideali originari del cristianesimo (lo stesso cristianesimo si pone come rottura col messaggio originario del Cristo): solo da una loro progressiva stratificazione poteva nascere una così potente negazione di quegli ideali.

L'accumulazione dei capitali è stata necessariamente preceduta da una grande accumulazione di successive e periodiche "rotture di valore" che si sono stratificate e sedimentate.

Che però la storia dell'antagonismo sociale sia a una svolta epocale è documentata dalla nascita stessa del *socialismo*, la cui ideologia, per la prima volta da quando esiste la lotta di classe, riporta agli uomini la necessità di tornare al *comunismo primitivo*, seppure in forme e modi diversi.

Il velo mistico è stato strappato, ma resta ancora appeso sul tabernacolo dell'ipocrisia.

*

Lo sviluppo industriale va ripensato a prescindere dalle conseguenze negative ch'esso ha generato sotto il capitalismo. Il primato dell'industria sull'agricoltura e sull'artigianato ha provocato conseguenze catastrofiche sull'ambiente e sulla vita sociale anche in quei paesi che hanno cercato di realizzare il socialismo (il fatto che questo il più delle volte sia stato "burocratico" e non "autogestito" non cambia le cose; anzi forse si può dire che un socialismo potrà essere veramente democratico solo quando sarà finito il primato dell'industria o comunque *anche quando* tale primato non esisterà più).

Certo, la fine di questo primato non è di per sé sufficiente a garantire la democraticità del socialismo; meno che mai lo è quando tale fine viene indicato come obiettivo da perseguire a quelle nazioni che in questo momento sono oppresse da rapporti di tipo neocoloniale.

Una democrazia può essere garantita solo da se stessa, cioè solo dalla *libertà umana*. La fine del primato dell'industria può semplicemente servire a rendere più agevole il processo che condurrà alla democrazia, ma senza garanzie di sorta.

Il destino dei paesi terzomondiali non è quello d'imboccare la strada di una industrializzazione forzata, copiando i modelli occidentali, e non è neppure quello di continuare a subire il diktat delle potenze più industrializzate del mondo. Essi hanno piuttosto il compito di reagire politicamente alla loro sottomissione economica, allo scopo di porre le basi, sul terreno sociale, di uno sviluppo della società più conforme alle leggi della natura e alle caratteristiche della specie umana.[6]

---

[6] Questo commento del *Capitale* termina al cap. XV del I libro, ma viene ritenuto sufficiente per capire i limiti del capolavoro di Marx. Ciò che si leggerà in seguito servirà solo a confermarlo.

Capitolo VI del libro I del *Capitale*

Sin dall'inizio del capitolo VI (inedito)[7], Marx cade nel *circulus vitiosus* secondo cui la merce va considerata come "presupposto per la genesi del capitale" e nel contempo come suo "prodotto" (p. 49). Questa tautologia si rifletterà più avanti, nel modo di vedere il rapporto tra capitalista e salariato nell'ambito della circolazione del capitale. "Nella circolazione il capitalista e l'operaio stanno l'uno di fronte all'altro solo come *venditori di merci...*" (p. 93): la merce dell'operaio è - come noto - la sua stessa *forza-lavoro*. E si rifletterà anche nella differenza che Marx pone tra sussunzione *formale* e *reale* del lavoro sotto il capitale (cfr pp. 125 ss.).

Marx si rende conto che esiste una certa diversità fra la merce come "presupposto" e la merce come "prodotto", ma non riesce a spiegarsene la *ragione culturale*. È questa la tesi che vogliamo dimostrare.

Egli afferma: "in precedenti stadi di produzione i prodotti assumono *parzialmente* la forma della merce. Invece il capitale produce necessariamente il suo prodotto come *merce*" (p. 50). Detto altrimenti: i due presupposti fondamentali per la nascita del capitalismo sono, secondo Marx: 1) "che i membri concorrenti della società si fronteggino come persone che si stanno davanti solo in quanto *possessori di merci* e che solo in quanto tali entrano reciprocamente in contatto (ciò esclude la schiavitù, ecc.)"; 2) "che il prodotto sociale sia prodotto come *merce*. (Ciò esclude tutte le forme in cui, per i produttori immediati, il valore d'uso è lo scopo principale, e tutt'al più si trasforma in merce l'eccedenza del prodotto, ecc.)" (p. 81).

Come si può notare, la differenza, fra un sistema e l'altro, è per Marx meramente *quantitativa*, anche se ciò comporta, ad un certo punto, una diversa *qualità* delle cose. Infatti, nessun sistema pre-capitalistico è in grado di produrre *necessariamente* delle *merci*. Marx lo dice esplicita-

---

[7] Testo di riferimento: K. Marx, *Risultati del processo di produzione immediato*, Editori Riuniti, Roma 1984. Il commento ha come scopo soltanto quello di verificare la fondatezza di alcune tesi espresse nell'analisi del I libro del *Capitale*, il quale - si faccia attenzione - contiene un capitolo VI, intitolato "Capitale costante e capitale variabile", che non c'entra nulla con questo. Uno sviluppo di questo cap. VI inedito si armonizza solo con la trattazione conclusiva del III libro del *Capitale*. Si ricordi che in Italia tale capitolo è stato tradotto per la prima volta solo nel 1969 (Marx invece l'aveva scritto nel 1863-64).

mente a p. 129: "ciò in cui il processo lavorativo sussunto anche solo formalmente sotto il capitale si differenzia sin da principio... pur sulla base del vecchio modo di lavoro tramandato, è la *scala* sulla quale questo processo lavorativo viene eseguito; quindi, da una parte, la massa dei mezzi di produzione anticipati, dall'altra il numero dei lavoratori comandati dallo stesso imprenditore".

Per Marx dunque il passaggio da un sistema pre-capitalistico a uno capitalistico avviene secondo i parametri dell'*evoluzionismo*, secondo la logica hegeliana della *necessità storica*. "L'autovalorizzazione del capitale... - dice Marx - è soltanto impulso e scopo razionalizzati del tesaurizzatore" (p. 95). Il "*modo di produzione* specificamente *capitalistico*... si sviluppa... con il progredire della produzione capitalistica..." (p. 128).

Questo naturalmente non significa ch'egli non abbia compreso la natura *antagonistica* del sistema capitalistico, ovvero l'ingiustizia di un'appropriazione *privata* del plusvalore. Ciò che dell'analisi marxiana si mette in discussione è l'affermazione secondo cui il capitale che all'inizio esiste solo come *denaro, debba inevitabilmente* valorizzarsi in direzione del capitalismo (cfr p. 79).

Marx spiega questo "destino" riferendosi alla *grandezza*, in perenne crescita, del capitale (cfr p. 80), nel senso che non si potrebbe accumulare del denaro se non si avesse intenzione di accumularne sempre di più. Ma, come si può facilmente notare, questa spiegazione, che dovrebbe giustificare la genesi del capitalismo, è di tipo *psicologico*, certo non *culturale*. Essa non ha un fondamento propriamente *storico* e pertanto ha scarso valore *epistemologico*. Stando ad essa infatti il capitalismo è nato *casualmente* in Europa occidentale, e altrettanto *casualmente* esso poteva nascere in qualunque altra regione del mondo ove i commerci fossero discretamente sviluppati.

In pratica Marx non solo non vede "rotture" o "salti" da un sistema all'altro, ma vede persino "evoluzione" dal comunismo primitivo (che per lui coincide, almeno in questi anni, con la "comunità naturale" dell'India classica) al sistema schiavistico. "I momenti generali del processo lavorativo... sono determinazioni indipendenti da ogni carattere storico e specificamente sociale del processo di produzione, e determinazioni che rimangono ugualmente valide per tutte le sue possibili forme di sviluppo; di fatto, condizioni naturali immutabili del lavoro umano... non appena questo si sia spogliato del suo carattere puramente animale" (p. 128).

Naturalmente, essendo un economista, Marx cerca di spiegare la differenza fra un sistema e l'altro anche dal punto di vista *fenomenologico* (che è anzi quello da lui privilegiato). In tal senso la sua osservazione è giusta: "la trasformazione del denaro in capitale... può aver luogo soltanto quando la capacità di lavoro sia trasformata, per l'operaio stesso, in una merce..." (p. 50), cioè quando l'operaio stesso, con la sua forza-lavoro, si trasforma in una *merce*.

In nessun sistema pre-capitalistico s'era mai visto un potere economico che usa la *libertà giuridica* del lavoratore per farlo diventare *socialmente schiavo* lasciandolo *libero*! Su questo Marx avrà sempre una ragione in più rispetto agli economisti borghesi. Tuttavia ciò ch'egli non riesce a spiegare è il motivo per cui il lavoratore ha accettato questa *mistificazione*, ovverosia qual è stata l'*ideologia* che ha indotto il lavoratore, illudendolo, ad accettare la mistificazione (quali sono stati gli *argomenti persuasivi*). Qui il lavoro da fare era nell'ambito della *sovrastruttura*, la cui importanza è sempre stata sottovalutata da Marx.

*

Per Marx "la produzione capitalistica supera la base della produzione di merci, la produzione isolata e indipendente e lo scambio tra possessori di merci o lo scambio di equivalenti" (p. 52). Questo significa che il capitalismo, in quanto sistema produttivo finalizzato *anzitutto* al valore di scambio, va considerato superiore a qualunque altro sistema ove la produzione di merci avvenga in maniera "isolata e indipendente", tanto più dove si produce "per l'immediato consumo personale" (ib.).

Pur senza dirlo (ma è probabile che lo faccia inconsciamente), Marx tende sempre a confrontare due forme di capitalismo: quella *commerciale* e quella *industriale*. La forma commerciale - come noto - si trova anche nel sistema schiavistico. Qui la divisione del lavoro è "casuale" (p. 51) e l'agricoltura non è interamente dominata dal capitale. "La trasformazione dei prodotti in merci si verifica solo in singoli punti, si estende solo all'eccedenza della produzione, o solo a sue singole sfere (prodotti manifatturieri) ecc." (p. 54). "Il *capitale mercantile* - dice a p. 130 -... è la forma dalla quale si è sviluppato il moderno rapporto capitalistico, e che qui e là costituisce tuttora la transizione al vero e proprio rapporto capitalistico".

Ora, guardando le cose dal punto di vista dell'*efficienza produttiva*, Marx non ha difficoltà nel ritenere il moderno capitalismo di molto superiore a ogni altro sistema produttivo. Una società basata sull'"immediato consumo personale" è - per Marx - quasi sinonimo di barbarie o quanto meno di primitivismo semi-animalesco. Marx è stato così affascinato dalla potenza del capitalismo che non ha avuto nemmeno l'accortezza di precisare, in questo capitolo, che quando si parla di "lavoro produttivo" bisogna sempre mettersi nei panni del capitalista, per il quale qualunque lavoro finalizzato al "valore d'uso" è necessariamente "improduttivo". E non ha neppure evitato di dire che ogniqualvolta il lavoro "è consumato per il suo *valore d'uso, non in quanto generatore di valore di scambio*, è consumato *improduttivamente...*" (p. 148). Si può forse definire "produttivo" un lavoro finalizzato al plusvalore e non al *benessere* della società? (Anche solo dal punto di vista capitalistico: si può veramente considerare "improduttivo" un lavoro che produce "servizi" invece che beni materiali?)

Certo Marx non ha l'impudenza di dire, come gli economisti borghesi, che "il capitale è un momento necessario del *processo lavorativo umano in generale*, a prescindere da ogni forma storica di questo processo; il capitale è qualcosa di eterno, qualcosa di condizionato dalla natura del lavoro umano" (p. 86). Né che "il *processo lavorativo in quanto tale*, in tutte le forme sociali, sia necessariamente *processo lavorativo del capitale*" (ib.). Egli sa bene che "la logica che conclude [cioè che argomenta equivalenze del genere]: poiché il denaro è oro, l'oro è di per sé denaro; poiché il lavoro salariato è lavoro, ogni lavoro è necessariamente lavoro salariato" (ib.), è una logica anti-storica. Tuttavia Marx non è mai riuscito a dimostrare sul piano *storico-culturale* come questa logica sia solo una forma di vergognosa presunzione.

Persino sul piano strettamente economico Marx non ha preso in sufficiente considerazione il fatto che, fino a quando non s'è imposto il capitalismo *industriale*, il ramo in cui s'è esercitato, in prevalenza, il lavoro umano è stato quello dell'*agricoltura* - anche nella fase del capitalismo commerciale. I suoi studi sulla rendita fondiaria sono limitati a un singolo aspetto del sistema feudale, quello che non a caso mette più in luce i limiti del feudalesimo. Paradossalmente il Marx "evoluzionista" non è mai stato in grado di spiegare il motivo per cui l'autarchico feudalesimo va considerato un "progresso" rispetto allo schiavismo commerciale del mondo greco-romano.

Ora, sostenere - come lui sostiene - che nei sistemi pre-capitalistici la produzione era "isolata e indipendente", può avere un senso solo se ci si riferisce all'*attività commerciale dei mercanti di città*, ma, in tal caso, si sarebbe dovuto specificare che si trattava di una *minoranza* di lavoratori. Infatti, la stragrande maggioranza (anche, p.es., nell'Italia comunale) continuava a svolgere un'attività in agricoltura, in forma né "isolata" né "indipendente".

Nel settore agricolo la produzione "isolata e indipendente" era patrimonio di poche unità familiari (patriarcali), in quanto la stragrande maggioranza dei lavoratori viveva "associata" (nelle comunità di villaggio) e "dipendente", in un modo o nell'altro, dalla forma economica del servaggio.

Persino l'artigianato urbano non è mai stato, per tutto il Medioevo, un'attività condotta in maniera "isolata e indipendente". Se tale è divenuto, ciò è dipeso dal condizionamento del capitalismo commerciale, il quale, in seguito, ha approfittato dell'indipendenza dell'artigiano sempre più isolato e debole per trasformarlo in operaio salariato.

Si badi, qui non si mette in discussione il fatto - come vuole Marx - che il rapporto di capitalista e operaio salariato sia subentrato "al posto di una precedente *autonomia* nel processo di produzione, come p.es. nel caso di tutti i contadini autosufficienti, dei *farmers* che dovevano pagare solo una rendita in profitti vuoi allo Stato vuoi al proprietario fondiario, oppure al posto dell'industria sussidiaria rurale-domestica o dell'*artigianato autonomo*... [ovvero] al posto del *maestro delle corporazioni*, dei suoi *lavoranti e apprendisti*" (p. 135).

Qui si mette in discussione: 1) l'*assolutezza* di questa autonomia, in quanto nel sistema pre-capitalistico essa era piuttosto relativa. Marx stesso ricorda come nei "modi di produzione antichi, precedenti, i magistrati cittadini, ecc., proibivano p.es. delle invenzioni per non ridurre alla fame i lavoratori, perché il lavoratore in quanto tale valeva come scopo a sé, e la sua occupazione aveva il valore di un privilegio al cui mantenimento era interessato l'intero ordinamento tradizionale" (p. 157); 2) la *naturalezza* del passaggio da questa autonomia al "rapporto di sovraordinazione e subordinazione" tra capitalista e salariato, in quanto senza "rivoluzione culturale" è impossibile una transizione a un sistema così violento come quello capitalista, il cui carattere antagonistico - come dice Marx - "*appare* ad esso *immanente*" (p. 166).

Nessuna contraddizione, per quanto macroscopica fosse, di alcun sistema pre-capitalistico avrebbe potuto portare *naturalmente*, cioè per via *diretta*, senza un radicale rivolgimento nei modi di pensare e di agire, alla formazione capitalistica, che è quanto di più disumano gli uomini abbiano potuto inventare, dove lo "*svuotamento*" del lavoratore e la "*pienezza*" del capitalista "si corrispondono, vanno di pari passo" (p. 169).

Per giustificare la transizione al capitalismo industriale, Marx s'è sentito indotto a delineare i contorni socio-economici di un sistema pre-capitalistico che in realtà non è mai esistito. Il suo modo di vedere l'evoluzione del *capitale* è analogo al modo hegeliano di vedere la formazione dell'*idea*. In origine vi è il "denaro", ovvero il capitale "in potenza"; poi, in virtù del valore di scambio e della produzione commerciale che si allarga sempre di più, nasce il lavoro salariato: il denaro così si nega trasformandosi in capitale, che si autovalorizza producendo plusvalore; infine il capitale si riproduce in un moto circolare praticamente perfetto, infinito, dove il plusvalore non è altro che un aspetto di un sistema molto più complesso.

La realtà invece è questa - dal nostro punto di vista -, che nessun lavoratore libero si può porre davanti al capitalista con l'obbligo (non giuridico, ma *sociale*) di vendergli la propria forza-lavoro, se *già* il capitalismo (manifatturiero) non s'è affermato come *sistema*. Ciò significa che il capitalismo vero e proprio non nasce anzitutto quando un lavoratore libero si trasforma in operaio, ma quando l'operaio che *già lavora* in fabbrica (e che in precedenza faceva il servo della gleba o il garzone a vita) obbliga, indirettamente, anche il lavoratore libero a seguire la stessa strada, proprio a causa del rapporto di sfruttamento ch'egli operaio ha col capitalista.

In altre parole, il libero incontrarsi sul mercato del capitalista con l'operaio - quale fattore di realizzazione del capitale produttivo -, in realtà non è mai avvenuto all'inizio del capitalismo. Esso non presuppone altro che un capitalismo *già realizzato*. Un capitalista *in potenza* non potrebbe mai diventare *effettivo*, tramite il suddetto rapporto "libero", se nella società non ci fossero già altri capitalisti *effettivi*. Questo per dire che la scelta della società di acconsentire ai metodi capitalistici deve necessariamente *precedere* la possibilità di continuare tali metodi attraverso un rapporto *libero* sul mercato.

In questo senso si può tranquillamente affermare che per il servo della gleba c'è stato, nell'illusione ovviamente di migliorare la propria condizione, un passaggio meno traumatico da un padrone all'altro, di quanto non sia avvenuto per il lavoratore libero, il quale, non senza drammi interiori (poiché l'alternativa avrebbe potuto essere un'altra), deve essersi deciso, a un certo punto, a rinunciare alla propria libertà personale, quella libertà che appunto poggiava sulla proprietà dei mezzi produttivi.

Qui si potrebbe citare una frase di T. R. Edmonds, ripresa da Marx in nota: "il motivo che spinge un uomo libero al lavoro è molto più violento di quello che spinge uno schiavo: un uomo libero deve scegliere tra il duro lavoro e l'inedia per sé e la sua famiglia; uno schiavo deve scegliere tra il duro lavoro e una buona frustata" (p. 134). Edmonds però, e con lui Marx, non s'è accorto che: 1) la *coscienza della libertà* è stata possibile in virtù del *cristianesimo* (anche se il cristianesimo ha vissuto la libertà in maniera parziale e riduttiva); 2) sulla base di questa libertà, l'*alternativa*, per il cittadino "obbligato" a lavorare come schiavo, poteva anche essere *un'altra* (p.es. il superamento democratico, a livello politico e sociale, del servaggio); 3) il carattere "violento" dello schiavismo era più "fisico" che "morale", proprio perché l'ideologia dominante (religiosa e/o politica) era scarsamente democratica, e poco rilevanti erano le alternative a questa ideologia. Viceversa, il carattere "violento" del capitalismo è sia "fisico" che "morale", benché esso appaia assai più mistificato, in quanto, per doversi imporre, ha dovuto fare i conti con un'ideologia, quella cristiana, che, almeno sul piano dei princìpi, pretendeva d'essere molto più democratica di quella pagana (e quella protestante molto più democratica di quella cattolica).

Per Marx "l'operaio risulta costretto a vendere, al posto di una merce, la sua propria capacità di lavoro come merce, appunto perché tutti i mezzi di produzione, tutte le condizioni oggettive del lavoro, e parimenti tutti i mezzi di sussistenza, gli stanno di fronte come proprietà estranea... Si presuppone ch'egli lavori come *non-proprietario*..." (p. 108).

Ma in queste condizioni non c'è bisogno di un vero e proprio *mercato del lavoro*: è sufficiente che con un provvedimento legislativo le autorità politico-civili liberino giuridicamente dal servaggio i contadini per *costringerli*, in maniera indotta, a trasferirsi nelle fabbriche capitalistiche. Se le autorità hanno questo potere, il capitalismo c'è già; se invece non l'hanno, il capitalismo non può formarsi a partire dalla sfera della "circolazione delle merci", almeno non può farlo *automaticamente*.

Su questo però Marx non transige: "è *solo* in quanto possessore delle condizioni lavorative che il compratore porta qui il venditore alla sua dipendenza *economica*; non sussiste alcun rapporto politico e socialmente fissato di sovraordinazione e subordinazione" (p. 132). Questo è il tipico modo ingenuo di vedere le cose di chi subordina la politica all'economia. Marx ha sempre considerato - a torto - i rapporti economici come più "immediati", più "diretti", più "evidenti" di quelli che avvengono nella sfera politica o ideologica. Questo gli impedito di scorgere le influenze della sovrastruttura sulla struttura.

In realtà, nei confronti di un "nullatenente" non è necessario, da parte del capitale, dare l'impressione che "le condizioni materiali necessarie per la realizzazione del lavoro... si presentino come *feticci* dotati di propria anima e volontà" (p. 108). Questa illusione è necessaria per il lavoratore *libero*, proprietario dei suoi mezzi produttivi, che però non riesce a fronteggiare la concorrenza del grande capitale. È appunto lui che deve credere nella realtà di questi *feticci*, e non-credere nella sua capacità di distruggerli.

Insomma, un vero "scambio di equivalenti" può essere percepito da entrambi i contraenti (compratore e venditore) solo in una società dove esiste il *primato del valore d'uso* e quindi l'esigenza di commerciare il *surplus* rimasto dopo l'autoconsumo. Al di fuori di questo contesto lo "scambio degli equivalenti" è solo un'illusione propinata dal capitale che il lavoratore libero coglie soltanto come forma superficiale dell'apparire. Il problema, per questo lavoratore, semmai è un altro: *come reagire all'illusione*.

Marx ha tutte le ragioni di questo mondo quando sostiene che non ci sarebbe capitalismo se l'operaio non fosse costretto a vendere la sua forza-lavoro per vivere, ma non può sostenere che la compravendita della forza-lavoro "costituisce il *fondamento assoluto* del processo di produzione capitalistico" (p. 110). È un "fondamento assoluto" dal punto di vista *fenomenologico*, ma da quello *ontologico* il fondamento va ricercato nell'*ideologia*, e in particolare in quella *religiosa*. Finché non si individua questo "fondamento" non si uscirà mai dal circolo vizioso che considera come "cause" ciò che in realtà non sono che ulteriori "effetti".

*

Quando Marx delinea, con la maestria che gli è solita, il passaggio dal *rapporto corporativo medievale* al *rapporto capitalistico*, non v'è dubbio che se ci si limitasse, fenomenologicamente, ad esso, le cose non avrebbero potuto che seguire quella direzione. Val la pena anzi riprendere in dettaglio quella descrizione per mostrare meglio le incongruenze dell'analisi marxiana.

Marx dice che "il *rapporto corporativo medievale*... si è sviluppato, in forma analoga, anche in Atene e Roma, e che in Europa risultò d'importanza così decisiva da un lato per la formazione dei capitalisti, dall'altro per quella di un libero ceto operaio..." (pp. 135-6). Si noti subito come Marx non riesca a spiegarsi il motivo per cui il capitalismo non sia nato già nelle grandi civiltà schiavistiche del mondo greco-romano, pur avendo esse *analoghe* forme di corporazioni artigiane.

Ma procediamo. Tale rapporto corporativo, per Marx, "è una forma *limitata*, non ancora adeguata, del rapporto di capitale e lavoro salariato" (p. 136). I motivi di questo li vediamo dopo. Qui si noti soltanto come Marx osservi il feudalesimo o, se si vuole, lo sviluppo artigianale nei Comuni europei più avanzati, non con gli occhi dello *storico* che considera il Medioevo *dall'interno*, ma con quelli dell'*economista* che si serve di alcune caratteristiche del Medioevo per dimostrare il valore delle proprie tesi sul capitalismo. Il Medioevo cioè viene visto *dall'esterno*, a partire dalla "*verità*" di ciò che lo ha superato: il *capitalismo*. In tal modo la deformazione della realtà, viziata da un'interpretazione fortemente ideologizzata, è inevitabile.

Marx non solo sbaglia nel considerare il corporativismo artigianale un'*anticipazione limitata* del capitalismo, ma sbaglia anche nel considerare tale anticipazione come quella che *assolutamente* avrebbe portato, prima o poi, al capitalismo. Già si è detto che la sua importanza viene ritenuta "decisiva". "Il modo di produzione capitalistico ha inizio con la libera impresa artigiano-corporativa" (p. 141).

In realtà il corporativismo artigianale può *anche* essere stato una prefigurazione del capitalismo, ma non fu certamente *solo questo*, anzi non fu *anzitutto* questo quand'esso nacque, anche se, bisogna ammetterlo, nel modo in cui viene descritto da Marx, esso non poteva che portare al capitalismo.

Vediamo ora in che senso la prefigurazione è "limitata". L'impresa artigiana medievale - secondo Marx - nasce con lo "spirito capitalistico", perché essa ha come fine il profitto individuale del *maestro*, il quale è proprietario delle condizioni lavorative e paga un salario a persone "libere", o comunque ha come fine il profitto dei maestri associati in una corporazione di arte e mestiere.

L'impresa va considerata "limitata", rispetto al capitalismo, perché il garzone e l'apprendista hanno col maestro un rapporto di subordinazione gerarchica, in forza della sua specifica competenza professionale: nel senso che il maestro può vendere il prodotto solo quando l'apprendista produce un "capolavoro", cioè un ottimo "valore d'uso". Quando poi l'apprendista diventa maestro, egli può realizzare dei profitti - come il suo maestro precedente - solo nel ramo professionale in cui s'è specializzato.

Al maestro è vietato "andare al di là di un *certo numero di lavoranti*, in quanto la corporazione deve garantire a tutti i maestri un'aliquota di guadagno del loro mestiere" (p. 137). I prodotti, che devono rispettare determinati *criteri di qualità*, non possono essere venduti a *prezzi concorrenziali*, perché la corporazione va difesa in quanto tale. Tutti i metodi di lavoro sono stabiliti non solo dall'esperienza del maestro, ma anche dalle regole della corporazione di appartenenza. L'ampiezza di valore del capitale impiegato, in sintesi, non può andare mai al di là di un certo livello.

Marx dice che "la trasformazione puramente formale dell'impresa artigiana in impresa capitalistica, dove inizialmente il processo tecnologico rimane ancora lo stesso, consiste nell'*abolizione di tutti questi limiti*..." (p. 137). Marx vede dei "limiti" là dove esistevano dei "vantaggi" per tutta la collettività. Egli non s'è accorto che la suddetta trasformazione presuppone la fine di *regole* stabilite in maniera *collettiva*, presuppone cioè l'affermazione di un arbitrio individuale in contrasto con una prassi *sociale* che, seppur entrata in crisi, poggiava su fondamenti *teorici* socialmente rilevanti e pubblicamente riconosciuti.

Per Marx il "passaggio" da un sistema all'altro è avvenuto semplicemente perché è bastata una "repentina espansione del commercio e quindi della domanda di merci da parte del ceto mercantile..." (p. 138). In altre parole esso è avvenuto perché risultava essere una *contraddizione insostenibile* il fatto che da un lato si mirasse al profitto e dall'altro non si riuscisse a realizzarlo (in quanto si dovevano produrre valori d'uso, la produzione era determinata dal consumo ecc.). Lo "spirito capitalistico" dell'impresa artigiana aveva bisogno di darsi delle forme più *libere* per esprimersi al meglio.

In sostanza Marx non vede l'artigianato in *simbiosi* con l'agricoltura, ma in antagonismo, *sin dal suo sorgere*; ed anche quando tale antagonismo è reale, egli non riesce a scorgere le motivazioni *ideologiche* che lo supportano. Il "passaggio", per Marx, è stato necessario non solo dal punto di vista del mastro artigiano, ma anche da quello dell'apprendista. Singolare, tuttavia, che qui Marx dimentichi la possibilità che l'apprendista aveva di diventare maestro, e che paragoni l'operaio salariato dell'impresa capitalistica non all'apprendista artigiano bensì allo "schiavo"! Certo, rispetto allo schiavo il lavoro diventa "più produttivo, perché più intenso, dal momento che lo schiavo lavora soltanto dietro la spinta di una paura esterna, ma non per la *sua esistenza*, che non gli appartiene e che comunque è garantita" (p. 138).

Sul piano dell'efficienza produttiva, a dir il vero, il lavoro dell'operaio salariato è superiore anche a quello dell'apprendista artigiano (se si lega la "superiorità" alla mera "quantità" e al "macchinismo"): non c'era bisogno di risalire allo schiavo romano (per quanto *oggi* non poche persone sarebbero disposte a dubitare, dopo aver visto le ricadute del progresso scientifico e industriale sull'ambiente e sugli stessi rapporti umani, che il capitalismo sia sicuramente un sistema migliore di quello schiavistico o feudale).

Ma la domanda qui è un'altra: perché Marx ha messo a confronto l'operaio salariato con lo schiavo nel mentre parlava dei limiti della corporazione artigiana? Risposta: proprio perché se avesse messo a confronto l'operaio salariato con l'apprendista artigiano non avrebbe trovato motivazioni sufficienti per legittimare in modo assoluto la transizione al capitalismo. Questa transizione è stata voluta, fra gli altri soggetti, da singoli mastri artigiani che volevano arbitrariamente superare i limiti imposti dalla corporazione d'appartenenza. Ma resta singolare che Marx non abbia sottolineato quante battaglie abbiano dovuto sostenere garzoni e apprendisti per non diventare *salariati a vita*!

"Il libero lavoratore - dice Marx - è spinto dai suoi bisogni. La coscienza (o piuttosto la *rappresentazione*) della libera autodeterminazione, della libertà, e il connesso sentimento (consapevolezza) di *responsabilità*..." (p. 138), fanno del salariato un individuo migliore dello schiavo. Qui Marx fa completa astrazione dalla storia e usa la dialettica alla maniera hegeliana. Stando infatti alla sua analisi, pare addirittura che garzoni e apprendisti abbiano acconsentito volontariamente a diventare salariati dell'impresa capitalistica! Solo perché potevano aspirare a un salario maggiore! Solo perché potevano dimostrare la loro professionalità individuale! Solo perché avevano la possibilità di cambiare continuamente lavoro, o meglio la possibilità di scegliersi il capitalista al quale sottomettersi! Solo perché, a forza di risparmiare sul salario, potevano illudersi di diventare un giorno come il loro imprenditore! (cfr pp. 138-141)

In un certo senso è incredibile che uno storico dell'economia come Marx ritenga che "la trasformazione di servi della gleba o di schiavi in liberi operai salariati [costituisca] un'elevazione nel grado sociale" (p. 140), quando nello schiavo un'emancipazione del genere sarebbe stata impossibile senza una forte consapevolezza della libertà (che solo il cristianesimo poteva dargli); quando nel servo della gleba un'emancipazione del genere ha comportato un peggioramento sensibile e irreversibile delle sue condizioni di vita.

Significativo è anche il fatto che Marx metta sullo stesso piano "schiavo" e "servo della gleba", senza rendersi conto che se la condizione del "libero" operaio salariato è evidentemente migliore di quello dello schiavo (per quanto una libertà "giuridica" senza una libertà "sociale" alla fine diventi un peso insopportabile), non la stessa cosa si può dire mettendo a confronto il salariato capitalistico col contadino medievale (rovinato, quest'ultimo, più che dal servaggio, dalla penetrazione del capitalismo nelle campagne).

Tuttavia la cosa che Marx non ha assolutamente capito è che lo schiavismo risulta, tra i sistemi economici di sfruttamento, di gran lunga quello più *immediato*, più *spontaneo* e *naturale*: in un certo senso il più *efficace*, non tanto per la produzione quanto piuttosto per la "*coscienza*", proprio perché con esso si evita alla radice di tener conto di qualunque ideologia umanistica. Non a caso a partire dal colonialismo, gli europei lo ripristinarono, diffondendolo subito su vasta scala, nelle regioni ignare del cristianesimo, rinunciando, in un primo momento, non solo al servaggio ma anche al rapporto salariato, che è indiscutibilmente più vantaggioso per il capitalista.

Ciò comunque significa che nel passaggio dallo schiavismo al servaggio e dal servaggio al capitalismo, il cristianesimo ha giocato un ruolo decisivo, al punto che nei territori segnati dalla presenza di questa religione, un semplice ritorno ai vecchi metodi di produzione sarebbe stato impossibile. Il capitalismo riflette dunque una sofisticazione culturale, un approfondimento qualitativo - seppure in negativo - della religione cristiana. L'approfondimento in positivo è costituito dal socialismo democratico.

*

Correlata a questo modo di vedere le cose è l'idea, da Marx sempre ribadita, che "inizialmente la sottomissione del processo lavorativo al capitale non cambia nulla nel modo di produzione effettivamente reale" (p. 116). La rivoluzione tecnologica vera e propria avviene solo quando si ha "sussunzione reale del lavoro sotto il capitale". Marx deve per forza affermare un principio del genere, poiché ha posto la compravendita della forza-lavoro come presupposto *assoluto* del capitalismo. S'egli ammettesse che il capitalismo si afferma anzitutto come modo di produzione *diverso* dal precedente, la legge che regola lo scambio delle merci assumerebbe un'importanza relativa.

Cioè il lavoratore non penserebbe mai di essere *libero* nel *mercato delle merci* e *schiavo* nel *mercato del lavoro*. Il capitalismo non è *giusto* nella *circolazione delle merci* e *ingiusto* nella *produzione di plusvalore*. Il suo carattere antagonistico si esprime a tutti i livelli, seppur in modo più o meno mascherato. D'altra parte lo dice anche Marx: "con ciò svanisce anche l'*apparenza*..., secondo cui nella circolazione, nel mercato delle merci, si fronteggiano *possessori di merci*, dotati di eguali diritti, che si distinguono l'uno dall'altro, come tutti gli altri *possessori di merci*, solo per il contenuto materiale delle loro merci..." (p. 169). Solo che Marx non arriva mai a chiedersi come si sia potuta formare un'*apparenza* del genere: di qui i suoi limiti nell'analisi *storica* e *culturale* del capitalismo. (L'ultima parte del cap. VI è quella da cui bisognerebbe partire per approfondire il marxismo sul versante culturale).

In tal senso è da escludere categoricamente che lo sviluppo del capitalismo abbia potuto favorire "una maggiore continuità e intensità del lavoro e una maggiore economia nell'impiego delle condizioni lavorative" (p. 133), senza mutare, *contemporaneamente*, le condizioni *tecnologiche* della produzione. Dire che "considerato *tecnologicamente*, il *processo lavorativo* si svolge esattamente come prima, solo che adesso si svolge in quanto processo lavorativo *subordinato* al capitale" (ib.), è dire una frase senza senso, poiché o con essa ci si riferisce al capitalismo mercantile, e allora non è il caso di parlare di passaggio "automatico" al capitalismo industriale (in ogni caso Marx intende riferirsi alla "sussunzione formale del lavoro sotto il capitale", e quindi non al capitalismo mercantile), oppure con essa ci si riferisce al capitalismo industriale (o manifatturiero che dir si voglia), e allora bisogna ammettere che senza *progresso tecnologico* tale capitalismo non sarebbe mai nato, o non si sarebbe mai sviluppato come poi ha fatto. In altre parole, Marx, evitando l'esame sovrastrutturale delle cause che hanno generato il capitalismo, non è stato in grado di determinare le *ragioni culturali* che hanno portato l'uomo del XVI sec. a modificare completamente il proprio apparato tecnologico, ovvero il proprio rapporto con la natura e con l'ambiente sociale.

Con gli occhi del "fenomenologo", Marx ha saputo cogliere la *contraddizione antagonistica* del sistema capitalistico, ma non l'origine *culturale* del formarsi di tale contraddizione. È vero, il capitalismo "risolve il rapporto tra il possessore delle condizioni lavorative e il lavoratore stesso in un puro e semplice *rapporto di compravendita*, o *rapporto monetario*, e *separa* il rapporto di sfruttamento da ogni mistione patriarcale e politica o anche religiosa" (p. 133). Ma questa "separazione", in realtà, è solo *formale*, in quanto, nella sostanza, è stata proprio la *religione* (specie quella protestante) a offrire alle *forze produttive* il pretesto, la giustificazione teorica per originare una nuova formazione sociale.

Quando le condizioni di lavoro stanno "di fronte all'operaio come *persone autonome*, poiché il capitalista in quanto possessore di esse è soltanto la loro personificazione..." (p. 123), ciò significa che, nei suoi fondamenti, il capitalismo s'è *già* compiutamente realizzato. L'operaio non scopre questa "personificazione" solo nel momento in cui entra in fabbrica, ma già nel momento in cui vende la propria forza-lavoro, ed è tanto più convinto di questa "personificazione" quanto più, prima di diventare operaio, svolgeva un lavoro servile.

In pratica Marx ha equiparato arbitrariamente l'economico col *sociale*, togliendo a questa dimensione la ricchezza della valenza *culturale* e la profondità delle scelte esistenziali, assiologiche che gli uomini possono compiere. Dal punto di vista "sociale" si sarebbe dovuto sostenere che, fino a quando il capitalismo *non modifica* il modo di produzione tradizionale, non è neanche il caso di parlare di "capitalismo", ma solo di *attività mercantile*, ovvero di attività artigianale (o anche agricola) intaccata dall'esigenza di un mero profitto commerciale: un'attività che di per sé non è affatto in grado di creare un "libero mercato delle merci" e che in presenza di una forte volontà politica democratica potrebbe essere facilmente smantellata. Il capitalismo, per potersi imporre, ha avuto bisogno di una *rivoluzione culturale*, quella del *protestantesimo*, e anche di una *rivoluzione tecnologica*, quella del *macchinismo*. Senza il macchinismo il protestantesimo ha prodotto, nella Germania di Lutero e di Hegel, una grande libertà di pensiero, ma non ha saputo generare il capitalismo. Il capitalismo nasce quando, fra le altre cose, "le condizioni del lavoro - come dice Marx -, con lo sviluppo del macchinario, si presentano anche tecnologicamente come dominatrici del lavoro e, nello stesso tempo, lo sostituiscono, lo schiacciano e lo rendono superfluo nelle sue forme autonome" (p. 163).

Dunque i primati della quantità sulla qualità, del lavoro astratto su quello concreto, del lavoro morto su quello vivo, dello scambio sull'uso e così via, potevano essere affermati sul mercato e nella società civile solo *dopo* che si fossero imposti (anche *tecnologicamente*) nella *produzione* e nella... *coscienza religiosa*!

*

Paradossalmente Marx ha creduto di ravvisare nel capitalismo industriale (che è il sistema più *individualistico* della storia, e lo può essere in virtù della *tecnologia*) un carattere di "socialità" assai superiore a tutti i modi di produzione pre-capitalistici. Ma è forse un segno di "socialità" il fatto che la merce capitalistica faccia "comparire come qualcosa di completamente casuale, indifferente ed inessenziale la sua relazione immediata, in quanto valore d'uso, con il soddisfacimento del bisogno del produttore" (p. 53)? Il primato *assoluto* del valore di scambio non è forse indice di un *assoluto* individualismo?

Certo, se si mette a confronto il capitalismo individualistico del mercante medievale (o dell'usuraio o della singola corporazione artigiana) con il capitalismo "sociale" dell'imprenditore privato, che impiega quanti più operai possibile (salvo poi decidere che un certo, esiguo, numero di operai è sufficiente per realizzare un determinato plusvalore...), nessuno può dubitare che il capitalismo industriale sia, nello sviluppo non solo delle forze produttive ma anche dell'antagonismo sociale, un passo avanti rispetto al capitalismo mercantile. Tuttavia Marx dimentica di dire che i guasti che ha procurato il mercantilismo all'insieme della società feudale sono stati minori rispetto a quelli dell'industrialismo, semplicemente perché allora esisteva un'economia agricola che, essendo basata sull'autoconsumo, sapeva (naturalmente fino a un certo punto) attutire il peso di certe contraddizioni e di certi conflitti sociali. Viceversa, il capitalismo avanzato oggi ha ancora bisogno di sfruttare l'80% dell'umanità per poter sopravvivere.

Naturalmente Marx sa bene che il "sociale" del lavoro "si contrappone all'operaio in modo non solo estraneo, ma ostile e antagonistico, e come oggettivato e personificato nel capitale" (p. 131). Persino "il lavoro produttivo, in quanto produttore di valore, sta sempre di fronte al capitale come lavoro di operai *isolati*, quali che siano le combinazioni sociali in cui questi operai entrano nel processo di produzione" (p. 164). Tuttavia è singolare come Marx non si sia accorto che un individualismo del genere poteva essere affermato solo in contrapposizione a un'esperienza di socializzazione entrata in crisi, a un'esperienza cioè il cui lato "sociale", peraltro indubitabile, non era stato *politicamente* usato per risolvere le contraddizioni antagonistiche del sistema feudale (o lo era stato solo in maniera *insufficiente*).

Ancora più paradossale è il fatto che proprio nel momento in cui Marx si avvicina a comprendere la *natura antagonistica* del sistema capitalistico, con la medesima intensità egli si allontana da una reale comprensione della sua *genesi storica*. Si legga ad es. questo significativo passo: "il dominio del capitalista sull'operaio è il dominio della cosa sull'uomo, del lavoro morto sul lavoro vivo, del prodotto sul produttore... *Storicamente* considerata, questa inversione si presenta come il punto di passaggio necessario [!] per promuovere coercitivamente, a spese della maggioranza, la creazione della ricchezza in quanto tale, lo sviluppo inesorabile [!] di quelle forze produttive del lavoro sociale che sole possono costituire la base materiale di una libera [!] società umana. È necessario [!] passare attraverso questa forma antagonista proprio come è necessario [!] che, inizialmente, l'uomo si raffiguri in modo religioso, di fronte a sé, le sue forze intellettuali come potenze indipendenti. È il *processo di estraneazione* del suo proprio lavoro" (p. 94). Il lato "positivo" del capitalismo - dice Marx - è il fatto che i "*limiti della produzione*" vengono costantemente oltrepassati (p. 144).

Qui Marx riprende i temi giovanili già delineati nei *Manoscritti del '44*, inclusa la critica di Feuerbach alla religione. Ma la dipendenza dall'hegelismo è netta, forse più adesso che allora, seppure qui l'hegelismo sia stato trasformato radicalmente in chiave *fenomenologica*. La dipendenza la si nota soprattutto laddove Marx considera il capitalismo come una formazione "necessaria", "inesorabile", per la creazione della ricchezza. Infatti non ci può essere "libera società umana" - dice Marx - senza sviluppo delle forze produttive, che ne costituiscono la *base materiale*. Qui, sinteticamente, è concentrata tutta la *filosofia dell'economia* di Marx, la quintessenza della sua visione *deterministica* della storia (che è filo-hegeliana proprio per l'uso della categoria della *necessità*, non, ovviamente, per aver considerato "necessario" il capitalismo. Hegel - come noto - era un conservatore del sistema feudale o para-feudale).

Il parallelo che Marx fa con l'alienazione religiosa non viene approfondito, né qui né altrove, semplicemente perché Marx ha sempre considerato l'alienazione religiosa un *riflesso* di quella economica. Marx pensò di superare l'antropologismo psicologistico di Feuerbach dal punto di vista *storico*, ma vi riuscì, in parte, solo fino a quando assegnò un certo primato alla *politica* (in pratica sino al *Manifesto*): quando invece cominciò a subordinare la politica all'*economia*, la sua dipendenza da Feuerbach nell'analisi della religione fu netta. In sostanza a Marx è mancato il momento dell'analisi *culturale* del fenomeno religioso: quello che gli avrebbe permesso: 1) di vivere la politica rivoluzionaria in maniera più *democratica* e non settaria; 2) di dare un vero senso *storico* agli studi di economia; 3) di superare non solo Feuerbach ma anche Hegel.

In altre parole Marx non è riuscito a cogliere la *reciproca influenza* che caratterizza i rapporti tra economia e religione, né, tanto meno, il fatto che la religione sia, sul piano *culturale*, una delle *cause storiche* in grado di giustificare determinati processi socio-economici.

Marx supera certamente l'hegelismo quando afferma, diversamente dalla dialettica *servo/padrone*, che "fin da principio l'operaio si trova in una posizione superiore rispetto al capitalista, perché quest'ultimo affonda le sue radici in quel processo di estraneazione e vi trova il suo assoluto soddisfacimento, mentre l'operaio, in quanto vittima di quel processo, rimane da sempre in un rapporto di ribellione verso di esso e lo esperimenta come processo di asservimento" (p. 94).

Tuttavia Marx ricade nell'hegelismo proprio quando considera come "inevitabile" questo "processo di asservimento", ovvero quando non assegna esplicitamente al "rapporto di ribellione" il compito di por fine, con la rivoluzione politica, allo sfruttamento capitalistico, *ancor prima* che il sistema abbia esaurito tutte le proprie potenzialità produttive.

*

Marx era così influenzato dal metodo della *Logica* hegeliana che ne usava, anche durante la stesura del *Capitale*, taluni concetti, come ad es., in questo caso, quello di "sussunzione".

Parlando della "sussunzione formale" del lavoro sotto il capitale - che è quella decisiva, in quanto "condizione e presupposto della sussunzione reale" (p. 133) - Marx ribadisce il suo punto di vista deterministico ed evoluzionistico, che già abbiamo visto nelle considerazioni su esposte. "È nella natura delle cose [!] - egli afferma - che la sussunzione del processo lavorativo sotto il capitale subentri proprio sulla base di un *proces-*

so lavorativo esistente, sorto prima di questa sussunzione... e configuratosi sulla base di precedenti e differenti processi produttivi... p.es., il lavoro artigiano o il tipo di agricoltura corrispondente alla piccola, autonoma economia contadina" (p. 127).

Infatti, "se il rapporto di sovraordinazione e subordinazione [tra capitalista e operaio salariato] subentra al posto della schiavitù, servitù della gleba, vassallaggio, di forme patriarcali ecc., di subordinazione, si verifica solo un *cambiamento nella sua forma*. La forma *diviene più libera*, poiché essa rimane soltanto di naturale *materiale*, formalmente volontaria, puramente economica" (p. 135).

Marx rifiuta categoricamente l'idea che in questo passaggio vi siano dei mutamenti, già all'inizio, di tipo *sostanziale*. Considerando il presente migliore del passato e il futuro migliore del presente, Marx non può che vedere le cose in maniera *naturalistica*: la differenza dall'ideologia borghese sta nel fatto che la sua considera "naturali" i drammi e le tragedie connesse allo sfruttamento capitalistico, perché proprio essi hanno permesso - a suo giudizio - di rendere più evidenti le contraddizioni del sistema e più pressante la necessità di superarle.

In ogni caso Marx non si rende conto che la "naturalità" della transizione al capitalismo avrebbe potuto verificarsi ben *prima* del sec. XVI (come, in effetti, accadde nell'Italia comunale, senza che però si verificasse il passaggio del capitalismo da "mercantile" a "industriale"). Oppure avrebbe potuto verificarsi, nello stesso secolo XVI, in altre regioni del globo, certo non meno avanzate, sul piano commerciale, dell'Europa occidentale: si pensi p.es. alla Cina o a quel mondo arabo che dominava i traffici nel Mediterraneo e nell'oceano Indiano. Per quale motivo qui il capitalismo non è mai nato spontaneamente, ma solo come sistema imposto dall'esterno o comunque importato contro le tradizioni nazionali delle popolazioni? Perché l'India, nonostante la presenza di "interessi colossali" tratti dal "capitale usuraio" - come dice Marx - non ha sperimentato "la sussunzione formale del lavoro sotto il capitale"? In India il capitalismo è stato imposto dalla potenza coloniale inglese e, dopo la liberazione politica, esso continua a restare un corpo estraneo nel complesso della società civile para-feudale: perché? È solo un "limite" dell'India o piuttosto un segno della sua "forza morale"?

"*La produzione per la produzione* - produzione come scopo a sé..." (p. 144), ovvero la capacità che gli euroccidentali hanno avuto di passare dal possesso di schiavi a quello della terra (il feudo), sino a quello di capitali (il plusvalore), è stato davvero un segno di "progresso"? nel bene o nel male? Non è forse il caso di dire che queste forme sempre più sofisticate di sfruttamento dell'uomo sono in realtà dei tentativi di reagire, negativamente, alla domanda di libertà, di verità e di autenticità che il cristianesimo ha introdotto nella civiltà europea? E che laddove questi tentativi non sono nati spontaneamente, lì esisteva anche una consapevolezza limitata della grandezza dell'uomo, ossia di ciò che l'uomo è in grado di fare? Considerare il capitale "come *personificazione e rappresentante*, figura cosalizzata delle forze produttive sociali del lavoro o delle forze produttive del lavoro sociale" (p. 164), sarebbe stato possibile *senza* il cristianesimo?

Se Marx avesse puntato l'attenzione sui processi ideologici e culturali che portano una determinata formazione sociale a trasformarsi in un'altra, spesso di segno opposto, avrebbe evitato di parlare di "naturalità delle cose" o almeno l'avrebbe considerata in modo relativo. Non è "naturale" che la scala della produzione venga determinata non sulla base di "bisogni reali", ma sulla base del modo di produzione stesso, finalizzato unicamente al profitto (p. 144). È evidente, infatti, che qualsiasi modo di produzione nasce sulle fondamenta di quello precedente, a meno che non siano avvenute delle catastrofi di tipo naturale o degli eventi di natura politico-militare così sconvolgenti da obbligare gli uomini a ripensare totalmente la loro esistenza.

In questo senso si può affermare che mentre in Europa occidentale la nascita del capitalismo non è stata particolarmente ostacolata dal feudalesimo (se non nel momento in cui le forze borghesi, consolidatesi sul piano economico, cominciavano a rivendicare un potere politico), nell'Europa orientale invece (specie in quella di religione ortodossa), il capitalismo, anche sul piano economico, ha sempre incontrato una forte resistenza da parte delle forze feudali (comunità di villaggio ecc.). E quando esso, approfittando delle contraddizioni feudali, ha cercato d'imporsi sul piano economico, sono nate più o meno immediatamente, nuove forze sociali che vi si sono opposte in maniera politica, costringendo il capitalismo a operare subito la transizione verso il socialismo.

In questo tentativo, purtroppo, tali forze hanno fatto affidamento più che in loro stesse, sulle teorie socialiste (marxiste in particolare) elaborate in Europa occidentale, cioè su quelle teorie che hanno sempre tenuto in scarsa considerazione il feudalesimo, il mondo contadino, le comunità di villaggio ecc. Sicché l'Europa dell'est ha sperimentato su di sé tutti gli effetti negativi della realizzazione delle teorie marxiste, risparmiandoli così all'Occidente, il quale, però, dal canto suo, continua a sperimentare su di sé (e a far sperimentare soprattutto sul Terzo Mondo) tutti gli effetti negativi delle teorie borghesi del capitalismo.

Ora, se da un lato l'Europa dell'est ha capito gli errori del marxismo, dall'altro l'Europa dell'ovest non ha ancora capito gli errori del liberalismo borghese. La democrazia occidentale oscilla continuamente fra due poli opposti: il *laissez-faire* e il *Welfare State*, e non s'accorge che in realtà sono due facce di una stessa medaglia, quella appunto del capitalismo.

Il feticismo delle merci

I

Alla fine del primo capitolo della prima sezione del Capitale K. Marx parla del feticismo delle merci come di fenomeno reificante della vita sociale e produttiva del capitalismo. Pur spiegando bene le ragioni da un punto di vista *economico*, non altrettanto approfondita è l'analisi *culturale*, per quanto egli abbia intravisto un certo legame tra i "misteri economici" della merce e quelli teologici del cristianesimo.

I misteri sono dovuti al fatto che nel capitalismo la merce non indica un semplice valore d'uso, ma un complesso valore di scambio. Infatti non è facile individuare il vero valore di una merce; spesso ci si limita a equipararlo al suo prezzo, ma non è così, o almeno non è sempre così, proprio perché il capitalismo è un sistema basato sull'antagonismo sociale, che impedisce una valutazione obiettiva delle cose.

La mistificazione, che serve appunto per impedire tale valutazione, è uno strumento usato quotidianamente, soprattutto per far credere che sul mercato si ottiene il giusto prezzo della merce o che in azienda l'operaio ottiene un giusto salario.

Per Marx il valore d'uso non ha segreti; il valore di scambio invece, quello tipico della merce, fa entrare gli acquirenti in un mondo mistico, ove la merce si trasforma - per dirla con Aristotele - in un oggetto "sensibilmente soprasensibile".

Tale carattere enigmatico non proviene dal tempo di lavoro che occorre per produrre una merce, poiché lo si può abbastanza facilmente quantificare. Se il valore di una merce dipendesse esclusivamente dal tempo di lavoro socialmente necessario per produrla, non vi sarebbero segreti ("socialmente necessario" in quanto una merce è sempre il prodotto di una cooperazione tra diverse persone).

La spiegazione che Marx dà del carattere feticistico delle merci, se può essere sufficientemente chiara sul piano *fenomenologico*, non lo è affatto su quello *ontologico*. Sarebbe stato sufficiente dire che la merce riflette un rapporto sociale che "sociale" non è. Cioè riflette un rapporto sociale antagonistico, il quale però, nel momento della compravendita, non lo si percepisce come tale (o almeno non in maniera immediata).

Quando i Greci o i Romani acquistavano uno schiavo al mercato, si percepiva subito che tale compravendita era il frutto di rapporti conflittuali (lo schiavo poteva p.es. essere un prigioniero di guerra o un debitore insolvente). Ma nel capitalismo, quando si acquista una qualunque merce sul mercato, non si ha immediatamente la percezione ch'essa rifletta rapporti sociali conflittuali. La merce appare neutra e solo un'indagine scrupolosa sulla sua origine può far scoprire come essa sia stata prodotta.

Perché Marx non è chiaro nel dire questo? Per il semplice motivo ch'egli ha un pregiudizio nei confronti del valore d'uso, che per lui vuol dire produzione *individuale* di tipo pre-borghese, e quindi produzione tecnologicamente arretrata.

Marx non vede la produzione *sociale* pre-borghese (almeno non fino a quando si metterà a studiare l'antropologia). L'unica vera produzione che vede è quella sociale antagonistica del capitalismo industriale, la cui tecnologia, per lui, va salvaguardata, superando soltanto l'aporia tra un capitale che sfrutta il lavoro per vivere di rendita e un lavoro privo di capitali, che può soltanto lottare per sopravvivere. La merce ha un carattere feticistico proprio perché maschera i rapporti sociali antagonistici che la producono. Su questo Marx non ha dubbi e dargli torto è impossibile.

Tuttavia restano in sospeso alcune questioni. Una è la seguente: per quale motivo, ad un certo punto dell'evoluzione storica dell'Europa occidentale, le merci hanno cominciato ad acquisire un carattere feticistico? quali sono state le ragioni *culturali* che hanno favorito questo processo sociale, che influenza tanta parte del comportamento umano e persino la psicologia degli individui?

A questa domanda il socialismo potrà trovare una risposta davvero adeguata soltanto quando s'immergerà nello studio del fenomeno *religioso*. Infatti le origini culturali del capitalismo, esattamente come quelle della filosofia borghese (da Cartesio a Hegel), vanno ricercate nella religione.

Con Gramsci il socialismo ha appena iniziato il grande lavoro di lettura sovrastrutturale della formazione capitalistica. In particolare occorre andare oltre l'interpretazione meramente "politica" del fenomeno religioso e accingersi ad affrontare quella più propriamente *culturale* (che riguarda scienze come l'antropologia, l'ontologia, la psicologia sociale ecc.).

P.es. sarebbe interessante dimostrare come il feticismo delle merci tragga in ultima istanza la propria origine da quella concezione trinitaria che a partire da Agostino è venuta affermandosi in Europa occidentale, quella secondo cui l'identità delle persone dipende dalla *funzione* che ricoprono. Il concetto di "persona" in Occidente è stato ad un certo punto subordinato a quello di "ruolo". L'unità della natura divina - dicevano i padri occidentali della chiesa - non è che l'organizzazione dei rispettivi ruoli, quindi sostanzialmente un consesso di tipo politico-contrattuale.

Naturalmente ci si potrebbe chiedere il motivo per cui il sorgere del feticismo delle merci va fatto storicamente risalire al XVI sec., cioè a quel secolo che, secondo il socialismo scientifico, ha visto generare la civiltà capitalistica. La risposta a questa domanda può essere trovata solo in uno studio dei rapporti tra cattolicesimo-romano e protestantesimo.

Infatti il cattolicesimo-romano ha saputo porre soltanto le basi *culturali* del feticismo delle merci, ma la vera realizzazione *pratica* di questa idee, assicurata da una vasta diffusione sociale, è avvenuta ad opera del protestantesimo, il quale, in un certo senso, ha saputo trasferire nella vita quotidiana dei credenti quanto sotto il cattolicesimo-romano era patrimonio dei soli ceti clericali e nobiliari.

II

Il socialismo scientifico ha mostrato per la prima volta quanto sia ipocrita quell'atteggiamento borghese che s'illude di considerare le merci come entità a se stanti, che si rapportano secondo una logica del tutto avulsa dal contesto sociale. Tale atteggiamento infatti torna comodo a chi non vuole scorgere nel nesso di capitale e lavoro la principale contraddizione antagonistica del capitalismo. Se esiste uno scambio equivalente delle merci - sostenevano gli economisti borghesi -, i difetti del capitalismo non sono strutturali ma solo congiunturali.

Tuttavia il feticismo delle merci non è solo "personificazione delle cose", ma anche "reificazione delle persone". Questo secondo aspetto Marx ha saputo certamente individuarlo, ma non ha saputo approfondirlo sul piano *culturale*.

L'origine di questa illusione borghese risiede infatti nell'ideologia cristiana (in particolare quella cattolico-romana) che considera più "religioso" quel credente disposto a barattare la propria fede con le "opere di salvezza" che gli offre la gerarchia. Un baratto che in realtà è una vendita al ribasso delle proprie concezioni religiose, al fine di ottenere qualcosa la cui sacralità è politicamente imposta e che, per questa ragione, risulta del tutto fittizia. Il culmine di questo processo reificante lo si può riscontrare, in ambito cattolico, con la *vendita delle indulgenze*, che costituisce, se vogliamo, lo spartiacque tra cattolicesimo e protestantesimo.

Il protestantesimo non ha fatto che trasferire sul piano economico, legittimandola sul piano sociale, una prassi che la gerarchia cattolica tollerava solo in chiave politica, come emanazione diretta del potere ecclesiastico.

Il protestantesimo non ha reagito alla reificazione proponendo l'*umanizzazione* dei rapporti sociali, ma si è limitato a togliere a quella reificazione il suo carattere di esclusivo privilegio (appartenente appunto alla gerarchia), e che rendeva impossibile una vera equivalenza delle merci: "fede contro opere". Un'equivalenza che si basava sull'assunto: "ti do la mia fede in cambio delle tue opere, per avere con le mie opere la tua fede". La mercificazione di questo rapporto religioso è stata l'anticamera di quella del moderno rapporto mercantile. Il protestantesimo non ha fatto altro che estendere la reificazione a tutti i rapporti sociali e quotidiani dei credenti. Al punto che, a partire dal calvinismo, i moderni cristiani hanno cominciato a porsi più come "borghesi credenti" che non come "credenti borghesi" (quest'ultimi sono esistiti, in campo cattolico, dall'origine dei Comuni al XVI sec., dopodiché vi è stata l'involuzione della Controriforma).

Il protestantesimo non si è opposto al carattere feticistico in sé delle indulgenze, così come avrebbe dovuto opporsi (e molte eresie medievali lo fecero) al carattere feticistico di qualunque altra "opera salvifica" sponsorizzata dal cattolicesimo, ma si è opposto al fatto che di quel feticismo l'unico vero soggetto *agente* era la gerarchia romana. Ha compiuto una battaglia politica contro un privilegio esclusivo, per poterlo estendere, in forma laicizzata, a tutta la collettività.

Nessuno prima di Lutero aveva impostato il problema in termini così "borghesi", dicendo che nella prassi mercificata delle indulgenze non esisteva un vero scambio di equivalenti. Chi le acquistava non lo faceva liberamente e, per di più, non aveva la certezza di ottenere una reale contropartita. L'illusione della salvezza era troppo astratta.

Ecco perché diciamo che il cattolicesimo-romano è stato una religione essenzialmente "politica", che ha posto le basi della formazione economica capitalistica, senza però avere in sé sufficienti energie per negarsi come tale, modernizzandosi in una religione più laica e individualistica, e nel contempo più fittiziamente democratica nella gestione dell'economia.

III

Dopo aver chiarito la questione culturale bisogna porsi quella politica e sociale: come si supera il feticismo delle merci?

Dobbiamo anzitutto dire che Marx non aveva intenzione di abolire la merce, ma solo il suo carattere feticistico, cioè voleva fare in modo che il valore di una merce fosse trasparente, e questo - secondo lui - sarebbe stato possibile eliminando la proprietà privata dei mezzi produttivi.

Marx non avrebbe mai accettato di considerare il valore d'uso superiore al valore di scambio. Semplicemente i due valori avrebbero dovuto coincidere: là dove c'è trasparenza sulle modalità di realizzazione di una merce, non c'è ragione di pensare ch'essa non soddisfi un bisogno reale e non fittizio.

Eppure qui il socialismo scientifico ha dato una risposta che s'è rivelata fallimentare: la *statalizzazione dei mezzi produttivi*. Nei paesi del cosiddetto "socialismo reale" le merci (soprattutto quelle di uso quotidiano) non erano in grado di soddisfare i bisogni comuni della popolazione. Non vi era lo stimolo a produrle e la loro quantità era cronicamente scarsa. Era proprio la statalizzazione dei beni, gestita da burocrati di partito, a rendere la popolazione indifferente alla produttività (il che poi portava a truccare i bilanci rispetto agli obiettivi dei piani quinquennali).

Questo perché la merce, in sé, non esprime soltanto un carattere feticistico (che si potrebbe effettivamente eliminare superando la proprietà privata dei mezzi produttivi). A nostro parere non è sufficiente auspicare che nel socialismo democratico il valore di una merce e il suo prezzo coincidano più o meno esattamente, in virtù di una conoscenza del tempo di lavoro socialmente necessario o dell'entità effettiva dei materiali che sono occorsi per realizzarla.

Socialismo democratico o autogestito non può voler dire che una determinata società non deve ricercare la propria autosufficienza economica. Nell'ambito di un tale socialismo la merce non può implicare una dipendenza materiale, oggettiva, di un collettivo nei confronti di un altro. Una determinata comunità socialista deve poter produrre tutto ciò che le serve per autoriprodursi, nel senso che non può pensare di utilizzare prodotti altrui per poter sopravvivere.

Se la riproduzione è il fine della produzione, questa deve poter riguardare i beni essenziali del collettivo, quelli che permettono la sopravvivenza. Ciò quindi significa che il valore d'uso, nel socialismo democratico, dovrà risultare nettamente superiore al valore di scambio, e che potranno esistere merci solo là dove esisterà un surplus da smaltire.

Questo per dire che non dobbiamo soltanto eliminare il carattere feticistico della merce, che nell'ambito del capitalismo fa realizzare dei rapporti sociali soltanto attraverso la mediazione delle merci, ma dobbiamo eliminare anche quella percezione di dipendenza che qualunque merce favorisce quando la si avverte come un bene primario. Noi dobbiamo togliere alla merce anche l'idea ch'essa possa essere di fondamentale utilità alla nostra esistenza. Dobbiamo fare un lavoro (psicopedagogico) anche sulla *mentalità*,

Insomma l'alternativa alla statalizzazione dei mezzi produttivi è la loro *socializzazione*. La differenza sta nel fatto che per realizzare una progressiva socializzazione (senza rischiare d'imporre alcuna statalizzazione) occorre promuovere delle comunità basate sull'*autoconsumo*, perché solo in questo modo i cittadini possono conoscere l'origine dei prodotti che acquistano o che usano. La produzione così è direttamente sociale non solo perché non esiste la proprietà privata dei fondamentali mezzi produttivi, ma anche perché il valore d'uso dei beni prodotti risponde a bisogni reali, individuati dagli stessi produttori insieme ai consumatori.

Il surplus, che può diventare valore di scambio in un rapporto tra comunità differenti, non deve costituire l'obiettivo primario della produzione. L'obiettivo primario è la riproduzione, che va sganciata da forme di dipendenza nei confronti della produzione altrui. Là dove esistesse interdipendenza di merce contro merce, potrebbe essere accettata solo se *relativa* per le differenti comunità produttive ("relativa" nel senso che le merci scambiate non sono essenziali alla propria sopravvivenza).

IV

Chi conosce l'origine dei prodotti che usa ne conosce anche il vero prezzo e quindi il vero valore (prezzo e valore qui coincidono, seppur sempre in maniera relativa, poiché un'esatta coincidenza non è mai esistita e mai esisterà: essi infatti potrebbero coincidere perfettamente se tra produttore e acquirente non esistesse alcuno scambio mercantile, cioè se ci fosse *totale gratuità* o, se si preferisce, una fondamentale preoccupazione collettiva a soddisfare anzitutto i bisogni altrui, barattando sole eccedenze. In tal caso non esisterebbe alcuna teoria del valore).

Quando nelle società fondate sull'autoconsumo esisteva solo il *valore d'uso*, il valore delle cose non era certo misurato in termini strettamente economici. Persino nel Medioevo, dove pur esisteva sfruttamento attraverso il servaggio, il valore d'uso era concepito in termini più *sociali* che economici. Una cosa aveva tanto più "valore" quanto più aiutava la comunità a sopravvivere e a riprodursi, in tutti i suoi aspetti.

Dunque la quantificazione del valore d'uso va sottratta ad un calcolo di tipo economicistico. Anzi esso non andrebbe neppure quantificato. Dovrebbe infatti valere il principio secondo cui il valore d'uso di un bene ha tanto meno valore commerciale quanto più il suo valore *sociale* è grande (oggi solo in maniera individuale arriviamo a dire che una cosa che per noi ha un grande valore "affettivo", in sostanza non ha prezzo, anche se questo non impedisce certamente al mercato di attribuirle un valore molto diverso da quello che noi vorremmo).

Il valore d'uso di una qualunque cosa (e quindi non solo di un mezzo produttivo) dovrebbe essere il valore che le viene attribuito dall'intera *collettività* (e quindi non solo, come oggi, da quella parte di collettività che possiede i mezzi produttivi), cioè da un determinato gruppo di persone che possiede una certa "memoria storica", una comune "sensibilità individuale e sociale", una condivisa tradizione di usi e costumi...

Il vero valore delle cose è quello *culturale* o *spirituale*, quello stabilito da una collettività che si sente unita in un destino comune.

Il socialismo di Giuda, che vede come scandalosa l'azione di Maria che versa un prezioso profumo sulla testa di Gesù, non è più sufficiente per stabilire il vero valore delle cose. Il socialismo deve umanizzarsi maggiormente, per poter vedere nel valore d'uso la grandezza della libertà umana.

Genesi della rendita fondiaria capitalistica

Nel III libro del *Capitale*[8] Marx delinea estesamente il concetto di rendita feudale (cosa che peraltro aveva già fatto alle pp. 285-296 del I libro): è pluslavoro non retribuito; rendita e plusvalore coincidono in quella parte di tempo che il contadino è costretto a impiegare per il proprietario terriero. Cioè fintantoché il contadino lavora per sé, coi mezzi e la terra che possiede, non c'è sfruttamento. L'eccedenza del prodotto ottenuto dal lavoro nel proprio campo dipende dalla differenza del tempo impiegato per sé e per il feudatario.

Ovviamente la rendita è servaggio. Il produttore non è libero, non lo è neppure quando le *corvées* si trasformano in obbligo tributario. Non lo è semplicemente perché il produttore non è "proprietario" della terra che lavora, ma solo "possessore". La terra gli viene concessa in usufrutto, *sub conditione* della prestazione gratuita di lavoro o di prodotti, e in tale concessione egli esercita la propria autonomia (sempre relativa), sino alla gestione di una sorta di industria domestica rurale.

Non c'è vera e propria divisione del lavoro nel mondo rurale, che possa portare allo sfruttamento del lavoro nel tempo che il produttore può riservare a se stesso, alla riproduzione di sé e della propria famiglia.

Marx si rende conto che questo modo di produzione è diverso da quello schiavistico di epoca romana o delle piantagioni americane a lui coeve: "lo schiavo lavora in condizioni di produzione che appartengono ad altri e che quindi non sono autonome" (p. 1057).

In Asia - prosegue Marx - il principale schiavista è lo stesso Stato, "il più alto proprietario terriero", per cui "rendita e imposte coincidono": "non vi è proprietà privata della terra, pur essendovi il possesso e l'uso sia privato che comune di essa" (ib.).

Nel feudalesimo la rendita è frutto di una coercizione extra-economica (il rapporto di dipendenza personale) ed è limitata da vari fattori: "il produttore diretto deve possedere abbastanza forza lavorativa... il terreno ch'egli coltiva deve essere sufficientemente fertile" (p. 1059), altrimenti non potrebbe lavorare gratis su quello del feudatario.

In una situazione del genere (che prescinde da guerre, carestie e pestilenze), è abbastanza normale che il servo della gleba viva in condizioni di sicurezza economica. Il feudatario, infatti, non ha interesse a sfruttarne il lavoro oltre un certo limite, in quanto la rendita che ottiene

---

[8] K. Marx, *Il Capitale*, ed. Newton Compton, Roma 1976, III libro, cap. 47.

gli è di regola sufficiente a condurre un'esistenza agiata.

Un indizio di progressiva emancipazione economica del produttore è dato dalla trasformazione della *corvée* in rendita in prodotti. Quando si è obbligati a cedere un certo quantitativo di prodotti, stabilito preventivamente, il contadino "svolge il pluslavoro sotto la propria responsabilità" (p. 1061) e non ha più bisogno d'essere sorvegliato.

Ovviamente tale mutamento conserva i caratteri tipici della rendita in lavoro, e cioè: "quasi assoluta autosufficienza acquisita dalla famiglia agricola" (p. 1063), "indipendenza dal mercato e dal movimento produttivo e storico della porzione della società estranea ad essa" (ib.); "condizioni sociali stazionarie" (ib.); "condizioni di stagnazione tanto nel processo di produzione quanto nei rapporti sociali corrispondenti ad esso, tramite la semplice continua riproduzione di se stessi" (p. 1060). Tutto ciò per Marx non costituisce un vantaggio, come a prima vista può sembrare, ma un grande limite.

"Per fortuna" - direbbe Marx - che la stagnazione viene compromessa quando i proprietari pretendono una rendita in prodotti che eccede i limiti naturali, come fanno p.es. i colonizzatori inglesi in India. Quando accade questo nelle colonie è perché nella madrepatria s'è già verificata un'altra trasformazione della rendita, da quella naturale a quella monetaria.

Il mutamento progressivo della rendita in prodotti (che, dice Marx, non sostituisce mai completamente le *corvées*) in rendita in denaro è un segnale preciso della presenza invadente del mercato, in cui il denaro può essere speso e guadagnato. Ora non solo il contadino deve andare sul mercato per trasformare i suoi prodotti in merci contro denaro, al fine di pagare il tributo o il prezzo della rendita, ma anche il proprietario terriero, il latifondista, accede al mercato per spendere il denaro ottenuto dal contadino. "Il carattere di tutto il modo di produzione viene più o meno alterato" (p. 1064).

Finisce in sostanza il primato dell'autosufficienza alimentare, dell'autogestione del processo produttivo... e l'eccedenza viene vincolata ai meccanismi del mercato. Il prezzo della rendita è chiaro, ma non altrettanto il modo in cui si riuscirà a pagarlo, in quanto sul mercato le fluttuazioni dei prezzi delle merci dipendono dal gioco della domanda e dell'offerta.

La rendita in denaro dunque presuppone:
1. "un notevole sviluppo del commercio, dell'industria cittadina, della produzione di merci in genere e quindi della circolazione monetaria" (p. 1065);
2. "che il prodotto possegga un prezzo di mercato e che venga ven-

duto più o meno al suo valore" (ib.);
3. una trasformazione del possesso in proprietà di tutte quelle condizioni di lavoro estranee alla terra, come attrezzi agricoli, bestiame, cose mobili ecc.

Marx dice che questa trasformazione della rendita, quando si cercò d'introdurla in epoca romana, finì sempre coll'essere sostituita nuovamente dalla tradizionale rendita in prodotti. Anche in Francia prima della rivoluzione. Infatti, "la rendita monetaria deve provocare nel suo ulteriore sviluppo la trasformazione della terra in libera proprietà del contadino oppure deve generare la forma tipica del modo di produzione capitalistico, la rendita pagata al fittavolo capitalista" (p. 1066).

Il rapporto padrone-servo si deve trasformare da "personale" a "contrattuale". Dunque il contadino deve diventare o un fittavolo o un proprietario: in entrambi i casi egli dovrà servirsi di operai salariati, lavoratori agricoli a giornata. La terra potrà addirittura essere affittata a capitalisti di città, "fino ad allora rimasti estranei alla campagna" (p. 1067).

"Il fittavolo diventa il vero comandante di questi operai agricoli e il vero sfruttatore del loro pluslavoro, mentre il proprietario terriero non si mantiene in rapporto diretto... monetario e contrattuale che con tale fittavolo capitalista" (p. 1068). Il fittavolo sfrutta come un capitalista i salariati agricoli e quindi ricava dei profitti, dopodiché cede una quota prestabilita di canone al proprietario della terra, che la riceve come rendita, come parte del plus-profitto. "La cifra più o meno grande da lui consegnata è in media determinata, come limite, dal profitto medio che il capitale rende nelle sfere di produzione non agricole e dai prezzi di produzione non agricoli regolati da tale profitto medio" (ib.). Cioè in pratica si tratta di quel profitto medio e di quel prezzo di produzione da esso regolato che "sorgono nella sfera del commercio urbano e della manifattura" (p. 1069).

La rendita in denaro presuppone la divisione tra città e campagna. "Mentre nel Medioevo - dice Marx - la campagna sfrutta politicamente la città, laddove il feudalesimo non ha dovuto cedere il passo a uno straordinario sviluppo delle città, come accadde in Italia; la città dal canto suo, ovunque e universalmente, sfrutta da un punto di vista economico la campagna coi suoi prezzi di monopolio, il suo sistema fiscale, la sua organizzazione corporativa, la sua diretta frode commerciale e la sua usura" (ib.).

Marx non prende in esame le contestuali lotte politiche condotte dai contadini. La sua analisi economica non s'intreccia con quella politica, sociale e culturale, neppure in un caso così drammatico come il passaggio alla rendita in denaro, che indica, incontestabilmente, la metamorfosi di un'economia prevalentemente rurale in una prevalentemente mercantile, che le è in tutto opposta. Sembra che Marx qui voglia limitarsi a una sorta di "fenomenologia dell'economia" che ha più basi filosofiche che storiche. C'è un passo in cui egli afferma che la rendita, per trasformarsi in profitto, ha bisogno non solo del modo di produzione capitalistico, ma anche di "importare idee da paesi capitalistici" (p. 1073): questo aspetto però non lo approfondisce. Beninteso, non gli sfuggiva il fatto che nei paesi cattolici tendesse a predominare la *rendita*, mentre in quelli protestanti tendesse a predominare il *profitto*, ma si è sempre rifiutato di collegare, in un'analisi sistematica, gli aspetti economici a quelli religiosi.

La mezzadria viene esaminata come forma intermedia tra la rendita in prodotti naturali e la rendita monetaria; essa comunque fa parte, in generale, di una società votata all'accumulazione di capitali, ed è, nella fattispecie, in relazione alla debolezza del fittavolo, il quale ha bisogno dei capitali del proprietario (anche solo come beni strumentali: mezzi di lavoro, bestiame, sementi ecc.). Il risultato della lavorazione della terra viene ripartito secondo certe proporzioni.

Più interessante sono le pagine dedicate alla proprietà parcellare, in cui il contadino è del tutto autonomo, il capitalismo poco sviluppato, il capitale poco concentrato e con una netta prevalenza della campagna sulla città. Il contadino vende sul mercato solo l'eccedenza, in quanto lo standard produttivo è l'*autoconsumo*.

Questa forma di proprietà, che indubbiamente è la più significativa risposta ai limiti del servaggio e a tutte le forme di rendita feudale, e che costituisce un efficace muro di sbarramento contro le pretese del mercato, non viene analizzata da Marx in riferimento a contesti storici, politici, culturali; per lui è soltanto una variante delle altre forme di gestione della terra.

Marx sembra apprezzarne il lato autonomo del lavoro, che rende i contadini autosufficienti economicamente, ma poi li vede solo come persone "isolate" e quindi "deboli", incapaci di contrastare la forza del capitale, che avanza inesorabile. Infatti essi - dice Marx - si dissolveranno dopo che la grande industria avrà mandato in rovina l'industria domestica rurale (p. 1077); dopo l'esaurirsi delle capacità produttive dei terreni; dopo l'usurpazione delle terre comuni (boschi, pascoli...) da parte dei latifondisti; dopo l'affermarsi della concorrenza della produzione agricola su ampia scala, condotta con metodi di tipo capitalistico.

Marx si dilunga come non mai nell'elencare gli aspetti negativi di questa gestione autonoma della terra. "La proprietà parcellare esclude per sua stessa natura: lo sviluppo delle forze produttive sociali del lavoro, le forme sociali di quest'ultimo, la concentrazione sociale dei capitali, l'allevamento del bestiame su larga scala e un'applicazione progressiva della scienza" (ib.).

Nella sua analisi non viene vista una lotta di resistenza da parte di questa categoria di contadini, ma solo un limite economico rispetto alla forza del capitale. Questa proprietà autarchica viene rifiutata perché non abbastanza favorevole allo sviluppo capitalistico. In realtà tutti i motivi addotti come pretesto per giustificarne il superamento, ivi inclusi quelli citati a p. 1078: "usura" e "sistema fiscale", non sono motivi endogeni a questa forma di proprietà ma *esogeni*. È una proprietà limitata nel senso che il suo limite è la forza del capitale, che si sviluppa esternamente.

Marx rifiuta la proprietà parcellare attribuendole dei limiti che non le appartengono e che acquistano un senso solo se vengono rapportati alle pretese del capitale borghese. E non s'avvede che la proprietà capitalistica della terra si sviluppa appunto perché quella parcellare non viene difesa politicamente (e militarmente) in maniera efficace. Marx dà per scontata la dissoluzione della proprietà parcellare nell'ambito della società borghese, quando proprio questa proprietà avrebbe potuto ostacolare enormemente lo sviluppo della proprietà capitalistica.

È molto strano ch'egli non abbia pensato che tale proprietà avrebbe dovuto essere espropriata con una riforma agraria che spezzasse il latifondo, senza prevedere alcuna forma d'indennizzo, né quelle forme di vendita all'incanto dove, per potervi partecipare con capitali significativi, il contadino finiva sempre nelle mani degli usurai.

È evidente che una terra parcellare formatasi non in seguito a lotte politiche anti-feudali, ma in seguito a una transizione inevitabile verso il capitalismo, non faceva che impoverire i suoi acquirenti, se questi la finalizzavano unicamente all'autoconsumo.

L'opposizione unilaterale di Marx alla proprietà privata contadina gli ha impedito di vedere come potesse essere regolamentata quantitativamente una determinata proprietà agricola rispetto ai bisogni riproduttivi effettivi di una famiglia o di gruppi di famiglie rurali. Marx vuole soltanto una proprietà *sociale* della terra; tuttavia una proprietà del genere presume il recupero di molte tradizioni del pre-capitalismo.

In realtà bisogna porre unicamente il principio secondo cui nessuno può sfruttare arbitrariamente il lavoro altrui. Che poi un lavoratore preferisca una gestione sociale della terra e non quella individuale o familiare, non deve essere questo un motivo per impedirgli di avere una proprietà privata.

L'importante è di permettere ai lavoratori di esistere nella sicurezza di una proprietà, sociale o individuale non importa. È assurdo sostenere che una conduzione "razionale" delle colture agricole sia possibile solo nella proprietà "sociale" della terra. Marx vuole imporre il collettivismo sull'individualità nella gestione della terra.

È molto sconsolante, in tal senso, la sua conclusione: "Se la piccola proprietà terriera genera una classe di barbari [sic!] che per metà sono estranei alla società [qui sottintesa quella borghese], in cui sono mischiati tutta la rozzezza delle forme primitive della società [!] e tutti i dolori e la *misère* dei paesi civili, la grande proprietà terriera corrompe la forza lavorativa nell'ultima sfera in cui essa riversa le proprie forze naturali e in cui si presenta come fondo di riserva per il rinnovamento della linfa vitale delle nazioni, nella stessa campagna" (p. 1085).

Per Marx insomma dalla campagna, sia essa di Scilla o di Cariddi, non può venir nulla di buono, almeno finché non sarà il proletariato industriale a dettarne le nuove regole di gestione.

La caduta tendenziale del saggio di profitto

Premessa

La III sezione del III libro del *Capitale*[9] è interamente dedicata a un problema già individuato dagli economisti classici borghesi, cui però - secondo Marx - non era stata data una soluzione soddisfacente: *la caduta tendenziale del saggio di profitto*.

Per quanto gli economisti odierni facciano ancora di tutto per censurare le opere di Marx (basta p. es. vedere con quanta supponenza egli venga liquidato in un qualunque manuale scolastico di economia politica), resta il fatto che Marx non può essere considerato alla stregua di un socialista utopista o di un filosofo che si dilettava di economia. La stragrande maggioranza delle sue opere sono il frutto di un lavoro molto faticoso di lettura e di interpretazione di testi classici dell'economia politica.

Poiché purtroppo (per la borghesia) le sue dottrine economiche sono strettamente legate alla prassi rivoluzionaria e alla realizzazione di un'alternativa globale al capitalismo, non si è voluto tener conto che molte delle teorie economiche di Marx non sono che la ricerca di nuove soluzioni a vecchi problemi, di fronte ai quali la stessa borghesia s'è trovata come impotente.

Questo per dire che si dovrebbero quanto meno prendere in esame le sue proposte risolutive *in sé e per sé*, prescindendo dagli sviluppi politico-rivoluzionari che potrebbero avere e che in effetti nella storia hanno avuto, p.es. con i tentativi, poi falliti, del "socialismo reale".

Una teoria dovrebbe essere dimostrata fallace per una sua intrinseca debolezza, messa in rapporto a teorie analoghe elaborate su un medesimo argomento, e non tanto (o non solo) per come essa è stata successivamente applicata, anche perché la responsabilità di chi elabora determinate teorie non può essere considerata uguale a quella di chi ha poi cercato di metterle in pratica.

La sezione è divisa nei seguenti capitoli:
1. descrizione del fenomeno e spiegazione della legge che lo determina;
2. tentativi degli imprenditori borghesi di porvi rimedio;
3. i motivi per cui il fenomeno non può essere risolto con metodi

---

[9] K. Marx, *Il Capitale*, ed. Newton Compton, Roma 1976, III libro.

capitalistici.

L'analisi svolta in tale sezione è molto importante, poiché colpisce al cuore, in una delle sue contraddizioni più radicali, il sistema capitalistico. Questa legge viene considerata da Marx come la più importante della moderna economia politica, mai compresa da nessuno. Essa infatti dimostra che lo sviluppo delle forze produttive, provocato dal capitale, oltre un certo punto sopprime l'autovalorizzazione del capitale stesso.

Marx, che sostanzialmente aveva già elaborato la legge nel manoscritto del 1857-58 (*Grundrisse*), avrebbe dovuto metterla nel I libro, ma non poté farlo perché le sue analisi sul commercio estero e sul capitale azionario (con cui l'impresa cerca di porre rimedio alla caduta del saggio di profitto) non erano ancora sufficientemente sviluppate.

In questa sezione Marx era comunque riuscito a impostare i termini della questione in maniera metodologica, dimostrando dove gli economisti classici avevano sbagliato e come si sarebbe potuto superare in via di principio i loro limiti.

Prima di parlare di questa legge è però necessario fare una piccola introduzione su come si forma il saggio del profitto. Dopodiché bisognerà parlare dei rapporti tra Marx e Ricardo, poiché l'elaborazione di quella legge dipese proprio da quel confronto teorico.

Il saggio del profitto

Che cos'è il tasso o saggio di profitto di un'impresa capitalistica? È il rapporto (in percentuale) tra il plusvalore e tutto il capitale anticipato: quello *variabile* (i salari) e quello *fisso* o *costante* (macchinari, materie prime, trasporti ecc.).

Questa però non è una definizione "borghese" ma "marxista" del profitto, in quanto la borghesia si rifiuta di riconoscere l'esistenza del "plusvalore", che secondo il marxismo è *una parte di lavoro non pagata*.

Secondo Marx, il plusvalore viene determinato dal fatto che la forza-lavoro (la classe operaia) immette nella merce prodotta un valore superiore al valore della propria stessa forza, un valore che può anche essere del 100% e oltre.

Come si fa a calcolare il plusvalore? Guardando il salario medio che occorre per riprodurre la stessa forza-lavoro. Il salario viene stabilito in maniera anticipata, in rapporto a un certo quantitativo di ore di lavoro (o, nel caso del salario a cottimo, in rapporto a un certo quantitativo di merci prodotte in un determinato tempo). Questo significa che se per il capitalista sono sufficienti 4 ore di lavoro per riprodurre la forza lavorativa impiegata, le altre 4 ore costituiscono plusvalore, cioè plusvaloro non pagato, che in questo caso è del 100%. Nella vendita di merci ad alto valore aggiunto, il plusvalore può arrivare anche al 200% o 300% e oltre. Ma a questi tassi ci si può arrivare anche nei paesi dove il costo del lavoro, delle materie prime, della vita in generale è molto basso.

Come noto la classe borghese vuol invece far credere che la forza-lavoro sia pagata al giusto prezzo e che il profitto si realizzi unicamente nel momento in cui la merce viene venduta sul mercato. Quindi esteriormente nella società borghese il "plusvalore" appare come "profitto", cioè come risultato finale di tutto il capitale anticipato. Alla borghesia conviene considerare il capitale variabile (salari, contributi sociali) come parte di quello costante, cioè non come fonte di "entrata", ma come fonte di "spesa", poiché in questo modo può occultare la dinamica dello sfruttamento. Le entrate, per la borghesia, sono soltanto quelle derivate dal capitale circolante, dalla vendita delle merci.

Secondo Marx il saggio del plusvalore è dato dal rapporto tra il plusvalore (PV) estratto dallo sfruttamento della forza-lavoro e il capitale variabile anticipato (V), espresso nella formula: PV / V. Di conseguenza il saggio del profitto non è che il rapporto tra la massa del plusvalore e tutto il capitale anticipato: costante (C) e variabile (V). Donde la formula: PV / C+V, ovviamente moltiplicata per 100.

Tutta la lotta del capitale contro il lavoro è, secondo Marx, finalizzata ad aumentare il più possibile il saggio del plusvalore: di qui il prolungamento della giornata lavorativa, la riduzione del costo del lavoro (che può essere ottenuta minacciando licenziamenti o chiusura dell'impresa, oggi diciamo: delocalizzandola), l'aumento dell'intensità o della produttività del lavoro (p.es. tenendo aperta l'azienda 24 ore al giorno, oppure automatizzando taluni processi). Oggi si assiste anche a tentativi di far acquistare azioni dell'impresa quotata in borsa agli stessi operai che vi ci lavorano.

In tal modo è evidente che quanto maggiore è la quota di capitale variabile investita (anticipata), tanto superiore (a parità delle altre condizioni) è il saggio del profitto. Detto altrimenti: può ottenere più profitti, in percentuale, un'impresa che investe meno nel capitale costante e di più nel capitale variabile.

Il saggio del profitto non dipende solo dallo sfruttamento della manodopera, ma anche dalla velocità di rotazione sul mercato: senza un mercato non esisterebbe neppure il capitalismo. E dipende anche dalla capacità dell'imprenditore di economizzare sul capitale costante e di far funzionare al meglio le macchine: non esisterebbe il capitalismo senza rivoluzione tecnico-scientifica. D'altra parte è questa stessa tecnologia che permette un maggior sfruttamento della manodopera quanto a intensità e produttività: basta guardare oggi l'impiego dell'elettronica nella produzione.

Tuttavia l'imprenditore non opera in un'isola deserta: sul mercato non ci sono soltanto gli acquirenti delle sue merci. Ci sono anche imprenditori concorrenti, che producono merci identiche o analoghe, che possono risultare competitive sia nei prezzi che nella qualità. Ogni imprenditore cerca di acquisire il più presto possibile posizioni monopolistiche.

Gli economisti classici

Già Smith s'era accorto della caduta tendenziale del saggio del profitto, ma l'aveva attribuita unicamente al fattore della concorrenza, nel senso che con il procedere del processo di accumulazione del capitale si sarebbero esauriti i campi di investimento profittevoli e l'accresciuta concorrenza tra i capitali avrebbe fatto diminuire progressivamente il saggio di profitto

Ricardo gli aveva obiettato che la concorrenza poteva al massimo ridurre i profitti ad un livello medio nelle diverse branche d'industria, livellandone il saggio, ma non poteva abbassarlo in maniera tendenziale, altrimenti la capacità produttiva ad un certo punto si sarebbe ridotta a zero, visto che la concorrenza era inevitabile. E poi con l'aumento dei redditi aumenta la domanda (sia di beni di consumo che di mezzi di produzione), per cui anche i profitti devono per forza tornare a salire. Se non ci riescono è perché il problema va cercato altrove.

Ricardo pensò d'averlo trovato nel fatto che, secondo lui, con l'aumento della produzione aumenta anche la popolazione, la quale per essere sfamata necessita di maggiori investimenti nell'agricoltura, ma siccome l'agricoltura rende meno dell'industria (in quanto vi è scarsità di terreni fertili da poter mettere a coltivazione), anche gli investimenti sono minori, sicché i prezzi agricoli (in primis quelli del grano) vengono tenuti alti dai proprietari fondiari. Questo ha un'incidenza sui salari, che non possono scendere al di sotto delle capacità riproduttive della manodopera industriale.

La soluzione secondo Ricardo stava nel penalizzare le rendite fondiarie relative al grano, favorendo di quest'ultimo l'importazione dall'estero, a prezzi molto più contenuti, e quindi abolendo i dazi che proteggevano la produzione nazionale.

Marx interviene in questo dibattito virtuale precisando che la concorrenza non potrebbe abbassare il saggio medio del profitto in tutte le branche d'industria, se questa legge non fosse anteriore alla stessa concorrenza.

La validità della legge

La caduta tendenziale del saggio di profitto può essere considerata una legge obiettiva, in grado di spiegare, ancora oggi, la teoria del crollo inevitabile del capitalismo?

Qui anzitutto va detto che è quanto meno assurdo pensare che il capitalismo possa crollare semplicemente perché le sue leggi economiche lo portano inevitabilmente al crollo.

Marx si limitò a dimostrare che un sistema economico basato sulla proprietà privata prima o poi è destinato a crollare (com'erano crollati tutti i sistemi antagonistici precedenti al capitalismo), dunque per motivi oggettivi, intrinseci allo stesso sistema, ma non ha mai preteso di dire che tale crollo sarebbe avvenuto spontaneamente, né che i capitalisti non avrebbero fatto di tutto per evitarlo, per procrastinarlo *ad libitum*, facendone pagare tutte le conseguenze alle classi più deboli.

Nel *Capitale* viene anzi prospettata la soluzione della socializzazione della proprietà dei mezzi produttivi, proprio per evitare il crollo del capitalismo. Una trasformazione pacifica del capitalismo in socialismo avrebbe fatto risparmiare - nella visione di Marx - lacrime e sangue a milioni di lavoratori.

Ma egli non s'era mai illuso sulla possibilità che una tale transizione avvenisse in maniera pacifica. La poneva come pura ipotesi, ben sapendo che i lavoratori devono prepararsi alla rivoluzione se i capitalisti oppongono resistenza alle necessità della transizione.

Il funzionamento della legge

Il Marx del I volume del *Capitale* riuscì a dimostrare che il profitto di un'impresa che investe di più nel capitale costante e sfrutta meno lavoratori, è più piccolo in percentuale dell'impresa che investe di meno e sfrutta di più (ovviamente, in entrambi i casi, in rapporto al capitale complessivo impiegato).

Vediamo alcuni esempi tratti dal *Manuale di economia politica* di A. Pesenti (Editori Riuniti, Roma 1972, vol. I, p. 275). La legenda è semplice: c=capitale costante, v=capitale variabile, pl=plusvalore fissato al 100%, c/v= rapporto tra capitale costante e capitale variabile; l'ultimo dato è il saggio del profitto, espresso in percentuale. La formula del saggio di profitto è dunque la seguente: p=pl/(c+v). Il saggio del plusvalore è pl/v.

c=500   v=1.000   c/v=0,5   66,6%
c=1.000   v=1.200   c/v=0,8   54,5%
c=2.000   v=1.400   c/v=1,4   41,1%

La legge è tale perché si verifica continuamente un aumento più significativo della parte di capitale investita in mezzi di lavoro e di produzione, rispetto a quella spesa per la forza lavorativa (capitale variabile). Questo perché ogni singolo capitalista, essendo interessato ad appropriarsi di profitti sempre superiori alla media, tende ad apportare migliorie tecniche alla produzione, affinché aumenti la produttività in una medesima unità oraria o con meno operai a disposizione.

Questa attività ha come conseguenza l'innalzamento della composizione organica del capitale sociale e l'abbassamento del saggio generale del profitto. Come dimostra ad es. questa tabella presa dal testo di E. Mandel, *Trattato marxista di economia* (ed. ErreEmme, Roma 1997, vol. I, p. 277), in riferimento alla situazione dell'industria statunitense:

anno	capitale fisso	capitale circolante	salari stipendi	profitti	tasso profitto %
1889	350	5.162	1.891	1.869	26,6
1899	512	6.386	2.259	1.876	20,5
1909	997	11.783	4.106	3.056	18,1
1919	2.990	36.229	12.374	8.371	16,2

Va detto che il motivo di questa tendenza al ribasso del saggio di profitto dipende anche dal fatto che tra capitale e lavoro vi è un rapporto conflittuale, antagonistico, tale per cui quanto più è forte la resistenza del lavoratore allo sfruttamento, tanto più l'imprenditore è costretto a investire nei macchinari, aumentandone l'automazione, la produttività. L'imprenditore vuole sfruttare al meglio i propri macchinari, inducendo gli operai a produrre di più in meno tempo.

Non è quindi solo un problema di come affrontare la concorrenza intersettoriale, anche se indubbiamente questa concorrenza produce un problema non meno grave di quello della resistenza operaia allo sfruttamento. Infatti un aumento della produttività, ottenuto migliorando l'efficienza dei macchinari, non aumenta di per sé il saggio del profitto, proprio perché il prezzo delle merci, in un mercato concorrenziale, privo di monopoli, cala in ragione inversa alla loro quantità, nel senso che ogni singola merce contiene in sé meno lavoro umano. In assoluto il profitto lordo aumenta, in quanto si vendono più merci, ma in percentuale diminuisce.

Di qui le tendenze del capitale ad affluire verso i settori che producono sovraprofitti e quindi a defluire da quelli i cui profitti sono inferiori a una media astratta annuale, attorno a cui oscillano i tassi di profitto reali dei diversi settori industriali. Questa tendenza è molto evidente quando improvvisamente si vedono chiudere aziende di determinati settori che pur avevano bilanci in attivo.

L'ideale per un imprenditore sarebbe quello di esercitare un monopolio in un mercato aperto, dove non si ha bisogno di mettere il protezionismo per tutelare le proprie merci, ma dove non esiste neppure una valida concorrenza. In una situazione del genere si investirebbe pochissimo nella ricerca e nella sperimentazione, cioè nel capitale costante, per cui i profitti sarebbero altissimi. I fatti però dimostrano che nel capitalismo le conquiste tecnico-scientifiche tendono a divulgarsi e, prima o poi, altri imprenditori le acquisiscono.

Gli imprenditori che, sotto il capitalismo, hanno bisogno di espandere la loro produzione, hanno vita facile finché non esistono validi concorrenti, ma appena questi si formano, non è più possibile gestire la produzione in mercati protetti dai prezzi delle merci rivali; si devono per forza fare ulteriori investimenti sui macchinari, posto che non si sia in grado d'intervenire sul costo del lavoro, avendo a che fare con una forte resistenza operaia (i tentativi padronali sono p.es. quelli d'impedire ai salari di crescere in maniera proporzionale all'aumento dei prezzi delle merci, oppure di diminuire gli oneri sociali).

In caso contrario gli imprenditori hanno di fronte a loro poche alternative: o vendono tutto, centralizzando i capitali in mano a poche banche o imprese finanziarie; o si associano ad altri capitalisti, concentrando quindi i capitali nelle mani di pochi grandi imprenditori (questi due fenomeni erano già visibili all'epoca di Marx); oppure, diremmo oggi, delocalizzando in regioni dove il costo del lavoro è molto basso; oppure trasformandosi in società finanziarie per praticare l'usura.

Nel periodo in cui Marx scriveva il *Capitale* le potenze europee risolsero il problema della caduta tendenziale del saggio di profitto avviando una spaventosa ricerca di territori da colonizzare e in cui praticare l'esportazione dei capitali: praticamente dagli anni '70 del XIX secolo sino alla II guerra mondiale non si fece altro che suddividere il globo in zone d'influenza, scatenando guerre catastrofiche. Le colonie non sono state solo un mercato di sbocco per le merci capitalistiche o un luogo ove reperire materie prime a buon mercato o manodopera sottocosto, ma anche l'unica area in cui fosse possibile ampliare il capitale senza dover affrontare la concorrenza intrasettoriale. Marx poté vedere questo fenomeno solo nella sua fase iniziale, ma lo vide bene Lenin, che lo analizzò nel suo testo sull'*Imperialismo*.

Le forme di difesa adottate dei capitalisti

Per frenare la caduta tendenziale del saggio di profitto gli imprenditori hanno adottato alcune misure, che si sono ripetute nel tempo:
1. svalutazione del corso della moneta, quindi svalorizzazione di una parte del capitale investito;
2. trasformazione di una parte del capitale in capitale fisso che non funge da agente diretto della produzione;
3. sperpero improduttivo di una parte del capitale;
4. creazione di nuovi rami produttivi in cui occorre più lavoro immediato o poco sviluppato rispetto al capitale;
5. creazione di monopoli;
6. defiscalizzazioni del profitto;
7. riduzione della rendita fondiaria;
8. distruzione del capitale tramite conflitti bellici, su scala sempre maggiore;
9. accettazione di un minor tasso di sviluppo a fronte di un maggior volume del profitto lordo, in ragione della grandezza del capitale (Marx parla di "motivo di consolazione");
10. ai danni dei lavoratori vi sono varie strategie: riduzione del salario o degli oneri sociali; intensificazione dello sfruttamento (p.es. utilizzo del lavoro nero); maggiore intensità dei ritmi di lavoro; allungamento della giornata lavorativa; totale flessibilità della manodopera; crescita della disoccupazione per tenere bassi i salari, ecc.

Alcuni imprenditori (p.es. quelli della Toyota) hanno cercato di automatizzare al massimo la produzione, riducendo al minimo la presenza degli operai. All'inizio hanno ovviamente ottenuto profitti altissimi, in quanto si è potuto risparmiare sui salari ed essere competitivi sul piano dei prezzi, ma in seguito, quando gli stessi processi sono stati acquisiti da altre aziende, anche meno sviluppate, il saggio del profitto è tendenzialmente diminuito, proprio perché è aumentata l'offerta dei beni e diminuito il loro prezzo.

D'altra parte, una volta che l'utilizzazione della nuova tecnica si è generalizzata e il saggio di profitto è diminuito, nessun singolo capitalista ha convenienza a ritornare alla vecchia tecnica produttiva ai prezzi consolidatisi nel tempo, perché essa comporterebbe costi più alti e un profitto minore di quello medio. L'aspetto più significativo della legge di Marx è quindi quello di mostrare che l'interesse dei singoli capitalisti non coincide con quello collettivo di classe, cosicché il risultato di comportamenti razionali individuali finisce per essere dannoso per i capitalisti nel loro insieme; anche se non bisogna mai dimenticare che lo sfruttamento capitalistico è in realtà lo sfruttamento della classe operaia da parte dell'intera classe dei capitalisti, poiché ogni singolo capitalista si appropria di una parte del plusvalore complessivo, creato da tutta la classe degli operai salariati. Questo perché sotto il capitalismo si ha la trasformazione del valore nel prezzo di produzione.

Verifica storica della legge

In Italia il tasso di sviluppo più significativo del reddito nazionale, in termini reali e non monetari, s'è verificato negli anni 1958-62, che non a caso vengono definiti col termine di "boom economico".

Infatti, in tutti i paesi industrializzati, durante i 25 anni successivi alla fine della seconda guerra mondiale si è avuto un periodo di espansione economica generalizzata e costante. Ma nel corso degli anni '70 questa crescita è stata frenata dalla crisi del dollaro (e del sistema monetario internazionale, che porterà alle decisioni di Bretton Woods, in cui dollaro e oro non saranno più interscambiabili) e dalla crisi petrolifera iniziata nel 1973 con la quadruplicazione del prezzo del barile. Il massimo storico del prezzo del barile venne raggiunto nel 1980 (più di 40 $), poi è cominciato a calare. Ma nel 1987 è ripreso a salire e oggi è quasi il doppio del 1980.

La spiegazione borghese attuale

La caduta tendenziale del saggio di profitto viene vista dagli odierni economisti borghesi come un elemento oggettivo del sistema capitalistico, connesso a una certa dinamica ciclica, che è la seguente:
a) nei periodi caratterizzati da disoccupazione i salari sono bassi e i profitti crescono. Le basse retribuzioni favoriscono gli investimenti, ma questa crescita dell'economia determina col tempo un aumento dell'occupazione;
b) quando aumenta l'occupazione, aumentano anche i salari e questo fa contrarre i profitti, che cominciano a calare, sicché diminuiscono gli investimenti, crolla l'attività produttiva, si entra in recessione, aumenta la disoccupazione;
c) di nuovo si torna al punto a.

Conclusioni

1. Il capitalismo trae il meglio di sé dallo sfruttamento della mano-

dopera nella sua fase iniziale, quando la concorrenza non è tanto quella tra capitalisti dello stesso ramo, ma quella tra capitalista e produttore diretto (contadino o artigiano che sia).
2. Il capitalismo non può sussistere senza ampliare continuamente la sfera dei mercati o, in mancanza di questi, senza aumentare il tasso di sfruttamento della manodopera.
3. In un mercato mondiale un capitalista con macchinari avanzati può essere battuto dalla concorrenza di un altro capitalista avente macchinari meno avanzati ma con possibilità di risparmiare sul costo del lavoro.
4. Contro la tendenza al calo del saggio di profitto il capitalista coi macchinari più avanzati può affidarsi a qualunque soluzione, anche a quella bellica, in cui le distruzioni delle infrastrutture del proprio paese e/o del paese nemico possono servire, nel momento della ricostruzione, a far salire il saggio di profitto.
5. Se si vuole restare in un mercato globale, i capitalisti tecnologicamente più avanzati sono costretti a soccombere nel confronto con quelli che dispongono di un minor costo del lavoro e di un apparato tecnologico quasi equivalente (si pensi, al momento, cosa significa questo nel rapporto tra Cina e India da una parte e Occidente dall'altra).
6. Non ci si può difendere col protezionismo quando nello stesso tempo si pratica la delocalizzazione o si invoca la liberalizzazione dei mercati per collocare le proprie merci.
7. Non si può pretendere che negli scambi monetari la valuta del paese più competitivo abbia un corso maggiore di quello effettivo.

Soluzioni politiche ed economiche

Come ci si difende da questa legge dal punto di vista del socialismo democratico? Supponiamo per un momento che gli operai di un'azienda ne diventino i padroni effettivi e che non esistano condizioni esterne che impediscono di continuare a far funzionare l'impresa.

Essi continuano a lavorare come prima, ma ora possono dividere i profitti in parte equa. Possono liberamente decidere di lavorare più di quanto sarebbe loro necessario per riprodursi e, se lo fanno, decidono altresì di ripartirsi equamente il plusvalore ottenuto.

Essi sanno di dover piazzare le loro merci nel solito mercato, dove sicuramente incontreranno delle imprese concorrenziali gestite da privati capitalisti. Inoltre essi sanno che per l'acquisto della materia prima non potranno più comportarsi come il precedente imprenditore, che sfruttava non solo i propri lavoratori ma anche quelli che non gli appartenevano direttamente. Ora questi operai dovranno adottare uno scambio equo, pagando per le materie prime un giusto prezzo.

A questo punto cosa succede? Se tutto viene pagato a un giusto prezzo (materie prime, salari, stipendi, trasporti...), come si potrà reggere la concorrenza di quelle imprese che ancora si basano sullo sfruttamento? Un'impresa gestita da operai dovrebbe essere protetta dallo Stato: il che è assurdo, poiché lo Stato è uno strumento della classe borghese.

È dunque evidente che non basta appropriarsi dei mezzi produttivi. Le aziende capitalistiche infatti sono state create per realizzare profitti sui mercati e non per soddisfare esigenze vitali. È la loro stessa struttura ad essere irrimediabilmente viziata.

Occorre quindi riconvertire le aziende verso la produzione di beni di prima necessità, in modo tale che il *valore d'uso* torni ad avere il suo antico primato sul valore di scambio, e che l'*autoconsumo* delle unità produttive su territori locali, geograficamente limitati, prevalga sul mercato, riducendo al massimo la dipendenza da quest'ultimo. Si può pensare di reimpostare persino il *baratto* negli scambi locali, conservando la moneta solo per gli scambi internazionali.

Se non si procede in questa direzione, le alternative al momento sono due, di cui una, la prima, già fallita:
1. il socialismo burocratico di stato, dove le aziende appartengono allo Stato e tutti i lavoratori sono dipendenti statali, dove il plusvalore viene estorto dallo Stato, riconvertito parzialmente in servizi, dove i prezzi e le tariffe sono tenuti bassi, così come i salari e gli stipendi, dove non esiste un mercato col gioco della domanda e dell'offerta, dove tutto è pianificato dai ministeri statali e dove nei confronti del lavoro si ha un rapporto prevalentemente burocratico, per cui anche chi produce male o poco non subisce conseguenze significative, ecc.;
2. il socialismo di mercato cinese, dove le imprese possono anche essere gestite privatamente, sfruttando la manodopera con criteri capitalistici. Lo Stato permette che si sviluppi il capitalismo entro determinati limiti, in quanto si riserva di requisire in qualunque momento ogni tipo di azienda. La dittatura politica del partito al governo è il prezzo che la società paga allo sviluppo del capitalismo, e questo sviluppo è il prezzo che la dittatura paga alla mancata democratizzazione dello Stato.

In attesa di trovare una soluzione convincente alla caduta tendenziale del saggio di profitto, è bene rendersi conto che un qualunque ragionamento di sinistra che parli di aumentare la ricerca e l'innovazione, o di aumentare il prodotto interno lordo, senza parlare contestualmente di socializzazione della proprietà, alla lunga nuoce agli interessi degli operai e di tutti i lavoratori.

I sindacati, i partiti di sinistra non devono fare discorsi per incentivare la competitività delle imprese, ma per dimostrare che nonostante questa competitività il sistema resta invivibile per i lavoratori. E in ogni caso i sindacati dovrebbero mettere all'ordine del giorno l'idea che le ritenute fiscali devono essere calcolate non sull'intero imponibile, ma solo sull'eccedenza che supera il minimo per riprodursi. Questo soprattutto in considerazione del fatto che gli operai, col plusvalore estorto, già contribuiscono al benessere economico.

Bisogna insomma rimettere in discussione il modello di sviluppo. Di per sé il concetto di "sviluppo" non indica un miglioramento delle condizioni di vita. Non possono più essere dei parametri "quantitativi" (pil nazionale, pil pro-capite ecc.) a indicare il tasso di eguaglianza sociale e di democraticità di un paese.

Il capitale commerciale

Premessa

Quando Marx prende a esaminare il capitalismo in chiave storica non lo fa da "storico" ma da "economista". Dà per scontato che il passaggio dalla fase del servaggio al capitalismo fosse necessario e anche quello dal comunismo primitivo alle civiltà. Sicché quando analizza il rapporto tra valore d'uso e valore di scambio, non mette mai in discussione la superiorità di quest'ultimo. Lo fa sino al punto da sostenere che là dove esiste solo valore d'uso (o valore di scambio basato su semplici eccedenze, al netto dell'autoconsumo), la comunità è molto rozza e primitiva.

In altre parole quando esamina il valore di scambio non vede le contraddizioni in rapporto al passato, ma in rapporto al futuro, in quanto collega il valore di scambio allo sfruttamento del lavoro, ch'egli vuole abolire. Così facendo non si rende conto che del capitalismo non si può accettare il valore di scambio rifiutando lo sfruttamento del lavoro: vanno rifiutati entrambi, poiché l'uno è conseguenza dell'altro, in maniera intercambiabile.

Questo per dire che l'analisi storica va fatta in chiave "storiografica", non semplicemente "economica", poiché è sul piano *olistico* che bisogna individuare il momento in cui si è deciso, *culturalmente* e *materialmente*, di porre lo scambio al di sopra dell'uso.

Il capitalismo non è un sistema sociale "superiore" allo schiavismo e al servaggio. È soltanto un sistema *diverso*, che si basa su presupposti *differenti*, il primo dei quali è la *formale libertà giuridica* dei lavoratori, mentre il secondo è l'impiego di *macchine* nel rapporto di lavoro, proprio in conseguenza di questa libertà.

Per tornare all'autoconsumo come sistema di vita si devono mettere sul piatto della bilancia tutti i sistemi sociali che fanno dello sfruttamento del lavoro altrui il perno della loro esistenza, siano essi basati sulla proprietà di beni mobili o immobili.

Dal capitale commerciale a quello industriale

Nel libro III del *Capitale* (pp. 436-56) il cap. 20 "Notizie storiche sul capitale commerciale", per quanto provvisorio e sintetico, merita d'essere commentato, in quanto aiuta a capire la genesi del capitalismo sul piano strettamente economico.

Marx afferma che il capitale commerciale fa parte della natura del capitale industriale e, come quest'ultimo, genera plusvalore, cioè sfruttamento. È semplicemente "la più antica forma d'essere libera del capitale" (p. 438).

La merce non esiste solo nel capitalismo, ma anche nello schiavismo o nel servaggio e persino nella comunità primitiva soggetta a tributi statali, ammesso che quanto si produce sia destinato a essere venduto sul mercato. Anche l'eccedenza, in presenza di autoconsumo, è merce. La differenza sta nel fatto che, nell'ambito del capitalismo, "il prodotto viene fabbricato *solo* come merce, non come mezzo di sostentamento immediato" (p. 439).

D'altra parte è la presenza stessa del commercio che porta "a fabbricare prodotti in eccedenza, destinati a entrare nello scambio, per aumentare i godimenti o i tesori dei produttori (i proprietari dei prodotti)" (pp. 439-40).

Marx dice questo per far capire che il capitalismo si forma là dove esiste il *valore di scambio*. La differenza tra un sistema e l'altro sta nei volumi degli scambi e naturalmente nella principale finalità di ciò che si produce, che nel capitalismo riguarda unicamente il *profitto*.

L'importante è che esista una figura sociale specifica che funga da intermediaria tra chi compra e chi vende: il *commerciante*. Esiste capitalismo là dove esiste denaro che, in virtù dello scambio, aumenta di valore. Se il denaro svolge solo la funzione di metro di misura per lo scambio, i valori d'uso hanno un primato su quelli di scambio. In tal caso il commercio avviene tra gli stessi produttori e non si può parlare di capitalismo commerciale. Tant'è che là dove esiste autoconsumo, in quanto i mezzi produttivi sono primitivi, viene considerato capitale per eccellenza proprio il capitale commerciale. Ecco perché Marx insiste nel dire che "il capitale commerciale è la forma storica del capitale prima che questi abbia compenetrato la produzione" (p. 441).

Qui si potrebbe aggiungere - senza forzare in alcun modo il testo - che è illusorio pensare di poter ovviare alle gravi contraddizioni del capitalismo industriale limitandosi a tutelare quello commerciale; né ha senso pensare di poter fermare l'evoluzione del capitale o di far tornare indietro la storia del capitale in maniera del tutto naturale.

Nel capitalismo industriale il capitale commerciale svolge la funzione di *agente*, cioè del docile servitore. Viceversa, quando esso dominava sul mercato, la produzione in realtà gli era estranea. Finché la circolazione delle merci non s'impadronisce della produzione, non si forma il capitale industriale. E questa appropriazione in Inghilterra fu definitivamente acquisita, anche sul piano legale, quando nel 1846, sotto il governo di Robert Peel, il capitale commerciale e l'aristocrazia finanziaria furono costretti a riconoscere il primato assoluto del capitale industriale accettando l'abrogazione dei dazi sul grano. Fino a quel momento il capitalismo commerciale aveva parteggiato non per gli imprenditori ma per l'aristocrazia terriera e finanziaria.

Che esista un ampio sfruttamento anche da parte del capitalismo commerciale, Marx lo ribadisce ricordando l'attività dei mercanti veneziani, genovesi, olandesi..., che svolgevano funzioni da intermediari, mettendo in contatto comunità non sviluppate sul piano industriale. In tal modo potevano sfruttare sia le comunità che vendevano sia quelle che compravano. E i loro capitali erano del tutto separati dalle sfere della produzione.

Il loro monopolio del commercio di intermediari venne meno nella misura in cui le comunità cominciarono a svilupparsi sul piano industriale. Sarà anzi proprio lo sviluppo dell'industria che soffocherà i commerci di Venezia, di Genova e degli stessi olandesi e portoghesi.

Il capitalista commerciale aveva potuto arricchirsi perché trattava con "la barbarie dei popoli produttori" (p. 446). È stato questo capitalismo commerciale che ha distrutto le comunità basate sull'autoconsumo, in quanto non si è impadronito soltanto delle eccedenze, ma ha influenzato l'intera produzione, arricchendosi in maniera del tutto truffaldina e spesso molto violenta, senza tenere in alcun conto dello scambio degli equivalenti.

Come sia stato possibile che in una comunità avanzata il capitalismo commerciale si sia trasformato in capitalismo industriale, mentre in un'altra sia rimasto *solo* commerciale, Marx non lo spiega: si limita ad affermare che vi devono essere state "altre circostanze" (p. 449). Infatti egli sa bene che non basta la separazione dell'industria cittadina da quella rurale: "già nell'ultimo periodo della repubblica - egli osserva - l'antica Roma sviluppa il capitale commerciale a un livello prima ignoto, senza che si registri il benché minimo progresso industriale" (pp. 449-50).

Come faccia però a dire che "in Corinto e in altre città greche d'Europa e d'Asia minore lo sviluppo commerciale s'accompagna a un'industria grandemente sviluppata" (p. 450), non è dato sapere. Almeno avrebbe potuto dire (come ha fatto altrove) che in presenza dello schiavismo non si forma *mai* il capitalismo, a meno che non esistano paesi già capitalistici con cui quelli schiavistici possano commerciare (come accadde nella moderna nord America, che vendeva cotone e altre materie prime alla più avanzata Europa occidentale e che comunque non poté rimanere schiavista per lungo tempo).

Meno ancora è chiarita l'affermazione secondo cui "lo sviluppo del capitale commerciale risiede anche presso popoli nomadi" (ib.). Il capitalismo non nacque nella ricchissima Bisanzio: figuriamoci se avrebbe potuto farlo, p.es., coi mongoli, che pur erano dediti ai commerci, e questo certamente non per mancanza di mezzi o d'intelligenza.

Marx qui sembra lasciar intendere che "il concorso di altre circostanze" che ha permesso la nascita dell'industria, è stato piuttosto *casuale*. Ma ciò non è vero. È stata piuttosto la mancanza di un'*analisi culturale*, autenticamente *storiografica*, a impedirgli di capire che il caso qui non c'entra nulla.

Un circolo vizioso

Si faccia ora attenzione a questo suo pensiero: "il sistema coloniale [nato nel XVI secolo] diede un sostanziale contributo alla distruzione dei limiti feudali della produzione. Malgrado questo, nel suo primo periodo, vale a dire nel periodo della manifattura, il modo di produzione moderno [quello industriale] si sviluppa solo laddove i presupposti indispensabili per esso erano già sorti durante il Medioevo" (ib.). Questi "presupposti" Marx non li spiega, non è in grado di individuarli. È anzi costretto ad affermare - non avendo fatto un'analisi *culturale* (olistica) - che il colonialismo ha favorito la nascita del capitalismo industriale soltanto là dove "il modo di produzione capitalistico *già esisteva*" (p. 451), e qui possiamo supporre ch'egli intendeva, aristotelicamente, qualcosa "in potenza".

È questo il *circolo vizioso* in cui egli s'è dibattuto per tutta la sua vita. Il capitalismo si è sviluppato attraverso il commercio mondiale del colonialismo (poiché è nella sua natura diffondersi il più possibile sul piano geografico), e questo colonialismo ha indotto il capitalismo a trasformarsi da commerciale a industriale. Ma perché questo sia accaduto proprio in Europa occidentale e non, per esempio, in Cina, in India, in qualche paese arabo o nell'area bizantina, Marx non sa spiegarselo.

Ma c'è di più. Siccome egli afferma che "non è il commercio che rivoluziona l'industria, ma è l'industria che rivoluziona costantemente il commercio" (ib.), ora deve cercare di spiegare, con un esempio concreto, come sia possibile che un paese altamente commerciale come l'Olanda non diventi un paese altamente industrializzato come l'Inghilterra. Per uscire dal circolo vizioso, finisce col precipitare in un altro. Infatti lascia capire che un paese altamente commerciale diventa industrializzato *solo se lo era già*! Almeno in fieri. Qui però, mettendo a confronto l'Olanda con l'Inghilterra, non spiega nulla. Si limita semplicemente a dire che "La storia della rovina dell'Olanda come paese commerciale predominante è la storia della subordinazione del capitale commerciale a quello industriale" (pp. 451-52).

Non solo, ma come si può sostenere una cosa del genere quando è storicamente noto che l'Olanda, con le proprie industrie tessili, si era sviluppata molto prima dell'Inghilterra, i cui produttori per molto tempo si erano limitati a fornire agli olandesi la materia prima per il tessile, senza essere capaci di trasformarla in un prodotto finito? Una cosa è dire - come fa più avanti - che gli inglesi distrussero completamente, coi loro prodotti tessili a basso costo, l'industria artigiana dell'India, costringendo i produttori locali a concepirsi in funzione delle esigenze della loro madrepatria colonialistica. Un'altra è fare i confronti tra due nazioni europee altamente sviluppate sul piano commerciale. È infatti evidente che sia in India sia in Cina il capitalismo industriale non poteva essere che un prodotto d'importazione, nonostante che in questi due paesi fosse presente da secoli il capitalismo commerciale. Tuttavia qui Marx resta molto lacunoso. Quanto meno avrebbe potuto dire che il capitalismo industriale degli olandesi fu enormemente ostacolato dagli inglesi.

Ma su questo "circolo vizioso" occorre spendere ulteriori parole. Il capitalismo, privilegiando il valore di scambio su quello d'uso, ha dovuto necessariamente porsi come sistema "sociale" di produzione, il che, di primo acchito, lo rende migliore - secondo Marx - di quello basato sull'autoconsumo, dove la prevalenza del valore d'uso era netta. Tuttavia questa "socializzazione" - rilevava Marx - viene pagata, sotto il capitalismo, dall'alienazione dei rapporti umani, dalla cosificazione di questi rapporti, finalizzati unicamente al principio della mercificazione.

Come se ne esce? Marx era convinto di poter conservare il primato del valore di scambio semplicemente trasformando la proprietà dei mezzi produttivi da privata a pubblica. Ma le cose non sono affatto così semplici e il crollo del socialismo di statale l'ha dimostrato. Un socialismo del genere non solo uccide il mercato ma rende anche invivibile la socializzazione. Il problema da risolvere è quindi questo: come ripristinare il primato del valore d'uso, rendendo la socializzazione davvero umana e democratica?

Questo perché se anche nel cosiddetto "socialismo reale" la proprietà non fosse stata "statale", ma effettivamente "pubblica" (cioè della *società civile*), sarebbe stato ugualmente impossibile dare al valore di scambio la stessa importanza che gli si dà, per motivi d'interesse, sotto il capitalismo. In altre parole, il rifiuto del primato del valore di scambio sul valore d'uso non è stata solo la prassi del cosiddetto "socialismo reale", ma molto probabilmente sarebbe stata la regola anche del "socialismo democratico". Questo per dire che il capitalismo è il sistema "sociale" più innaturale della storia e di esso, purtroppo, se si vuole creare un socialismo davvero *democratico*, non si potrà salvare nulla, né la tecnologia (che non è eco-compatibile con le esigenze della natura), né il mercato, perché del tutto contrario ai princìpi dell'autogestione, dell'autoconsumo e della cooperazione.

Il concetto di "società civile", nell'ambito del futuro socialismo democratico, non potrà essere molto diverso dal concetto di "comunità" che si aveva al tempo delle medievali "comunità di villaggio" (senza però clericalismi né servaggi di sorta) o, se si preferisce, delle comunità preistoriche, che includevano il momento "produttivo" all'interno di un sistema di valori più vasto e complesso.

Quando pensa al passato pre-borghese Marx s'immagina famiglie patriarcali del tutto autonome, separate tra loro, che sul piano economico vivevano in un regime di autarchia. In realtà queste famiglie (impostate in maniera clanica) si sentivano parte di un collettivo molto più grande, cementato da valori culturali di tradizioni ancestrali, seppur soggetti a condizionamenti di tipo religioso. Vedere le comunità medievali di villaggio solo come unità produttive, chiuse in se stesse, è molto limitativo.

Dal feudalesimo al capitalismo

Vediamo ora quale spiegazione generale egli dà per far capire la transizione dal feudalesimo al capitalismo. "Il produttore si trasforma in commerciante capitalista, lotta contro l'economia rurale naturale e il lavoro artigiano corporativo dell'industria urbana del Medioevo" (p. 453). Come possa fare il produttore a trasformarsi nel suo contrario, Marx non lo spiega, lo dà semplicemente per scontato. Non fa un'analisi della *mentalità*, dei *valori culturali*.

L'alternativa che propone a questa via di superamento del feudalesimo è ancora meno decifrabile culturalmente: "oppure il commerciante prende diretto possesso della produzione" (ib.). Come se anche questa cosa fosse la più naturale del mondo! Delle due comunque Marx considera più rivoluzionaria la prima, proprio perché la seconda può sussistere anche in condizioni di scarso sviluppo dei macchinari, e quindi facendo sopravvivere vecchi modi di produzione. È la macchina (soprattutto quella a vapore) che decide il passaggio al capitalismo industriale. Come se lo sviluppo del macchinismo non implichi, anch'esso, un *processo culturale* molto particolare!

Quando poi deve fare una sintesi di ciò che ha appena detto, scopriamo che le strade per diventare capitalisti industriali non sono due ma tre: "il commerciante diviene direttamente industriale" (pp. 454-55) [cosa tutta da spiegare, in quanto per nulla scontata e tipica *solo* del moderno capitalismo nato in Europa occidentale]. Marx qui fa l'esempio dell'Italia del XV sec., che importava da Costantinopoli le industrie del lusso, insieme alle materie prime e ai lavoratori. Tuttavia questo non bastò affatto a far diventare Venezia o Genova delle città industrializzate in senso capitalistico.

Secondo caso: "il commerciante trasforma il piccolo padrone in suo intermediario, oppure acquista direttamente presso il produttore diretto; nominalmente lo lascia indipendente, senza toccare il suo sistema di produzione" (p. 455). Questo è il periodo della manifattura sparsa (*putting-out system*), che è l'anticamera dello sviluppo delle manifatture urbane, dove vengono concentrati gli operai davanti a macchinari più evoluti. Ma anche questa seconda strada verso il trionfo del capitalismo andrebbe spiegata *culturalmente*, poiché non può certo essere considerata come "naturale" nell'ambito del Medioevo, basato com'era su autoconsumo e baratto. Non può essere considerato un caso il fatto che in pieno Medioevo il capitalismo commerciale abbia ripreso a funzionare a partire dall'Italia comunale e religiosamente cattolica del Mille.

Terza possibilità: "l'industriale si trasforma in commerciante e produce direttamente all'ingrosso per il commercio" (ib.). È questo - secondo Marx - il modo migliore per arrivare al capitalismo industriale vero e proprio.

In definitiva, "il commercio all'inizio era la premessa perché l'agricoltura feudale, l'artigianato familiare delle campagne e quello corporativo si convertissero in produzione capitalistica" (ib.).

Tuttavia il commercio è stato soltanto *una* premessa, non l'unica, altrimenti non si spiega perché il mondo greco-romano non sia mai diventato capitalistico, se non appunto in forma commerciale. Che poi, anche in questa forma, il capitalismo romano non si sviluppò mai sulla base delle vie tracciate sopra da Marx, poiché esse sono tutte vie che effettivamente preludono al superamento definitivo del sistema feudale, mentre nel mondo greco-romano tutto il capitalismo commerciale si è sempre basato fondamentalmente sullo *schiavismo* o, nel migliore dei casi, sul *colonato*, quando lo schiavismo cominciò a entrare in crisi per motivi militari.

È quindi sbagliato sostenere - come fa Marx - che quando "la manifattura, e ancor più la grande industria, giungono *a un certo livello*, esse si creano da sé il mercato, lo conquistano coi loro prodotti" (pp. 455-56). Questa è una spiegazione che non spiega nulla. Non si può passare da uno sviluppo di determinazioni quantitative a una nuova qualità senza che nessuno si renda conto di niente, senza che nessuno se ne chieda le ragioni o che protesti. Questo modo "hegeliano" di ragionare che aveva Marx porta a considerare i processi storici come *necessari*, assolutamente inevitabili. Si finisce addirittura col considerare "migliore" il capitalismo industriale rispetto a quello commerciale o quest'ultimo "migliore" del sistema feudale o schiavistico, senza fare altre considerazioni di natura extra-economica. Si finisce col credere, sempre in maniera ipostatizzata, che la "superiorità" stia semplicemente nel *livello* delle forze produttive o nella *capacità* produttiva in senso quantitativo.

  Detto questo, può forse bastare sostenere poi che il socialismo è "migliore" del capitalismo in quanto elimina l'antagonismo sociale tra lavoro e capitale, nonché l'anarchia della produzione? Analisi di questo genere non garantiscono affatto che il socialismo si realizzi davvero in forme democratiche e compatibili con le esigenze della natura.

Il capitale commerciale, usuraio e industriale

Premessa

Marx esordisce, nel cap. 36 del III libro del *Capitale*[10], dicendo che le forme anti-diluviane del capitalismo sono il capitale commerciale e quello usuraio: in particolare senza il primo non ci sarebbe stato neppure il secondo. L'usuraio infatti è un tesaurizzatore di professione.

La presenza del capitale usuraio comporta due cose fondamentali: che "almeno una porzione dei prodotti venga convertita in merci" e "un certo sviluppo del denaro", una certa importanza attribuita all'uso del denaro. Ovunque esista un capitale commerciale, nessuno ha mai messo in dubbio la necessità di ricavare un interesse da un prestito finanziario.

In effetti, sono sempre esistite due forme di usura, che nella società schiavistica detenevano un ruolo molto importante e che invece sotto il capitalismo hanno un ruolo del tutto marginale: "l'usura tramite prestito di denari a grandi scialacquatori, soprattutto a proprietari terrieri" - ed è il caso praticato nel basso Medioevo; "l'usura tramite prestito di denaro a piccoli produttori, che mantengono nelle loro mani le condizioni del proprio lavoro [artigiano, contadino]". A queste forme si può aggiungere il prestito ai sovrani per le loro esigenze politiche o anche belliche.

Tutte queste forme di prestito non sono scomparse sotto il capitalismo, ma sono divenute forme subordinate di uso del denaro. A Marx, in particolare, non interessa far confronti *etici* sul modo di accettare o meno l'usura nell'evoluzione storica, ovvero di mostrare quando un prestito poteva essere considerato "usuraio" da rendere impossibile la restituzione dell'importo ricevuto, quanto piuttosto di far capire la differenza di priorità tra il capitale nel *capitalismo* e il capitale nel *pre-capitalismo*.

E a tale proposito scrive, significativamente: "Quanto tale processo [l'accumulo di grandi capitali usurai] faccia sparire il vecchio modo di produzione, come è accaduto nella moderna Europa [ma ciò vale anche per l'epoca schiavistica], e se faccia subentrare al suo posto il modo di produzione capitalistico, dipende completamente dal grado di sviluppo storico e dalle corrispondenti circostanze".

"Circostanze" che però Marx non ha mai individuato con precisione, proprio perché non erano economiche bensì *culturali*, connesse a

---

[10] K. Marx, *Il Capitale*, ed. Newton Compton, Roma 1976, III libro. Le citazioni, prive di numero della pagina, si riferiscono esclusivamente al capitolo 36.

una determinata *concezione di vita*. Infatti, a livello storico avrebbe dovuto essere del tutto naturale aspettarsi una transizione dall'economia schiavistica romana a quella capitalistica, visto che in quella schiavistica l'uso del denaro era molto più diffuso che nel corso del Medioevo. Perché questa transizione non avvenne? E perché nel Medioevo la ripresa del capitale commerciale e di quello usuraio si verificò anzitutto nell'Italia comunale?

Schiavismo

Marx afferma che "in tutte le forme in cui l'economia schiavistica... serve come mezzo d'arricchimento", lì esiste la possibilità che il denaro possa essere "valorizzato come capitale che rende interesse". Il periodo classico della Roma repubblicana e imperiale non si sottrasse a questa regola: infatti l'usura fu sempre tollerata, anche se si cercava di ridurre al minimo l'interesse annuale (entro il 4-5% sotto Traiano e Giustiniano).

Più in generale lo sviluppo del capitale usuraio cresceva col crescere della *decadenza* di quella civiltà (decadenza della fase *repubblicana*, che poi portò alla dittatura imperiale). E mentre questo capitale usuraio e quello per il commercio di denaro si svilupparono enormemente alla fine della repubblica, viceversa la manifattura si trovava "in condizioni assai inferiori allo sviluppo medio dell'antichità".

"Quando l'usura dei patrizi romani portò a un totale fallimento la plebe di Roma, cioè i piccoli contadini, questa forma di sfruttamento cessò e l'economia dei piccoli contadini dovette cedere il posto all'economia schiavistica vera e propria". I grandi proprietari fondiari si servirono dell'usura per spogliare dei loro beni i piccoli proprietari e anche per impadronirsi della loro persona.

Tuttavia il capitale usuraio invece di sviluppare le forze produttive, le frenò, sicché l'economia schiavistica non fu un passo avanti rispetto a quella dei liberi artigiani e della piccola proprietà contadina, ma un passo indietro, che riuscì a sopravvivere - possiamo aggiungere - grazie alla continua espansione dell'impero o comunque grazie alla dittatura militare e alla corruzione politica.

L'usuraio distrugge l'economia tradizionale e riconverte nel peggio i capitali acquisiti. Divora tutto il plusvalore del piccolo produttore e senza reinvestirlo in una qualche attività produttiva. Se l'usura colpisce gli schiavisti o i latifondisti "il modo di produzione non cambia; solo si fa più pesante per chi lavora", cioè per lo schiavo o il servo della gleba.

Se il latifondista o lo schiavista non regge il peso dei debiti, può anche accadere che venga direttamente sostituito dall'usuraio, come nell'antica Roma fecero gli *equites* o *cavalieri* (ceto dei grandi commercianti, appaltatori e appunto usurai). "Al posto dei vecchi sfruttatori, il cui sfruttamento conservava un carattere in un certo senso patriarcale... subentrano nuovi ricchi, spietati e avidi di denaro", le cui funzioni di commercianti e appaltatori erano interdette all'aristocrazia senatoria. Il modo di produzione però resta lo stesso, anche in questo caso.

Per Marx insomma il paradosso sta in questo, che mentre in epoca romana il produttore era padrone dei propri mezzi e l'usura, facendolo diventare schiavo (a causa dei debiti), ne limitava anche la capacità produttiva; sotto il capitalismo invece lo schiavo salariato, pur ridotto così a causa dei propri debiti, contribuisce enormemente allo sviluppo della produzione.

"Solo allorché esistono anche le altre condizioni del modo di produzione capitalistico, l'usura rappresenta uno degli elementi che contribuiscono al sorgere del nuovo modo di produzione...". Marx tuttavia non spiega quali siano queste "altre condizioni". È evidente infatti che lo sviluppo del *macchinismo industriale* fa parte, già di per sé, di una *rivoluzione di mentalità*.

"In tutti i modi di produzione pre-capitalistici, l'usuraio ha un effetto rivoluzionario solo *in senso politico*, in quanto distrugge e rovina le forme di proprietà sulla solidità della cui base, vale a dire la costante riproduzione nella medesima forma, poggia l'articolazione politica".[11] L'usuraio accumula, tesaurizza, ma non cambia il modo di produzione, se non peggiorandolo, cioè facendolo diventare schiavistico.

Infatti per cambiare questo modo di produzione occorre un rovesciamento di *mentalità*, di cui il mondo greco-romano non è stato capace: da schiavi in senso *fisico* (per debiti, per cause militari ecc.), il contadino, l'artigiano, il piccolo mercante diventeranno sotto il capitalismo schiavi in senso *economico*, in quanto giuridicamente verrà riconosciuta loro una *personalità* e quindi il diritto alla *libertà*.

Dunque il capitalismo non può nascere senza *cristianesimo* e in particolare non può nascere se non quando si è in presenza di una *crisi strutturale* di questa religione, tale per cui si possa continuare a parlare di *libertà* in sede *teorica*, mentre sul piano *pratico* si favorisce il suo contrario, la *schiavitù*, che questa volta è però *salariata*, cioè mediata dalla libertà formale e quindi da un formale contratto.

Feudalesimo

---

[11] In *Teorie sul plusvalore. Storia dell'economia politica*, vol. III, Editori Riuniti, Roma 1993, p. 567.

Marx cerca di trovare nel Medioevo le "altre condizioni" che favoriscono il passaggio dal capitale commerciale-usuraio a quello industriale, perché evidentemente non può trovarle nel modo di produzione antico (schiavistico *privato*, come quello greco-romano o *statale*, come quello asiatico o egizio).

E fa alcune affermazioni apparentemente contraddittorie.[12] "Nel Medioevo non esisteva in nessun paese un saggio generale dell'interesse. La chiesa proibiva a priori una qualunque forma di interesse. Leggi e tribunali proteggevano assai poco i prestiti". I divieti erano concentrati sull'idea di non poter sfruttare il tempo per ottenere interessi senza lavorare.

Esisteva tuttavia l'usura (inizialmente praticata dagli ebrei, cui dalle istituzioni cristiane erano interdette non poche attività), anzi proprio questi divieti facevano sì che il saggio d'interesse (privato) fosse particolarmente alto, al punto che era proprio il saggio *usuraio* dell'interesse a regolare il saggio di *profitto* del mercante, tanto più che il traffico commerciale e bancario erano molto ridotti. Anzi, ad un certo punto le università cattoliche ritennero "legittimo l'interesse per i prestiti commerciali".

Nell'alto Medioevo l'usura era un retaggio in disuso del sistema schiavistico. Infatti là dove domina il valore d'uso e l'autoconsumo l'usura ha ben poco senso. Può averne solo per i grandi proprietari fondiari che vogliono godersi la vita in maniera esagerata, ma questo è già un atteggiamento condizionato dalla mentalità borghese, non nel senso che i borghesi fossero scialacquatori, ma nel senso che le ricchezze da loro introdotte nella società portavano i ceti politicamente egemoni (quelli fondiari) a esibire ancora di più la loro ricchezza, i loro poteri.

Generalmente nell'alto Medioevo, una volta appagata l'esigenza di potere con la conquista delle terre e la soggezione dei contadini, non accadeva mai che le classi nobiliari si trasformassero, autonomamente, in agenti interessati a uscire dall'economia naturale. Era troppo forte la ripulsa che si aveva nelle attività mercantili, ritenute per definizione "disoneste".

Non può pertanto essere sufficiente sostenere che il capitalismo

---

[12] Tali apparenti contraddizioni sono dovute al fatto che Marx non fa quasi mai differenza tra "alto Medioevo" (che per lui assomiglia troppo all'economia schiavistica perché meriti d'essere preso in considerazione) e "basso Medioevo", dove l'economia effettivamente passa da un livello semi-borghese, quando si riaprono i commerci con l'oriente, una volta conclusa l'ondata espansiva musulmana, a un livello di capitalismo commerciale e per molti versi anche manifatturiero (specie nell'Italia comunale e delle città marinare, ma anche nei territori delle Fiandre).

sia nato, sul piano *etico*, perché ci si voleva opporre al dissanguamento dell'economia provocato da un'usura dilagante. È vero che le banche sono nate per prestare soldi ai ricchi, con interessi inferiori a quelli usurai, ma questo atteggiamento faceva già parte di una mentalità capitalistica consolidata. Il denaro prestato infatti doveva servire per produrre plusvalore.

Marx avrebbe dovuto analizzare in profondità i nessi tra *economia* e *cultura feudale* per capire bene il motivo per cui, ad un certo punto, il denaro si trasforma in capitale. Egli p.es. non dice nulla del fatto che per secoli la corte pontificia venne finanziata dalla vendita "a tariffe" delle indulgenze. Nel Cinquecento le lettere di indulgenza avevano assunto la caratteristica di moneta vera e propria, spendibile ovunque. Che cos'era questo se non un modo di fare *usura* speculando sulla credulità delle masse? Non era anche questo un modo di sfruttare il *tempo*, seppur quello dell'aldilà? Il credente qui non chiede denaro ma *perdono*, remissione di colpe, per sé o per i suoi parenti, ed è disposto a pagare una certa somma di denaro o a compiere determinate azioni di devozione, utili anch'esse ad aumentare il prestigio della chiesa romana, la quale si serviva del proprio potere politico per estorcere i risparmi di larghe masse popolari. Un favore concesso all'anima pagato materialmente.

Ma vediamo meglio se Marx dà una definizione di *usura* in rapporto all'epoca feudale. A p. 809 del III libro del *Capitale* cita i dati di K. D. Hüllman (1765-1846), riportati in *Storia delle città nel Medioevo* (1826). Sono tutti relativi ai tempi di Carlo Magno (in cui era considerato usuraio un tasso del 100%) e arrivano sino al XIV sec. Gli usurai generalmente erano gli ebrei, esclusi dagli uffici pubblici, e le disposizioni non si riferivano ai cristiani, per i quali era vietato un qualunque prestito che prevedesse un interesse (almeno sino a quando non compariranno i monti di pietà, anticamera delle banche).

Un freno alla piaga dell'usura verrà offerto dal moderno sistema creditizio, ma in questo caso - dice giustamente Marx - si è già in presenza del sistema capitalistico. Sicché l'unico freno "medievale" all'usura saranno i *montes pietatis*, che però venivano incontro non ai produttori ma ai *consumatori*. E in tal senso tali istituzioni pubbliche si configuravano come una forma di strozzinaggio legalizzato per i più poveri, per quanto a tassi inferiori a quelli privati. Essi sono stati l'esempio più eloquente di come delle pie intenzioni si possano trasformare nel loro opposto appena vengono applicate. Marx qui lo rileva in maniera sarcastica.

Altri freni potevano essere le requisitorie etico-religiose di taluni personaggi del clero. Sono famosi nella storiografia medievale quei mercanti pentiti divenuti santi, come Godrich von Finchale, Omobono da

Cremona, Giovanni Colombini... Da notare, peraltro, che l'idea di *purgatorio*, strettamente connessa a quella di *indulgenza*, nasce proprio da determinate premesse mercantili: il borghese può risparmiarsi l'inferno se, di tanto in tanto, compie opere di bene (lasciti, donazioni, testamenti a favore di situazioni di bisogno, ecc.).

E bisogna sottolineare anche un'altra cosa: gli ideali del predicatore urbano (appartenente a uno qualunque dei maggiori ordini mendicanti) erano completamente diversi da quelli monastico-rurali dell'alto Medioevo. Gli ordini cosiddetti "pauperistici", pur essendo nati contro la borghesia, finiscono col giustificarne l'operato, trovando a quest'ultimo le motivazioni utili per continuare a svolgere loschi affari senza che per questo essa smetta di sentirsi cristiana.

L'illusione generale di quel periodo fu quella di credere di poter ovviare ai pericoli del capitale usuraio senza rinunciare a quello commerciale. Responsabile principale di questa illusione fu la chiesa romana, che nei suoi vertici, a partire dal processo storico-culturale dell'urbanizzazione, dalla riscoperta universitaria dell'aristotelismo e dal fenomeno delle crociate, cominciò a tollerare ampiamente la trasformazione dell'economia naturale in economia mercantile, che a livello di politica estera si esprimeva secondo i canoni del colonialismo.

Il commercio venne ammesso a condizione che tutti rispettassero le stratificazioni sociali precostituite, le gerarchie tra i ceti. La chiesa romana tendeva a escludere a priori che i mercanti potessero servirsi della loro ricchezza per rivendicare un potere politico con cui ridimensionare quello clericale. La chiesa (e con essa il proprio braccio secolare: l'aristocrazia terriera) faceva leva sull'egemonia politica di cui fruiva, nella convinzione di poter controllare agevolmente lo sviluppo del mercantilismo sul terreno sociale. La controriforma subentrò solo quando essa si accorse che questa convinzione non trovava un vero fondamento nella realtà. In un certo essa svolgeva un ruolo analogo a quello dell'attuale governo cinese, che tollera lo sviluppo del capitalismo nella società civile a condizione che questa non rivendichi alcun potere politico.

Dopo aver perseguitato gli usurai, che col loro smodato guadagno mandavano in rovina gli onesti lavoratori, il predicatore cattolico (molti secoli prima di Lutero) fece due cose: 1) ammise la possibilità di un profitto equo, dando per scontata la presenza di una certa disonestà di fondo, intrinseca ad ogni *business*, in quanto l'acquirente di una merce non è in grado di stabilire con esattezza il margine di guadagno del mercante; 2) chiese semplicemente al borghese di compiere delle opere di carità, favorendo con la propria liberalità e magnanimità istanze provenienti dal mondo del disagio e della sofferenza. Cioè dopo aver elevato gli interessi materiali al rango di adempimenti di prescrizioni divine, il predicatore non riteneva più la disonestà dei mercanti rischiosa per il livello morale della società.

Finito di esaminare il Medioevo, la domanda fondamentale che Marx si pone è la seguente: perché il capitale usuraio medievale, pur potendo in taluni casi possedere il *modo di sfruttamento* del capitale, non riuscì a possederne anche il *modo di produzione*? Cioè per quale ragione il capitale usuraio non è stato capace neppure nel Medioevo di trasformare un bene prodotto dal lavoro in *merce*?

Capitalismo

Nel capitalismo - spiega Marx - non c'è bisogno, per arricchirsi, di tentare di separare il produttore dai suoi mezzi di produzione, come quando dominava l'usura; ma si parte proprio da questa separazione e la si sfrutta ammassando gli schiavi salariati all'interno di un'officina ove domina un processo lavorativo meccanizzato.

Quindi è assurdo sostenere, come fa H. C. Carey (1793-1879), che il capitalista sia migliore dell'usuraio o che il capitalismo sia un sistema meno esoso, meno violento, più democratico di quello schiavista. Anzi, secondo Marx, il capitale usuraio è, paradossalmente, meno "esoso" di quello capitalistico, proprio perché ha solo la pretesa di distruggere, favorendo una "situazione precaria in cui la produttività del lavoro sociale non è sviluppata".

Non a caso è proprio sotto il capitalismo (ove l'imprenditore può rivolgersi alle banche) che l'usura smette d'essere vietata. "Non è dall'anatema contro il capitale che rende interesse, ma invece dal suo riconoscimento che prendono le mosse gli iniziatori del moderno sistema creditizio". Marx tuttavia non spiega come sia potuto avvenire il passaggio dal "divieto" al "riconoscimento", perché qui sarebbe occorsa un'analisi di tipo *storico-culturale*.

Egli però riconosce che le prime associazioni creditizie sono antecedenti al sistema capitalistico vero e proprio, in quanto si ritrovano a Venezia e a Genova già nel XII secolo, quindi in ambienti cattolici borghesi proto-capitalistici. Esse venivano incontro alle esigenze del commercio marittimo (e di quello all'ingrosso), che voleva liberarsi dall'oppressione degli alti tassi usurai. Tali associazioni servivano anche ai commercianti che le avevano fondate per accrescere il loro già alto potere nelle città in cui risiedevano.

Questa pratica si sviluppò poi in Olanda nel XVII secolo e in Inghilterra nel XVIII. In particolare Marx sostiene che proprio in Olanda avviene la piena apologia dell'usura e la prima sottomissione del capitale produttivo d'interesse a quello industriale. Successivamente in Inghilterra non si polemizza più contro l'usura in sé, ma solo contro la *grandezza dell'interesse*, ed è qui che nascono le prime forme creditizie pubbliche. Nel XVIII sec. Bentham riconosce la libera usura come elemento della produzione capitalistica.

Ora però bisogna fare una precisazione. Sembra che Marx non faccia differenza tra "usura" e "capitale produttivo d'interesse", e in ogni caso afferma che, quando il capitalismo s'impone, l'usura e il capitale produttivo d'interesse vengono subito legittimati, cioè vengono riconosciuti come "un rapporto di produzione necessario" alla nascita del capitalismo, in quanto - dice Marx nelle *Teorie sul plusvalore* - l'usura è "un potente fattore della separazione delle condizioni di produzione dal produttore" (op. cit., p. 566).

La differenza "etica" infatti secondo Marx non esiste, come non esisteva per Lutero, contrariamente a quanto pensava Proudhon: *usura* significa "prestare soldi"; *capitale produttivo d'interesse* significa "comprare soldi" per poterli investire. Anche questa seconda attività è una forma di usura da parte di chi presta il denaro.

A proposito di questo, Marx sostiene che Lutero aveva già capito che mentre nel mondo antico (Aristotele) si era in via di principio contrari all'usura, in quanto era sbagliato calcolare in anticipo un eventuale danno subito dal concedere un prestito, nel mondo cristiano invece, ad un certo punto, si cominciò a ritenere l'interesse un giusto compenso per il servizio prestato. Lutero, nel 1540, scriveva che l'usura era diventata in Germania un fenomeno così dilagante da apparire non un vizio ma una virtù, una forma di servizio alla collettività.

E tuttavia da questa usura, che rovina sia la ricchezza e la proprietà feudale che la produzione dei piccoli borghesi, artigiani e contadini, non nasce il capitalismo industriale (persino nella Germania luterana ciò avverrà molto tempo dopo rispetto a Olanda e Inghilterra, tant'è che si dovrà ricorrere a due guerre mondiali per recuperare il tempo perduto). Da notare comunque che se Lutero era contrario all'usura, Calvino invece non lo era affatto.

Dunque per quale ragione, ad un certo punto, il capitale che rende interesse viene subordinato a quello industriale? Per quale ragione si prese a regolare il saggio *usuraio* di interesse in rapporto a quello del *profitto* dell'imprenditore? Marx dice che la motivazione è proprio quella di combattere l'usura. Grandi riserve di denaro vengono immesse sul mercato per renderne facile l'acquisto, e il monopolio usuraio dell'oro (da parte degli orefici) viene combattuto trasformando il denaro in una merce come altre merci, che può persino essere sostituito da forme di credito circolante non monetarie o che non hanno un equivalente in senso stretto con l'oro (banconote, cambiali ecc.).

Questo a prescindere dal fatto che lo stesso sistema creditizio è costretto, per poter funzionare, a dotarsi di grandi riserve di metalli pregiati. Di fatto "il carattere sociale del capitale - dice Marx - viene permesso e attuato dal pieno sviluppo del sistema creditizio e bancario". Con le banche la produzione capitalistica supera i propri limiti individualistici e si socializza.

Quindi in sostanza se per un certo tempo l'usura era stata prevalentemente praticata dagli ebrei, specie dopo l'entrata in vigore del divieto ufficiale del 1176, che colpiva i cristiani, ora invece quest'ultimi si riorganizzano in una attività economica (quella bancaria) che apparentemente sembra svolgere un'azione benefica alla collettività, in quanto ne incrementa la produttività. Il cristianesimo, essendo una religione più evoluta dell'ebraismo, più capace di doppiezza (in quanto sa scindere, senza escluderli, i *valori umani* dall'*interesse materiale*), si rivela essere la base ideologica più idonea per realizzare il passaggio dal capitalismo commerciale e usuraio a quello industriale. Non a caso gli ebrei non praticavano l'usura tra loro ma solo nei confronti dei non-ebrei. Scrupoli di questo genere, i cristiani, una volta accettato il sistema mercantile, smisero presto d'averli.

Marx tuttavia non approfondisce la cosa, trovandosi, come spesso gli succede, in un circolo vizioso: com'è possibile infatti che il sistema creditizio sia stato un fattore propulsivo per lo sviluppo del capitalismo quando proprio il capitalismo ha legittimato tale sistema? Se il sistema creditizio porta al capitalismo, perché in Italia, che ha preceduto di alcuni secoli le altre nazioni europee, sul piano del capitalismo *commerciale*, non si è sviluppato alcun capitalismo *industriale* sino alla fine dell'Ottocento (da noi non solo si passò da un capitalismo commerciale avanzato all'orticoltura nel periodo controriformistico, ma addirittura molti mercanti, per sottrarsi ai rischi connessi alla loro professione, preferirono diventare usurai, dopo aver investito i capitali accumulati in beni immobili).

Per uscire da questa *impasse* andava fatta da Marx *un'analisi culturale delle sovrastrutture*, in particolare di quelle *religiose*. Cioè andava affrontato il complesso tema del rapporto contraddittorio tra l'aspetto *collettivistico* (in ambito rurale) della religione cattolico-romana e l'aspetto *individualistico* (monarchico, autoritario) del potere politico ecclesiastico, e del rapporto, non meno contraddittorio, tra l'aspetto *individualistico* (anarchico) sul piano sociale della religione protestante e la *socia-*

lizzazione forzata ottenuta nella produzione capitalistica industriale. Marx, venendo da un paese protestante, vede solo il secondo rapporto e, di questo, non approfondisce i nessi del protestantesimo col capitalismo, limitandosi a delinearli in maniera molto generica.

Il capitalismo infatti può nascere solo dalla decadenza di una società in cui la cultura dominante è in contraddizione con la pratica sociale. La prima contraddizione è quella *politica*, tra la gestione clericale del potere e gli ideali religiosi; la seconda contraddizione, che si forma lottando senza successo contro la prima, è quella *sociale*, in cui la pratica del *dualismo* (tra valori professati idealmente e interesse privato mostrato nella vita pratica) si diffonde a macchia d'olio in tutta la società civile. Il capitalismo trova quindi le sue basi *politiche* nel *cattolicesimo* e quelle *sociali* nel *protestantesimo*.

I nessi di economia e religione, peraltro, s'intrecciano in maniera molto complessa con lo sviluppo della *tecnologia*, strettamente inerente al fatto che lo sfruttamento capitalistico deve ora operare nei confronti di un soggetto anomalo: *un nullatenente (proletario) giuridicamente libero*. Occorre cioè sviluppare una mediazione che superi il limite del *rapporto personale* (quasi patriarcale), in cui lo schiavo o il servo della gleba era sì di proprietà del padrone, ma che, proprio a causa di tale dipendenza, rendeva il rapporto di lavoro o molto difficoltoso o poco produttivo.

È anche grazie alla *tecnologia* che il rapporto di lavoro, da *personale* diventa *contrattuale*, in modo che l'operaio ha la percezione, illusoria, di sentirsi libero, di accettare *liberamente* la propria schiavitù, dalla quale, altrettanto liberamente, può illudersi di uscire (sempre che ovviamente non decida davvero di farlo con una rivoluzione politica).

Dunque il capitalismo non solo eredita e contribuisce a distruggere la proprietà personale dei mezzi produttivi del piccolo produttore, ma subordina a sé ogni forma di lavoro, sviluppando un sistema di relazioni che favorisce sempre più non solo l'espropriazione, ma anche lo sfruttamento del lavoro altrui e quindi il progressivo accumulo di capitali. Le banche concedono prestiti proprio a chi è disposto, investendoli, ad appropriarsi di lavoro non retribuito.

Sicché in epoca moderna il ricorso al capitale usuraio "tradizionale" è tipico solo del piccolo produttore, non dell'operaio salariato, il quale al massimo ricorre al monte dei pegni. Il motivo per cui il piccolo produttore si rivolge all'usuraio è che le banche preferiscono far credito (cioè fare "usura legalizzata") a clienti che offrono garanzie. Questo non significa che l'usuraio presti i soldi solo ai poveri; egli infatti li presta anche ai ricchi, solo che continua a non avere un reale interesse a che gli usurati li investano con profitto, benché egli non disdegni, sotto il capitalismo, la possibilità di diventare imprenditore proprio grazie ai capitali accumulati con la pratica dell'usura. Viceversa il salariato può mettersi nelle mani dell'usuraio al massimo come *consumatore*, per ricevere più di quanto potrebbe offrirgli il monte dei pegni.

Tuttavia, prosegue Marx, non tutti i mali vengono per nuocere. "I lavoratori, prima isolati, vengono ammassati in grandi officine, in un'attività ripartita e concatenata". Là dove c'era l'isolamento del produttore individuale, ora c'è il collettivismo forzato di molti ex-produttori, cioè di salariati nullatenenti. Il capitalismo "non permette più il frazionamento degli strumenti di produzione relativo alla piccola proprietà, così come non permette più l'isolamento dei lavoratori". Questo aspetto, secondo Marx, giustifica storicamente il passaggio dal feudalesimo al capitalismo.

Considerazioni

La sintesi che Marx fa di tutto il suo ragionamento è la seguente:
1. "tanto l'usura quanto il commercio sfruttano un modo di produzione già esistente, non lo generano...", anzi l'usura tende a renderlo più miserevole.
2. "Quanto più irrilevante è il ruolo sostenuto dalla circolazione nella riproduzione sociale, tanto più estesa è l'usura".
3. "L'usura genera insieme al ceto commerciale una ricchezza monetaria indipendente... getta sul lastrico il possessore delle vecchie condizioni di lavoro, essa svolge una funzione importantissima nel creare i presupposti del capitale industriale".

Come è facile accorgersi queste tesi si contraddicono a vicenda e in definitiva non fanno capire l'origine della *mentalità capitalistica*, i suoi *presupposti culturali*. Marx infatti non riesce a spiegare due cose:
1. com'è possibile che possa esistere usura là dove domina il primato del *valore d'uso* e dell'*autoconsumo*? L'usura presuppone sempre la presenza del capitale commerciale, ma questo a sua volta presuppone l'esistenza di una mentalità già orientata verso il mercato, che non ha bisogno dell'usura per diventare capitalistica, e che non diventa capitalistica solo per il fatto d'essere commerciale;
2. cioè come è possibile che l'usura diventi un presupposto per la formazione del capitalismo quando proprio tale presupposto è contrario a qualunque rivoluzione del modo di produzione?

Marx dà per scontato che entrambe le figure "usurate", proprietario terriero e piccolo produttore, andando inevitabilmente in rovina, finivano col permettere la concentrazione di "grandi capitali monetari". Tuttavia egli sa bene che questa concentrazione non è sufficiente, *di per sé*, a favorire la nascita del capitalismo, altrimenti questo avrebbe già potuto nascere in epoca greco-romana o anche in un territorio diverso da quello dell'Europa occidentale.

La transizione "dipende completamente dal grado dello sviluppo storico e dalle corrispondenti circostanze" - ha scritto Marx, precisando che ci vogliono "altre condizioni" (p. 808 del III vol. del *Capitale*), ma quando fa l'elenco delle *condizioni* che possono permettere all'usura di trasformarsi in uno dei mezzi di formazione del capitalismo, nelle *Teorie sul plusvalore* (vol. III, pp. 563 ss.), esse sono tutte conseguenze di uno stile di vita che è sostanzialmente *già borghese*: il lavoro libero (non legato al servaggio né alla proprietà dei mezzi produttivi), il mercato mondiale (conseguente alle conquiste coloniali), il dissolvimento della vecchia struttura sociale (feudi e comunità di villaggio), lo sviluppo del lavoro fino a un certo livello (grazie alla tecnologia), lo sviluppo delle scienze, ecc.

Proprio in quell'*eccetera* mancano le condizioni *culturali*. E se non si trovano queste condizioni si finisce inevitabilmente in un circolo vizioso, poiché da un lato si è costretti ad affermare che l'usura in sé non genera il capitalismo, e dall'altro ch'essa, poste certe premesse, ne rappresenta uno dei presupposti fondamentali.

Non solo, ma da un lato il capitalismo deve porsi contro l'usura, onde dimostrare il suo lato positivo (etico e pratico), dall'altro però la ufficializza attraverso le banche, oppure trasforma i capitali tesaurizzati in capitali produttivi, da investire in attività di sfruttamento della manodopera salariata. Come sia possibile che avvenga il passaggio da una forma di sfruttamento *passivo* o distruttivo (l'usura) a una forma di sfruttamento *attivo*, che produce ricchezza (plusvalore), Marx non lo spiega in termini *ontogenetici*, ma si limita a costatarne l'evento analizzandolo come s'egli fosse un *fenomenologo* della società.

Marx cioè non ha saputo spiegare che l'usura è stata *economicamente* possibile proprio perché *politicamente* era dominante il *clericalismo* del cattolicesimo-romano, ovvero la concezione che faceva della religione cristiana l'ideologia in grado di permettere un'ambigua separazione tra i principi professati e la loro pratica applicazione.

Il clericalismo, che è l'espressione politica della fede, abituò i credenti a vedere teoria e prassi come due forme distinte, per molti versi opposte, di esperienza della fede. Questa alienazione fece poi sì che si formassero dei ceti, proto-borghesi, in grado di mostrare che la loro attività pratica, commerciale e/o usuraia, poteva risultare compatibile con le idee cristiane professate in sede teorica.

L'ambiguità di questa posizione verrà poi denunciata dal luteranesimo, ma per essere estesa a livello *sociale*, come patrimonio di tutta la collettività, che in tal modo non l'avrebbe più avvertita come una negatività. Il luteranesimo infatti non ha mai rappresentato un'alternativa reale alla crisi *sociale* del cattolicesimo-romano.

Marx era arrivato vicinissimo a capire questa cosa nella conclusione del capitolo 35 del *Capitale*, ove dice: "Il sistema monetario è intimamente cattolico, il sistema creditizio intimamente protestante... Come carta l'esistenza monetaria delle merci ha solo un'esistenza sociale [non materiale, come nella tesaurizzazione]. È la fede che rende beati. La fede nel valore monetario come spirito immanente delle merci, la fede nel modo di produzione e nel suo ordine prestabilito, la fede nei singoli agenti della produzione come semplici personificazioni del capitale che si autovalorizza [di qui, si può aggiungere, l'innegabile componente ateistica nel protestantesimo, ovvero la sfiducia nel valore sacramentale degli oggetti religiosi]. Ma come il protestantesimo non riesce ad emanciparsi dalla base cattolica, così il sistema creditizio non si emancipa dal fondamento del sistema monetario".

Quest'ultima frase, che avrebbe dovuto indurlo a riscrivere tutto il cap. 36, è come buttata lì, senza ulteriori spiegazioni. Infatti la chiesa cattolica medievale, ad un certo punto, aveva preso ad arricchirsi proprio col divieto all'interesse. Essa vietava una cosa sul piano teorico, mentre su quello pratico aggravava il principio, e lo faceva comportandosi da approfittatrice di chi era in necessità di affidarle in gestione o addirittura di vendere le proprie sostanze per saldare i debiti contratti.

Fu proprio la chiesa romana a fondare l'istituzione della "manomorta"[13]. Quando tale prassi divenne la regola nel mondo ecclesiastico (nelle corporazioni religiose, negli istituti regolari ecc.), il mondo laico

---

[13] Dal latino "manus", cioè il diritto di alienare e trasmettere, cui però se si aggiunge "morta", significa "incapace, impotente di trasmettere". Era quindi lo stato dei servi della gleba o dei vassalli che, in forza di antichi diritti feudali relativi alla forma della subordinazione personale, erano privati della facoltà di disporre dei propri beni per testamento, quando non avevano discendenti maschi diretti: in tal caso, alla morte del subordinato, il signore diventava erede legittimo di tutti i suoi beni.
Fin dai primi secoli del Medioevo venne altresì designato un insieme di beni che, in quanto appartenenti a un ente, in genere ecclesiastico (perché affidati in gestione da un privato), non si trasmettono per successione, e raramente per atto tra vivi, e sfuggono perciò alle relative imposizioni fiscali. I beni ecclesiastici, soggetti a manomorta, erano quindi legati da un vincolo di inalienabilità, e le disposizioni ad essi relative furono poi applicate agli stessi enti proprietari di questi beni.

non poteva restarvi indifferente: o la eliminava con la forza o l'assumeva come propria.

Marx insomma aveva intuito chiaramente che per comprendere la nascita del capitalismo c'era di mezzo l'*ideologia*, ma non ha mai approfondito il nesso che la legava all'economia. Questo lo si vede bene anche quando chiosa alcuni passi di Lutero relativi all'usura. Probabilmente il suo disinteresse per le questioni religiose era dipeso proprio dall'incapacità del protestantesimo di approdare a una chiara visione laica e umanistica della vita.

L'età moderna sarà poi caratterizzata dallo scontro tra lo Stato, le cui entrate fiscali erano danneggiate dall'immobilità di questi beni, e la chiesa, che richiedeva la totale esenzione fiscale per il proprio patrimonio. Dopo la Rivoluzione francese e la Restaurazione si posero dei limiti alle esenzioni ecclesiastiche: in particolare in diversi Stati europei fu istituita, tra XIX e XX secolo, una tassa di manomorta. L'abate Rosmini, fin dal 1832, denunciò apertamente la "servitù dei beni ecclesiastici" pubblicando un libro (*Delle cinque piaghe della Santa Chiesa*) che gli attirò l'odio dei gesuiti.

L'imposta di manomorta era in vigore in alcuni Stati italiani prima dell'unificazione nazionale e aveva lo scopo d'impedire l'eccessiva concentrazione delle ricchezze a favore degli enti ecclesiastici. Fino al 1929 questa imposta si applicava con un'aliquota del 7,20% sulle rendite degli enti ecclesiastici, e con un'aliquota dello 0,90% sulle rendite degli istituti di carità, di beneficenza e d'istruzione. Per effetto della "equiparazione" concordataria, anche sulle rendite degli enti ecclesiastici venne applicata l'aliquota dello 0,90% (circolare del 10 aprile 1930). Le società anonime, costituite per l'amministrazione degli immobili appartenenti ad associazioni di culto non legalmente riconosciute, vennero esentate nel 1938 dall'imposta straordinaria sul capitale delle società commerciali stabilita con decreto 19 ottobre 1937, n. 1729. E ancora, il decreto 9 gennaio 1940 n. 2 esentò dall'I.G.E. le oblazioni fatte a favore di istituti religiosi. Considerata la pratica impossibilità in cui si trovava la pubblica amministrazione di esercitare qualsiasi controllo nel settore delle frodi fiscali, le zone di privilegio concesse alla Chiesa consentivano spesso ai privati affaristi, di trarne profitto pagando una tangente sugli affari conclusi o sulle somme sottratte agli accertamenti fiscali, dietro il paravento delle organizzazioni ecclesiastiche. E siccome anche l'irrisoria aliquota dello 0,90% dava fastidio il regime democratico-cristiano provvide ad abolirla con la legge 21 luglio 1954, n. 608.

In sintesi, il clero cattolico ha sempre ritenuto immorale pagare le imposte. Questo modo di pensare ha origini remote e risale all'epoca in cui la Chiesa, autoproclamatasi "società perfetta", rivendicava il diritto al "privilegium immunitatis". Bonifacio VIII, nella costituzione *Clericis Laicos* del 1296, attribuì un carattere sacro alle esenzioni tributarie, irrogando la scomunica a chiunque avesse osato imporre tributi ai beni posseduti dagli ecclesiastici. Per effetto di questa disposizione pontificia il clero e la nobiltà fecero accettare dai sovrani il cosiddetto "principio di perequazione", in virtù del quale i sacerdoti

E ciò lo portò poi non solo a sottovalutare l'importanza *culturale* (di consenso sociale, di legittimazione teorica di pratiche non cristiane) da parte della sovrastruttura religiosa, ma anche a fraintendere la situazione delle comunità di villaggio feudali (alto Medioevo), in cui vede al lavoro dei contadini non molto diversi dagli schiavi d'epoca romana. Egli fa arbitrariamente coincidere un modo *tecnico* di produzione economica (quale quello capitalistico) con un modo di gestione dell'economia, ritenuto *sociale* solo perché l'imprenditore ha associato nella sua impresa dei lavoratori dispersi, isolati.

In realtà, il fatto che il contadino medievale andasse da solo a lavorare la terra non significava ch'egli vivesse da isolato nel contesto della comunità di villaggio. Era molto più isolato l'operaio di fabbrica, che quando tornava dal lavoro si trovava a vivere in edifici urbani anonimi (veri e propri dormitori pubblici) di cui non conosceva neppure il vicinato, senza considerare che nel mentre lavorava in fabbrica la socializzazione extra-economica coi "colleghi" risultava tempo sottratto alla produttività (cosa che d'altra parte ancora oggi è così). L'associazionismo operaio (sindacale) è stato in realtà una *reazione* alla massificazione coatta, all'estraniazione sociale.

Inoltre il fatto che gli strumenti produttivi di un contadino siano "primitivi" va messo unicamente in relazione con quelli adottati dal capitalismo, ma non può di per sé voler dire che fossero inadeguati alla produzione, in quanto questa necessita di un rapporto equilibrato con la natura, la quale ha precise esigenze riproduttive. Queste due sviste: di natura *socio-rurale* e di natura *ecologica*, comprensibili per il periodo storico di Marx, oggi sarebbero imperdonabili.

E ora l'ultima osservazione. Le prime rivoluzioni politiche della borghesia (olandese nel 1579, inglese nel 1688, americana nel 1776, francese nel 1789) sono avvenute dopo molti secoli di attività socio-economica borghese, la quale, come noto, è andata affermandosi all'interno della società feudale, facendosi largo tra un'economia naturale basata sull'autoconsumo.

È stato un processo lungo e faticoso, che ha sconvolto completamente non solo l'economia europea, ma quella di tutto il mondo; ed è stato un processo che non ha coinvolto in maniera lineare o parallela gli stessi paesi che l'hanno intrapreso. P. es. il superamento dell'economia naturale è iniziato nell'Italia comunale, ma con l'incapacità della borghesia nazionale di creare un unico mercato nazionale, un unico Stato politi-

---

s'impegnavano a collaborare con le preghiere, i nobili con le spade e i popolani con il denaro. Era inevitabile che, con l'andare dei secoli, la chiesa accumulasse un patrimonio assai rilevante di manomorta.

co e amministrativo, un'ideologia emancipata dal cattolicesimo-romano, l'Italia nel XV sec. inizia una decadenza economica da cui non si risolleverà più per almeno tre secoli.

L'iniziativa commerciale le verrà decisamente sottratta da Olanda, Francia e soprattutto Inghilterra, la vera artefice della rivoluzione industriale, la quale, dopo la sconfitta napoleonica, sarà anche la vera dominatrice del mondo, almeno sino a quando la rivoluzione americana non porrà le basi per un ulteriore sviluppo del capitalismo industriale in un territorio non europeo.

Oggi invece assistiamo a una nuova fase del capitalismo avanzato, condotta questa volta in zone geografiche che addirittura non sono *occidentali*, ma *asiatiche*, come la Cina e l'India, che insieme fanno 1/3 dell'umanità. E che non hanno quasi mai avuto a che fare col cristianesimo. Qui il capitalismo è un prodotto di importazione, mediato in India dal liberalismo borghese (importato prima dagli inglesi, poi dagli americani) e dall'induismo nazionale, e in Cina dal socialismo maoista "riveduto e corretto".

Si ha come l'impressione che in questi territori lo sviluppo del capitalismo non abbia bisogno di quelle doppiezze così tipiche dei paesi di religione cristiana...

L'accumulazione originaria

Premessa

Nel cap. XXIV del I libro del *Capitale*[14], ad un certo punto Marx teme di aver suscitato nel suo lettore l'impressione d'essere finito in un circolo vizioso, poiché da un lato appare chiaro che il plusvalore non può essere che il risultato di un processo di produzione iniziato in una fase pre-capitalistica, dall'altro non è meno evidente che tale processo è possibile solo perché esiste un plusvalore suscettibile d'essere capitalizzato. Marx cercherà di risolvere l'*empasse* dimostrando come il modo di produzione capitalistico si sia formato combinando degli elementi strutturali che prima giacevano separati. E per questo motivo ha dovuto svolgere un'analisi di tipo *storico*, di *storia dell'economia*.

Sin dalle prime pagine del *Capitale* Marx aveva dato per scontata l'accumulazione originaria, anche perché ne aveva parlato nelle opere precedenti (*Formen, Grundrisse, Per la critica dell'economia politica...*, pur non avendole tutte pubblicate). Ora però si rende conto che l'impianto *fenomenologico* su cui si regge tutto il I libro del *Capitale* può non essere sufficiente per spiegare la *genesi storica* (il "peccato originale") del capitale.

È per una semplice ragione che, nel I libro del *Capitale*, Marx esordisce con un'analisi di tipo *fenomenologico* (relativa alla merce): egli non si considerava come uno "storico" che vuol prendere in esame l'uomo nella sua globalità (cioè anche negli aspetti extra-economici), ma si considerava come uno studioso ideologicamente schierato (uno scienziato che in gioventù aveva svolto un'attività politica rivoluzionaria) che andava a cercare nell'economia politica (ritenuta la scienza oggettiva più vicina alla comprensione del presente) quelle contraddizioni che, a causa del loro carattere antagonistico, il capitalismo non era in grado di risolvere e che, per questo motivo, rendevano necessaria la transizione al socialismo.

Lo svolgimento di questa premessa, nel prosieguo del cap. XXIV, porterà a un risultato molto preciso, che Marx avrà cura di dimostrare con ampia documentazione: *il capitalismo è il risultato di un processo di separazione del lavoratore dalla proprietà delle proprie condi-*

---

[14] Testo di riferimento: K. Marx, *L'accumulazione originaria*, Ed. Riuniti, Roma 1991.

zioni di lavoro (p. 5).

A questa conclusione Marx, in realtà, era già arrivato molto tempo prima della stesura del *Capitale*, praticamente sin dai *Manoscritti* del 1844. Tuttavia durante il soggiorno londinese egli ebbe modo di dettagliare al massimo questa tesi, condivisa peraltro dal socialismo utopistico e persino da buona parte della storiografia borghese.

La cosa singolare di questa tesi è che Marx si sforza di dimostrare la verità di un fenomeno chiamandone in causa un altro, che a sua volta però avrebbe necessitato di un'ulteriore spiegazione. Detto altrimenti: la domanda a cui Marx non ha risposto è stata proprio quella da cui era partito: "cosa ha generato il processo di separazione del lavoratore dalla proprietà dei suoi mezzi produttivi?".

Per tutto il capitolo Marx fa un'analisi di tipo *quantitativo*, elencando una mole notevole di dati, e dando per scontato che la spiegazione del processo di separazione vada cercata nel processo stesso, cioè, in definitiva, nelle sue dinamiche economiche. Ma in tal modo la comprensione del fenomeno resta parziale, in quanto non se ne comprendono le radici *extra-economiche*, quelle *culturali* (teologiche, filosofiche ecc.).

Marx non è riuscito a fare un'analisi storica in cui gli aspetti economici risultassero *integrati* con quelli culturali, e il motivo di questo va probabilmente ricercato nel fatto ch'egli ha sempre considerato gli aspetti culturali come una mera *sovrastruttura* di quelli economici e non ha mai sviluppato un'analisi in cui i due aspetti della realtà risultassero *interdipendenti*.

Il motivo di questa difficoltà metodologica si pone a un duplice livello: *oggettivo* e *soggettivo*. Anzitutto va detto che i nessi organici tra economia e cultura non sono mai espliciti, ma sempre impliciti, indiretti, involontari, spesso addirittura tenuti nascosti (dagli intellettuali) per motivi di sicurezza personale, in quanto le loro teorie si trovavano a confliggere con quelle dominanti. In secondo luogo è indubbio che per esaminare i testi di teologia (che sul piano storico anticipano quelli della filosofia borghese) occorre essere scevri da pregiudizi ideologici e convinti di non svolgere un lavoro inutile. È difficile infatti pensare che la disputa accademica degli universali abbia potuto favorire la nascita del capitalismo commerciale, o che le basi teoriche del potere temporale del papato stiano nella disputa sul *Filioque*, eppure è così.

Nonostante questo, il genio di Marx appare così grande ch'egli è in grado di offrire indicazioni per uno sviluppo ulteriore della sua analisi economica in direzione della suddetta integrazione. Cosa che si è iniziata a fare con le ultime opere di Engels sul cristianesimo primitivo e sulla guerra dei contadini tedeschi, nonché coi *Quaderni* di Gramsci. Quanto a

Lenin, egli era perfettamente consapevole di aver realizzato una rivoluzione *politica* senza una parallela rivoluzione *culturale* fra le masse, ed era altresì convinto che quest'ultima fosse uno dei compiti prioritari che il socialismo si doveva prefiggere.

1. *L'arcano dell'accumulazione originaria*

La prima cosa che andrebbe chiarita è tutta racchiusa in questa lapidaria affermazione di Marx: "La dissoluzione della società feudale ha liberato gli elementi della società capitalistica" (p. 6). E per "dissoluzione" Marx intende alcuni aspetti fondamentali: fine del servaggio e delle corporazioni, nonché delle città sovrane, e quindi nascita del proletariato (eslege), cioè di individui che possono vendere sul mercato unicamente la loro forza-lavoro.

Questi processi così sconvolgenti come sono potuti accadere? Marx non lo spiega sul piano delle motivazioni ideali o culturali. Si limita semplicemente a sostenere che "i cavalieri dell'industria riuscirono a soppiantare i cavalieri della spada soltanto sfruttando avvenimenti dei quali erano del tutto innocenti" (p. 7).

Il punto, tuttavia, è proprio questo: la genesi di quegli avvenimenti, sfruttati in maniera innocente, è davvero stata *innocente*? Marx dice che non ci sarebbe stato capitalismo se non ci fosse stata "servitù dei lavoratori". Il capitalismo ha sfruttato una cosa che lo precedeva, limitandosi a trasformare il servaggio in una contrattazione salariale. Ma così facendo, Marx non spiega perché ciò, *ad un certo punto*, sia potuto accadere. Cioè non spiega quali siano state le ragioni *culturali* che in maniera diretta o indiretta, innocente o colpevole, abbiano in qualche modo determinato o favorito il passaggio da uno sfruttamento all'altro. Egli si limita a prenderne atto, considerandolo come un processo *storicamente necessario*.

Oggi però sappiamo che la necessità di un fenomeno non significa affatto la sua *ineluttabilità*. Un fenomeno è sempre il frutto di una *scelta*, i cui gradi di consapevolezza possono essere più o meno grandi. Esso diventa *inevitabile* solo *dopo* che si sono operate delle scelte in luogo di altre. Ecco perché uno storico dovrebbe sempre ipotizzare come sarebbero potute andare le cose se si fossero compiute scelte diverse.

In una nota (la prima), dedicata all'Italia, Marx dice delle cose che da sole meriterebbero una trattazione a parte: l'Italia ha sviluppato per prima la produzione capitalistica. Perché? Perché qui - risponde Marx - il servaggio era stato abolito prima che altrove. Ma perché proprio in Italia Marx non lo dice.

Seconda cosa: pur essendo stata la prima a svilupparsi in senso capitalistico (commerciale), perché l'Italia, dopo la scoperta dell'America, che rende l'Atlantico più importante del Mediterraneo, torna a livelli para-feudali? È possibile spiegare questa inversione di rotta soltanto con l'analisi economica?

Il passaggio dal capitalismo commerciale a quello industriale è sempre stato considerato da Marx inevitabile, salvo imprevisti esterni che ne impediscono forzatamente la realizzazione. E qui calza a pennello l'esempio dell'Italia, la cui improvvisa involuzione storica viene fatta risalire alla scoperta dell'America, che impose il primato dell'Atlantico sul Mediterraneo.

Tuttavia è davvero strano che la prima potenza europea sul piano del capitalismo commerciale si fosse lasciata superare in così poco tempo da nazioni economicamente molto più arretrate. Gramsci addebitò l'involuzione alla mancata realizzazione dell'unità nazionale. Ma questa causa fu in realtà una conseguenza della mancata trasformazione del capitalismo da commerciale a industriale.

Il vero motivo che impedì all'Italia di trasformarsi nella prima nazione industriale d'Europa o comunque in una nazione capitalistica non meno importante dell'Inghilterra, fu la *Controriforma*, ovvero la mancata realizzazione di una Riforma in cui risultasse centrale il ruolo della borghesia.

Nel momento in cui la borghesia italiana accettò, seppur malvolentieri, la Controriforma (e fu un'accettazione più politica che culturale), tolse a se stessa la possibilità di diventare "capitana d'industria" e impedì al popolo italiano di realizzare l'unificazione nazionale e di costituire uno Stato indipendente dalla chiesa.

Se è vero che il capitalismo nasce con la nascita della manifattura - fenomeno che appunto in Italia, rimasta ferma al livello dei commerci, non è avvenuto e che avverrà in particolar modo laddove s'imporrà una qualche riforma protestante, cioè una forma di emancipazione dal dominio o culturale o politico della chiesa romana -, è anche vero che senza manifattura non è neppure il caso di parlare di espropriazione irreversibile dei contadini. La prima industrializzazione della vita sociale è costituita dalla manifattura ed è con questa che la borghesia distrugge l'artigianato e subordina l'agricoltura.

Cosa ha impedito alla borghesia italiana di compiere questo passaggio? È stata appunto la religione cattolica, che, nonostante tutti i suoi palesi abusi, costituiva allora un'idealità più alta della religione protestante. La borghesia italiana, nel complesso, non era ancora sufficientemente cinica e individualista.

Marx si è chiesto ripetutamente (non solo in questo capitolo) il motivo per cui il capitalismo non sia nato là dove era forte il capitale commerciale. Nel I libro del *Capitale* la risposta è nota: il capitalismo nasce là dove esistono sia un certo volume di capitali circolanti, sia la presenza sul mercato di una certa disponibilità di forza-lavoro, separata dai mezzi produttivi.

Nel II libro Marx accentuerà il fatto che, per la formazione del capitalismo, la determinante in ultima istanza è una forte e massiccia presenza di capitale monetario. Laddove esiste ciò è impossibile che, ad un certo punto, non nasca il capitalismo.

Col che Marx mostra di dibattersi in un problema che non trova soddisfacente soluzione. La differenza principale tra capitalismo commerciale e quello industriale può essere di tipo meramente "quantitativo", come p.es. il volume delle merci o del capitale monetario circolante?

In realtà il capitalismo non ha bisogno solo di capitali circolanti e di manodopera salariata, ma anche, prima di tutto, della presenza culturale di *un'ideologia di vita*, che ne legittimi la nascita o che comunque ponga le basi, anche senza volerlo, per la sua gestazione.

Il capitalismo non può nascere come "figlio legittimo o naturale" di un sistema pre-capitalistico in decomposizione; o meglio, perché nasca con una patente di legittimità o di naturalità, occorre che venga elaborata un'ideologia specifica che s'incarichi di far sembrare bianco il nero e viceversa. Occorre un'ideologia che s'insinui nei punti più deboli delle strutture dominanti, politicamente ancora forti, ma largamente sofferenti di una certa incoerenza tra valori, affermati in sede teorica, e realtà concreta.

Questa ideologia alternativa può cercare il compromesso con le istituzioni dominanti, ma deve comunque essere disposta, in caso di necessità, a trasformare i propri ideali in una lotta politica vera e propria.

2. *Espropriazione della popolazione rurale e sua espulsione dalle terre*

Quando inizia, nel paragrafo 2, a parlare dell'Inghilterra, dove il capitalismo assume "forma classica" (in quanto la coeva e molto più ricca Olanda si era fermata alla fase commerciale) e dove non ci sono "ripensamenti", come in Italia, Marx descrive una situazione socio-economica a dir poco idilliaca: in Inghilterra, prima del capitalismo, esisteva una sorta di "ricchezza popolare" (p. 9). Più di 1/7 della popolazione totale, dice - riportando una citazione - alla nota 2, viveva in *freehold*, cioè con una proprietà libera da ogni specie di vincolo feudale e questa parte di popolazione era superiore a quella dei fittavoli che lavoravano su terreno altrui. Nell'ultimo terzo del sec. XVII i 4/5 della massa della popolazione erano agricoltori. Il servo della gleba era un proprietario, obbligato a tributi, di piccoli appezzamenti di terra annessi alla sua abitazione e comproprietario delle terre comunali – viene detto alla nota 3.

Il rivolgimento si ha "nell'ultimo terzo del secolo XV e nei primi decenni del secolo XVI" (p. 9). Ora, è inutile qui andare a cercare una causa scatenante sul piano *culturale*; Marx la trova solo sul piano *economico* ed è stato l'impulso immediato allo scioglimento dei seguiti feudali, determinato dalla "fioritura della manifattura laniera fiamminga e dal corrispondente aumento dei prezzi della lana" (pp. 9-10). In pratica i contadini non sufficientemente ricchi per trasformarsi in fittavoli o per mettersi in proprio furono sfrattati dalle terre in cui lavoravano perché in esubero: l'arativo andava convertito in pascolo, che per essere gestito necessitava di molti meno lavoratori.

Marx dice espressamente che mentre la vecchia nobiltà feudale era stata inghiottita dalle grandi guerre feudali (qui si devono presumere quella esterna dei Cento Anni con la Francia [1337-1453] e quella interna delle Due Rose [1455-85]), la nuova nobiltà, invece, "era figlia del proprio tempo per il quale il denaro era il potere dei poteri" (p. 10): di qui l'esigenza di trasformare i campi in pascoli per le pecore.

Un'affermazione del genere andava *culturalmente* spiegata, altrimenti è impossibile comprendere le vere motivazioni storiche che generano i fenomeni. Nell'analisi marxiana tutto sembra sottostare alla categoria della *necessità*. Una trasformazione così repentina della "ricchezza popolare" in "ricchezza capitalistica" andava spiegata con un'analisi dei processi culturali che in qualche modo l'avevano favorita. Marx peraltro non dice nulla sulla nascita e lo sviluppo del capitalismo in Olanda e sui rapporti di questo capitalismo con quello inglese prima dell'iniziativa drammatica delle *enclosures*. Sarebbe stato interessante verificare il motivo per cui il capitalismo trovò in Olanda un terreno così favorevole e uno sviluppo così potente da mettere a repentaglio un sistema produttivo, come quello inglese, ove la ricchezza era "popolare".

Sarebbe stato anche interessante verificare se le *enclosures* avvennero proprio là dove maggiore era stata la propaganda dei calvinisti (cioè, per le recinzioni, soprattutto in Kent, Essex, Suffolk, Norfolk, Northamptonshire, Leicestershire, Worcestershire, Hertfordshire...). Da notare che la nobiltà più antica e conservatrice risiedeva nelle contee settentrionali e occidentali.

Si ha invece l'impressione che proprio in virtù della categoria della *necessità*, Marx abbia voluto mostrare come il feudalesimo fosse destinato a essere superato dal capitalismo. Il che però non spiega perché ciò sia potuto avvenire *proprio nel XVI secolo e non prima*, visto e considerato che il capitale commerciale e quello usuraio sono sempre esistiti. Le recinzioni non possono essere state dettate da un mero "impulso esterno": esse in realtà sono una conseguenza di uno "spirito capitalistico" *già in atto*.

È pacifico che un contadino non si trasforma volontariamente in operaio, ma è altresì evidente che a questa trasformazione non è interessato neppure il possidente agrario, se in qualche modo non vi si sente indotto dalle circostanze, le quali tuttavia non possono essere solo di natura economica, in quanto la trasformazione del contadino in operaio salariato implica un primato del *valore di scambio* (vendere prodotti per il mercato) sul *valore d'uso* (per l'autoconsumo) che non può imporsi in maniera *spontanea*, come *regola generale* dell'intera società.

Non andando a ricercare le ragioni della "combinazione degli elementi" nell'ambito della sovrastruttura, Marx, in un certo senso, sta ammettendo che il capitalismo è nato nel XVI sec., cioè non nei secoli precedenti, solo per un *puro caso*: il che contraddice nettamente la tesi di un passaggio "naturale", inevitabile, da una formazione sociale all'altra.

Non a caso nella sua analisi non esiste un movimento di resistenza a questa transizione verso il capitalismo. Eppure alla fine del XVII su una popolazione nazionale di 5-5,5 milioni di abitanti, ben 4 milioni vivevano nelle campagne, di cui il 60% era ancora *copyholder* e il restante *freeholder* (tra quest'ultimi i più ricchi si trovavano in una condizione analoga a quella della piccola nobiltà rurale): quindi ancora esisteva la possibilità di una regolamentazione democratica dello sviluppo economico dell'agricoltura, che esulasse dai metodi violenti delle recinzioni.

I *copyholders* (dominanti nelle contee settentrionali e occidentali) avevano il *possesso* non la *proprietà* della terra; di regola ne erano usufruttuari per 21 anni, dopodiché il lord poteva decidere se rinnovare il contratto o se cacciare il contadino imponendogli un canone d'affitto per lui impossibile. Solo una ristretta minoranza entrava in possesso della terra per via ereditaria. Oltre alla rendita i lords riscuotevano delle gabelle: le tasse sull'uso del mulino e del mercato, la quota per il pascolo e il godimento del bosco, ecc. Rare volte s'incontrano le vecchie *corvées* e i tributi in natura. Naturalmente, non essendone i proprietari, i *copyholders* non avevano alcun diritto sui loro terreni: nulla poteva essere venduto, ipotecato, affittato senza il consenso del lord. Quando i canoni d'affitto dalla metà del XVI sec. alla metà del XVII aumentarono di 10 volte, i *copyholders* furono costretti a trasformarsi in *freeholders* (fittavoli a tempo determinato) o, più raramente, in mezzadri, oppure a diventare braccianti, salariati giornalieri. Alla fine del XVII sec. c'erano già 400.000 mendicanti e vagabondi senza tetto.

Nessuna città inglese, se si esclude Londra, aveva più di 30.000 abitanti e, nel complesso, l'Inghilterra della prima metà del sec. XVII era ancora molto in ritardo rispetto all'Olanda quanto a industria, commercio e traffico marittimo, per cui non poteva ancora considerarsi scontata la transizione al capitalismo.

Peraltro, a differenza della Francia, gli strati sociali inglesi non erano chiusi e isolati (clero, nobiltà, terzo stato). Tra la piccola-media nobiltà e la borghesia non c'era molta differenza nello stile di vita.

L'Inghilterra non fu solo sconvolta da sommosse borghesi, mascherate da ideologie religiose, che volevano accelerare la suddetta transizione, ma anche da sommosse contadine di stampo anti-capitalistico: a partire da quella del 1607 nelle contee centrali del paese (Northamptonshire, Leicestershire...) contro le *enclosures*, in cui si distinguono i cosiddetti Livellatori (*Levellers*) e gli Sterratori (*Diggers*), sino a quelle degli anni 1620-40 sempre contro le recinzioni, ma anche contro l'usurpazione delle terre comuni, da parte dei lords, per farne parchi privati. Negli anni 1617-20 molti artigiani, apprendisti, operai manifatturieri cominciarono a saccheggiare i depositi di grano, ad assalire gli esattori delle tasse e i giudici di pace, a incendiare le case dei ricchi.

Da questi movimenti insurrezionali nascerà nel 1652-56 una "Società degli amici" sotto l'influenza di G. Fox (1624-91), le cui idee troveranno una sistemazione teologica grazie a R. Barclay e che porteranno alla nascita del movimento dei Quaccheri, il quale solo nel 1689, con l'editto di tolleranza, otterrà libertà di azione, dopo essere stato per molti anni represso (specie dalla repubblica puritana di Cromwell).

La situazione era diventata piuttosto drammatica, tant'è che nel 1624 (lo stesso anno in cui il paese entrò in una guerra disastrosa con la Spagna) la corona si vide costretta a fare delle concessioni.

A dir il vero, tutta la prima metà del XVII sec. fu così travagliata da lotte intestine che la società inglese non aveva ancora chiara alcuna strada da prendere per il proprio futuro sviluppo. P.es. nel 1603 salì al trono il figlio di Maria Stuart, Giacomo VI re di Scozia, che prese il nome di Giacomo I (1603-25). Egli, è vero, sostenne il sistema dei monopoli, cioè dei diritti esclusivi offerti a singole compagnie nella produzione e nel commercio di un qualsiasi prodotto, ma è anche vero che proprio sotto il suo governo ci fu un brusco arresto nello sviluppo delle manifatture.

La corona inglese voleva sfruttare il nascente capitalismo con lo stesso spirito di un feudatario che vive di rendita grazie ai suoi contadini, e nel contempo voleva tenere sotto controllo dei processi economici il cui sviluppo temeva avrebbe nuociuto alla stabilità della stessa corona. E così, da un lato chiedeva ingenti somme per la concessione delle licenze commerciali, dall'altro pretendeva un apprendistato di sette anni come condizione per esercitare una qualunque professione. Gli agenti governativi controllavano la qualità dei prodotti, la quantità e la qualità degli strumenti di lavoro, il numero dei garzoni e degli apprendisti occupati in una bottega artigianale ecc. e, pur di incamerare soldi nell'erario, non avevano scrupoli a colpire commercianti, artigiani, imprenditori con multe, estorsioni, esosità fiscali, processi giudiziari... E si pretendeva che tutto il commercio estero fosse concentrato a Londra. Insomma già nel 1622 la bilancia del commercio estero era diventata passiva. Peraltro nel 1604 il re aveva firmato un accordo di pace con la Spagna, ignorando del tutto il problema degli interessi commerciali inglesi nei possedimenti spagnoli delle Indie orientali e occidentali.

La corona era solo capace di dilapidare i propri patrimoni o di venderli all'asta, di introdurre nuovi dazi senza l'approvazione del parlamento, di pretendere l'acquisto a basso prezzo di prodotti all'ingrosso, di ricorrere a prestiti forzosi, di ripristinare diritti feudali decaduti... e di perseguitare gli oppositori (i puritani furono costretti a emigrare in Olanda e negli Stati Uniti).

Sotto il successore di Giacomo I, Carlo I (1625-48), le cose peggiorarono drasticamente, al punto che il parlamento l'obbligò a firmare la "Petizione dei diritti", mediante cui si chiedeva la garanzia dell'inviolabilità della persona, dei beni patrimoniali e della libertà dei sudditi.

Nel 1629 il parlamento chiese altre tre cose che la corona giudicò inaccettabili: a) chi introduceva innovazioni papiste nella chiesa anglicana andava considerato come il principale nemico del regno; b) chiunque consigliasse al re di riscuotere dazi senza il previo consenso del parlamento andava considerato come nemico del regno; c) chiunque pagasse volontariamente le tasse non ratificate dal parlamento andava considerato come un traditore della libertà del paese.

Carlo I, per tutta risposta, fece chiudere il parlamento, impose la censura sulla stampa e sulla libertà di parola, vietò la lettura di libri proibiti, incarcerava i dissidenti e li faceva fustigare in pubblico, aumentò le tasse in maniera insopportabile, in una parola impose il terrore.

Dal 1630 al 1640 emigrarono dall'Inghilterra 65.000 persone, di cui 20.000 in America e nelle colonie della Nuova Inghilterra. Alla fine degli anni '30 si verificarono violente manifestazioni di operai e di artigiani. Anche gli scozzesi reagirono al tentativo d'imporre loro il servizio liturgico degli anglicani e costrinsero la corona a un armistizio nel 1639.

E in Irlanda, nel 1641, scoppiò una grande rivolta popolare con cui si voleva por fine alla politica colonizzatrice inglese.

Il parlamento tentò a più riprese di ridurre l'assolutismo della monarchia, ma lo stesso parlamento, quando presentò nel 1641 la petizione popolare con cui si chiedeva la fine della gerarchia ecclesiastica, ovvero l'eguaglianza democratica negli affari di chiesa, si divise in gruppi contrapposti, in quanto la maggioranza dei possidenti terrieri temeva che la concessione di questo diritto avrebbe comportato anche quello relativo all'equa ripartizione della terra. D'altra parte i parlamentari combattevano gli abusi compiuti dalla corona, non certo quelli compiuti da borghesi e nobili contro contadini, artigiani e operai.

Carlo I ne approfittò subito per tentare un colpo di stato e, siccome non gli riuscì, fece scoppiare, nel 1642, la guerra civile. Le contee del nord e dell'ovest, poco popolate ed economicamente arretrate, lo appoggiarono, mentre tutte le altre difesero i diritti del parlamento. Ciononostante, senza l'intervento della Scozia è dubbio che il parlamento (allora guidato dall'ala più radicale del puritanesimo, gli Indipendenti) sarebbe riuscito ad avere la meglio sulla corona.

Insomma sotto i governi filo-cattolici e tardo-feudali dei primi Stuart si poté assistere da un lato alla possibilità di scegliere una strada alternativa al capitalismo (grazie alle rivolte contadine) e, dall'altro, all'incapacità, da parte delle istituzioni politiche legate al mondo cattolico, d'indicarla.

*

Una delle cose più strane di questo capitolo è che Marx ha descritto il processo di espropriazione dei contadini e degli artigiani senza spendere neppure una parola sul processo inverso, cioè sulla resistenza sociale o sull'opposizione politica a tale espropriazione. Dalla famosa rivolta contadina dei Lollardi (1381), che volle mettere in pratica le teorie eversive di John Wycliffe, sino all'insurrezione, sempre contadina, del 1450 guidata da Jack Cade, per non parlare di quanto avvenne in occasione dello scisma anglicano, l'Inghilterra fu sconvolta da avvenimenti che di per sé non lasciavano presagire come inevitabile una soluzione univoca.

La classe dei contadini indipendenti era più numerosa di quella dei fittavoli negli ultimi decenni del XVII sec. e scomparirà del tutto - dice Marx (p. 14) - solo verso il 1750. E negli ultimi decenni del XVIII sec. cesserà completamente l'uso delle terre comuni e demaniali. Qui in sostanza s'è verificata un'espropriazione dalle dimensioni colossali, di una gravità eccezionale - come se la popolazione intera vi avesse acconsentito, paga della riforma anti-cattolica! come se considerasse le conseguenze del capitale un male inevitabile, dovuto all'introduzione del calvinismo! È vero, l'espropriazione delle terre contadine e comuni avverrà senza tregua anche sotto la cattolica Mary Tudor, ma questo è la riprova che lo "spirito protestante" aveva profondamente intaccato anche gli ambienti cattolici, in modo analogo a quanto già accaduto nell'Italia comunale. Lo dimostra il fatto che l'anglicanesimo si pone come compromesso tra cattolicesimo e calvinismo: è l'uno sul piano *formale* (liturgico-rituale) e l'altro sul piano *sostanziale* (quello della mentalità affaristica).

In Inghilterra le asprezze del confronto ideologico tra religioni fu attenuato proprio dal compromesso sullo stile di vita borghese tra i ceti mercantili e la nuova nobiltà feudale, da un lato, e la vecchia nobiltà feudale ed ecclesiastica dall'altro. Tutti, potendo impadronirsi abusivamente di terre altrui (non solo comuni o demaniali, ma anche quelle secolarizzate dei monasteri, per non parlare di quelle che, una volta recintate, misero sul lastrico migliaia di contadini non proprietari), poterono evitare di confliggere per motivi religiosi. È la legge stessa che permette questo immane saccheggio. Nella nota 24 Marx paragona questa involuzione verso il predominio della proprietà privata a quanto avvenne nella Roma antica, prima della lex Licinia-Sestia del 367 a.C.

Marx rileva anche che in Scozia il processo delle *enclosures* assunse un "carattere sistematico" (p. 21), ma non ne spiega la ragione, che fu invece quella di un'introduzione del calvinismo più radicale.

*

Secondo noi la *proprietà privata fondata sul lavoro personale* non è mai esistita nelle società divise in classi, se non in termini alquanto ridotti. Là dove era fondata sul "lavoro personale" non era certo "libera" (se non per i proprietari), là dove era "libera" era spesso basata sul lavoro altrui. La "piccola azienda" di cui parla Marx, quella di tipo familiare o patriarcale, era "libera", nel mondo romano o feudale, solo per ristrette categorie sociali.

Il capitalismo non si è opposto solo a questa forma di proprietà, ma anche e soprattutto a quella privata basata sullo sfruttamento del lavoro altrui. Esso cioè è passato da uno sfruttamento all'altro, e ha potuto farlo promettendo la *libertà* a tutti gli sfruttati.

Una proprietà privata libera, che riguardasse la grande maggioranza dei lavoratori, non è mai stata *individuale*, se si esaminano le formazioni sociali primitive, pre-schiavistiche, ma è sempre stata *sociale*.

La libertà è veramente reale sono nell'uguaglianza sociale, cioè in un regime di comunismo dei beni.

Marx nel *Capitale* ha considerato astrattamente la proprietà privata libera e individuale, e l'ha giudicata negativamente, appunto perché spontanea e individuale. Una proprietà senza cooperazione, senza concentrazione dei mezzi produttivi, senza divisione del lavoro, senza capacità di dominare la natura, regolandone il rapporto con la società, con una minuta ripartizione della terra e dei mezzi produttivi, non poteva che essere superata dal capitalismo.

Marx qui non si rende conto che una tale proprietà, se mai è esistita, era già stata superata - come forma generale di produzione - dalla proprietà fondiaria della società schiavistica e feudale; anzi, la sua stessa esistenza dipendeva da quelle società divise in classi, era un prodotto della proprietà privata usata per sfruttare lavoro altrui.

La libera proprietà contadina, sorta in Inghilterra verso la fine del XIV sec., anche se era gestita - come dice Marx - dalla "stragrande maggioranza della popolazione", non era affatto totalmente libera, ma sempre soggetta a un vincolo di tipo feudale con la signoria aristocratica. Marx stesso lo afferma laddove parla di qualsivoglia "insegna feudale" sotto cui si celava questa forma di proprietà.

In questo senso, se si vuole ammettere l'idea che la libera proprietà individuale aveva in sé contraddizioni tali per cui il suo dissolvimento era inevitabile e quindi necessaria era la transizione al capitalismo, allora bisogna anche ammettere che quelle contraddizioni erano dovute al rapporto ch'essa aveva con la proprietà feudale o comunque con i rapporti produttivi di tipo feudale.

La piccola proprietà individuale non era libera né come la intendiamo oggi né come la si intendeva nelle società pre-schiavistiche. In queste società peraltro la libertà della proprietà individuale non era in contrasto con la libertà della proprietà collettiva, anzi era il collettivo che dava la dimensione della libertà individuale, mentre sotto il capitalismo è "libera" solo la *grande* proprietà, quella che decide i vari monopoli sul mercato. Tutta l'altra proprietà deve sottostare alle leggi del mercato, per cui è "libera" solo giuridicamente, non economicamente.

Dunque se nell'Inghilterra del XVI sec. la prima proprietà ad essere espropriata fu quella libera e individuale, ciò è dipeso appunto dal fatto ch'essa nella società feudale era la più debole, sotto tutti i punti di vista. Tale libera proprietà era continuamente minacciata dalla forza dell'aristocrazia, e il contadino doveva difenderla con ogni mezzo. Se essa si trasformò abbastanza velocemente in proprietà capitalistica, ciò dipese appunto dal fatto ch'era costantemente minacciata da quella feudale, per quanto, a una spiegazione del genere, bisogna aggiungerne un'altra, trascurata da Marx, quella della progressiva emancipazione *ideologica* dalla religione tradizionale, da parte o dei contadini che, vendendo per il mercato, si erano arricchiti e quindi avevano intenzione di trasformarsi in capitalisti sul proprio terreno, oppure da parte dei ceti mercantili e usurai, i quali, imponendo le leggi del mercato, costrinsero parte della nobiltà a diventare un produttore capitalistico, espropriando i contadini o trasformandoli in salariati agricoli.

Delle due insomma l'una: se la piccola proprietà contadina è stata così facilmente espropriata, ciò è potuto accadere o perché il capitalismo commerciale e usuraio era già notevolmente sviluppato, oppure, se questo capitalismo ancora non era molto sviluppato, perché esisteva una mentalità *religiosa* fortemente protenstantizzata, che tendeva a giustificare la prassi mercantile. In entrambi i casi il processo di trasformazione capitalistica della piccola proprietà non s'è imposto senza una buona dose di "odio" nei confronti della rendita feudale e dei privilegi aristocratici.

Spesso il borghese non era che un ex-contadino o un ex-artigiano che, dopo aver concesso il primato al commercio e al denaro, era tornato alla terra per cominciare a produrre in modo capitalistico. La piccola azienda familiare s'era trasformata in azienda capitalistica solo dopo aver accumulato capitali, da una parte, e risentimenti e odio nei confronti del feudalesimo, dall'altra. Ecco perché, prima di parlare di "accumulazione originaria", Marx avrebbe dovuto prendere in esame le lotte di classe dei contadini inglesi medievali e l'evoluzione dell'ideologia religiosa, che portarono all'abolizione della servitù della gleba, quelle lotte appunto che avrebbero potuto far nascere, volendo, una società di tipo non-capitalistico. Egli semplicemente si limita a considerare l'abolizione del servaggio come un dato storicamente acquisito, che non avrebbe potuto non fare gli interessi, in ultima istanza, della classe borghese.

In sintesi, quando Marx parla esplicitamente del fatto che il capitalismo è sorto sulla disgregazione del feudalesimo, non offre una spiegazione convincente delle *cause interne* che hanno disgregato il feudalesimo, poiché, se l'avesse fatto, avrebbe dovuto prendere in esame anche gli aspetti *sovrastrutturali* (in specie l'ideologia religiosa) che condizionano quelli strutturali dell'economia.

Quando Marx esamina gli aspetti *sovrastrutturali* (in specie il diritto) lo fa solo con l'intento di confermare quelli strutturali o di mostrare che le leggi della struttura trovano sempre un loro riflesso nella sovrastruttura. Nella sua analisi la struttura e la sovrastruttura non hanno un vero rapporto dialettico, d'influenza reciproca, ma solo uno di causa ed effetto. Di conseguenza, parlando dell'accumulazione originaria inglese, egli è stato costretto a rifarsi, anzitutto, a delle *cause esterne*, la prima delle quali è stata l'espandersi della manifattura laniera fiamminga.

3. Legislazione sanguinaria contro gli espropriati dalla fine del secolo XVI in poi. Leggi per l'abbassamento dei salari

Nel paragrafo 3 Marx delinea sinteticamente i principali provvedimenti legislativi della corona inglese contro il vagabondaggio e la mendicità e afferma che disposizioni analoghe si diffusero in tutta Europa occidentale alla fine del sec. XV e per tutto il sec. XVI.

a) Non si accettava l'idea di una povertà causata da circostanze indipendenti dalla volontà dell'individuo.
b) Una licenza di mendicità veniva riconosciuta solo alle persone anziane o incapaci di lavorare.
c) Si ammetteva la possibilità di schiavizzare i poveri refrattari a determinati lavori.
d) Si ammetteva la possibilità di frustarli in pubblico, di marchiarli a fuoco e di giustiziare, se recidivi, i poveri e gli schiavi che rifiutassero di lavorare.
e) Si aprivano le porte al mercato degli schiavi.
f) Generalmente le leggi riguardavano individui di età non inferiore a 14 anni (per essere giustiziati ne occorrevano almeno 18).
g) L'associazionismo dei lavoratori resterà un grave delitto a partire dal XIV sec. fino al 1825, e anche dopo questa data ripetuti saranno gli attacchi contro di esso.
h) Non era possibile stabilire un salario minimo per gli operai e tendenzialmente s'impediva di andare oltre un certo salario. Le leggi di regolamentazione dei salari saranno abolite solo nel 1813.

Nel paragrafo non si rileva alcuna resistenza a questo incredibile processo di schiavizzazione di cittadini liberi. Anzi Marx afferma che già nella seconda metà del sec. XIV "si sviluppa una classe operaia che per educazione, tradizione, abitudine, riconosce come leggi naturali, ovvie, le esigenze di quel modo di produzione... [che] spezza ogni resistenza" (p. 29).

Questo però andava spiegato. Non a caso, partendo immediatamente dalla constatazione della fine del servaggio, Marx, in questo capitolo, ha evitato di considerare il momento in cui il contadino, lottando contro il feudatario, si chiedeva se accettare la prassi borghese che s'andava affermando nelle città, oppure se costituire un'alternativa sia al sistema feudale in decadenza, sia all'economia borghese in fieri.

In realtà Marx offre una propria spiegazione del fatto che il capitalismo sarebbe dovuto comunque nascere. L'emancipazione dei contadini - a suo giudizio - era avvenuta in maniera troppo "individuale" (Marx parla di "liberi contadini autonomi"), perché essa potesse reggere il confronto con la grande proprietà fondiaria o con i metodi capitalistici che la borghesia applicava in agricoltura.

Per Marx l'emancipazione era avvenuta in maniera prevalentemente economica (in Inghilterra), e quindi appunto in maniera individualistica, cioè nel senso che i contadini si erano assicurati il possesso di un certo lotto di terra "qualunque fosse l'insegna feudale sotto la quale potesse celarsi la loro proprietà".

Viceversa in Italia - dice sempre Marx in nota - "il servo della gleba viene affrancato prima di essersi assicurato un diritto di prescrizione sulla terra. Perciò la sua emancipazione lo rende immediatamente proletario". Anche qui però - come si può notare - Marx non spiega il motivo del processo di emancipazione del servo della gleba italiano, cioè il motivo per cui ad un certo punto si sia lottato per avere un diritto politico (la *libertà*) e non anche o non solo un diritto economico (la *proprietà*). Sembra addirittura che l'emancipazione dal servaggio sia stata concessa ai contadini dall'alto.

Marx, in sostanza, lascia intendere che l'emancipazione dal servaggio avvenne senza particolari conflitti di classe, in quanto i grandi proprietari (feudali) erano riusciti a conservare integralmente la proprietà delle loro terre. Essi non potevano avere paura dei contadini autonomi, in quanto sapevano che non avrebbero potuto essere rovinati dalla loro concorrenza.

Non può certo sfuggire a uno storico il fatto che qui i contadini autonomi vengono presentati senza alcuna personalità sociale e culturale, senza interessi di classe, senza alcuna ideologia politica. Essi subiscono passivamente l'espropriazione delle terre, proprio perché non hanno gli strumenti necessari per opporvisi. Al massimo si accontentano di poter continuare a utilizzare le terre comunali per il pascolo, il legname ecc. Il che non ha senso.

Marx spiega anche che il motivo principale della loro espropriazione fu determinato dal fatto che, essendosi rovinata con le guerre feudali, la nobiltà non poteva far fronte alle nuove esigenze di vita della società borghese che in città si stava sviluppando. (Da notare che in questo passaggio di Marx la società borghese è "già nata").

In particolare, ciò che convinse i nobili a espropriare i contadini fu l'espandersi della manifattura laniera fiamminga e il conseguente rincaro della lana. Di qui la necessità di trasformare le terre arabili in pascoli.

Ora, questo modo di presentare le cose è tutto meno che storico: 1) perché sembra sia stato sufficiente un semplice fattore congiunturale (l'aumento del costo della lana) per provocare un fenomeno sociale di una drammaticità inaudita e dalle conseguenze incalcolabili; 2) perché di fronte a tale fattore i nobili, che fino a quel momento sembravano strutturalmente legati alla mentalità feudale, si riscoprono improvvisamente dei veri e propri capitalisti; 3) perché i contadini vengono ancora una volta dipinti come soggetti passivi: prima sembrava che avessero ottenuto l'emancipazione gratuitamente, ora sembra che accettino l'espropriazione come una necessità del destino.

Qui non solo Marx manifesta dei profondi pregiudizi nei confronti della classe contadina, non solo compie un'analisi parziale della tipologia gestionale della proprietà agricola, ma - quel che più importa - non fa assolutamente capire quali siano stati i meccanismi *culturali* che hanno indotto la nobiltà a diventare "borghese".

Peraltro, nella sua analisi, il fattore congiunturale non è neppure endogeno, cioè nazionale, ma proveniente dalla piccola regione dei Paesi Bassi. Paradossalmente, la borghesia inglese, che è stata l'artefice principale della rivoluzione industriale, è del tutto assente in questo processo di espropriazione a carico dei contadini. Si ha cioè l'impressione che il capitalismo sia nato dalla semplice quanto improvvisa trasformazione del nobile in borghese.

4. *Genesi dei fittavoli capitalisti*

Interessante è la domanda che si pone Marx nel paragrafo 4: "Poiché l'espropriazione della popolazione rurale crea *in via immediata* soltanto dei grandi *proprietari fondiari*... di dove vengono originariamente i *capitalisti*?" (p. 35).

La domanda è interessante perché noi siamo soliti pensare che il soggetto dell'azione capitalistica vera e propria sia non tanto il proprietario fondiario quanto piuttosto il borghese. In realtà, in Inghilterra, a differenza p.es. dell'Olanda, il processo di avvio del capitalismo fu portato avanti essenzialmente dalla piccola e media nobiltà (insieme ovviamente alla borghesia) e poi anche da quella grande.

Le manifatture appaiono successivamente. "La classe degli operai salariati, che è sorta nella seconda metà del sec. XIV, formava allora e nel secolo successivo soltanto un elemento costitutivo molto ristretto della popolazione..." (pp. 29-30).

Dunque qual è stato il rivolgimento *culturale* che ha indotto i proprietari fondiari a trasformarsi in capitalisti agrari? E come mai in Inghilterra proprio questa classe inaugurò il *take-off* del capitale quando negli altri paesi europei essa aveva caratteristiche molto conservatrici e sostanzialmente feudali? Per quale ragione i *landlords* inglesi hanno saputo reagire prontamente al capitalismo commerciale di altri paesi europei (Olanda, Italia, le città della Lega anseatica...) prendendo le debite misure? Il collasso della vecchia nobiltà feudale, causato dalle interminabili guerre feudali, poteva di per sé comportare, *sic et simpliciter*, una sostituzione culturale dei principi fondamentali in cui essa aveva sempre creduto?

In Inghilterra in capitalismo è nato perché si era sviluppato al di fuori dei propri confini: i campi vennero trasformati in pascoli perché la nuova nobiltà inglese, avida di denaro, vedeva nella richiesta di lana da parte dei fiamminghi la possibilità di poter lucrare come non mai. Ci chiediamo: questa spiegazione di Marx avrebbe potuto evitare di essere così semplicistica se si fossero presi in considerazione i rivolgimenti culturali della riforma protestante (che in Inghilterra iniziò, anticipatamente, con le teorie di Wycliffe)?

Gli stessi passaggi di mansioni dal castaldo (*bailiff*), che in sostanza era servo della gleba, al fittavolo, in grado di sfruttare lavoro salariato, necessitavano di una spiegazione extra-economica, poiché qui si ha a che fare con ruoli produttivi troppo diversi per poter convivere sotto una medesima cultura. Un servo della gleba non s'improvvisa fittavolo se la cultura dominante non glielo permette: non è solo questione di opportunità economica.

I contadini liberi e i servi della gleba riescono a sopravvivere abbastanza tranquillamente fin quasi tutto il XV sec. Il mutamento radicale - dice Marx - avviene a partire dall'ultimo terzo, come se una regia occulta avesse determinato lo scatenamento dell'offensiva economica in previsione di guai peggiori se questo scatenamento non ci fosse stato.

"La genesi del fittavolo - dice Marx - è un processo lento che si svolge attraverso molti secoli" (p. 35). Ma è solo "alla fine del sec. XVI che l'Inghilterra possiede una classe di fittavoli capitalisti che per quei tempi erano ricchi" (p. 37). Nel mezzo di tutti questi secoli cos'è accaduto sul piano sovrastrutturale? Se non rispondiamo a questa domanda, non riusciremo a spiegarci le motivazioni dell'agire sulla base di determinate scansioni temporali. C'è differenza tra *gentleman* e fittavolo, perché il primo, essendo di origine feudale, può sì espropriare i contadini, ma per continuare a vivere di rendita. Il fittavolo invece ha un'altra mentalità: è capace di rischiare, di mettere in piedi manifatture, di trasformarsi in capitalista industriale...

Dice Marx nella nota 44: "In Francia, il *régisseur*, l'amministratore e collettore delle prestazioni al signore feudale durante l'alto Medioevo, diventa presto un *home d'affaires* che a furia di estorsioni, truffe ecc. si fa capitalista". In realtà non si diventa alcunché "presto" se già non esiste un *background culturale* su cui poter far leva. "In tutte le sfere della vita sociale - scrive nella stessa nota - la parte del leone tocca all'intermediario", cioè a colui che, non avendo ingenti proprietà private, ama rischiare e quindi investire il proprio capitale per arricchirsi a dismisura e diventare più potente del nobile feudale. Ora, da dove viene un mutamento di mentalità del genere? dalle mere circostanze economiche?

5. *Ripercussioni della rivoluzione agricola sull'industria. Creazione del mercato interno per il capitale industriale*

Il paragrafo 5 è un condensato della genialità con cui Marx riusciva a capire i processi economici dal punto di vista *fenomenologico*. Le sue descrizioni sembrano essere fatte di getto, dopo lunghi e faticosi e sistematici studi: dovrebbero, come tali, appartenere ai manuali scolastici di storia dell'economia.

La cosa stupefacente è che Marx sa individuare in maniera cristallina il momento di trasformazione materiale dei processi economici, in cui le stesse identiche cose (p.es. la materia prima) assumono significati del tutto opposti.

Egli aveva capito perfettamente che se il capitalismo nasce con l'espropriazione dei contadini dai loro mezzi produttivi, e si sviluppa con l'allestimento delle manifatture e quindi col "*processo di separazione di manifattura e agricoltura*" (p. 41), si afferma però definitivamente solo grazie alla grande industria, che "*con le macchine... porterà a compimento il distacco tra agricoltura e industria domestica rurale strappando le radici di quest'ultima... la filatura e la tessitura*" (p. 42).

L'Italia, p.es., poté tornare alla "piccola coltura" - come detto nella nota 1 - non tanto perché al primato del Mediterraneo subentrò quello dell'Atlantico, quanto perché in Italia non si verificò il passaggio dalla manifattura alla grande industria, se non nel XIX sec.

Perché questo passaggio non si verificò neppure in Olanda? Marx è convinto che la storia dell'accumulazione originaria ha solo in Inghilterra una "forma classica" (p. 8). Se fosse vissuto in Olanda avrebbe detto la stessa cosa? Probabilmente sì, perché pur essendo il maggior paese capitalistico dell'Europa per tutto il XVII secolo, l'Olanda di fatto privilegiò il capitale commerciale, finanziario e usuraio e non arrivò a fare del capitale industriale (che pur aveva: si pensi al *tessile*) il perno fondamentale del proprio sviluppo: per quale ragione? Quelle economiche le conosciamo: mentre Inghilterra e Francia attuavano una politica protezionistica nei confronti dell'industria nazionale, la borghesia olandese, pur di ricavare i maggiori profitti dal commercio estero, aveva inondato il mercato interno di prodotti stranieri a basso prezzo, soffocando così l'industria nazionale. Perché questo atteggiamento? La Borsa di Amsterdam era una delle più potenti del mondo, eppure già alla fine del XVII secolo l'Olanda aveva perduto la supremazia industriale sugli altri paesi europei. Una spiegazione di questo non può essere data pensando alle interminabili guerre che, già a partire dal 1652, essa dovette sostenere sia con Francia che con Inghilterra, poiché in tal modo si finirebbe in un circolo vizioso.

Forse bisognerebbe anche pensare al fatto che all'inizio del 1600, quando fu sanzionata la spartizione delle antiche Fiandre in due stati confessionali: i protestanti al Nord (Olanda) e i cattolici al Sud (Belgio), la Controriforma e la cultura spagnola ebbero un influsso profondo e duraturo in Belgio, e ciò non poté non avere un influsso anche sulla vicina Olanda. Il Belgio diventerà capitalistico solo nella prima metà dell'Ottocento, grazie all'industria estrattiva.

6. *Genesi del capitalista industriale*

Il capitalismo industriale ha tolto definitivamente ai produttori ogni autonomia e li ha subordinati *in toto* alle esigenze del grande capitale. Come sia potuto accadere questo, al di là delle descrizioni fenomenologiche fatte da Marx (e dai socialisti utopisti prima di lui) non è dato sapere nel *Capitale*. Cioè come sia potuto accadere che questo processo di inaudita gravità, e che ha comportato immani tragedie, abbia trovato un relativo consenso da parte delle masse popolari, resta ancora materia di discussione, poiché in questo processo devono per forza essersi innestati dei fattori *extra-economici*, che ancora devono essere analizzati nei loro rapporti coi processi economici.

Da questo punto di vista la storia dell'accumulazione primitiva andrebbe riscritta, poiché si sono tenute separate delle scienze che invece andrebbero viste in maniera integrata, olistica. Teologia, filosofia... andrebbe studiate in rapporto all'economia, beninteso senza cercare dei rapporti stretti di causa/effetto, ma tentando di scoprire il luogo delle *premesse culturali* dei fenomeni sociali.

Qui non si vuole sostenere che le idee precedono i fatti, ma semplicemente che i fatti non possono imporsi se non sono appoggiati dalle idee. Non c'è trasformazione dei fatti se a livello culturale non si affermano delle idee opposte a quelle dominanti. È possibile che queste idee non abbiano un rapporto diretto coi fatti che andranno a determinare o legittimare, poiché esiste sempre un certo margine di ambiguità negli enunciati teorici, i quali non necessariamente portano a determinate conseguenze pratiche. Però sicuramente non è possibile che i fatti si trasformino nella più completa inconsapevolezza dei protagonisti.

P.es. sarebbe interessante, in tal senso, verificare se l'atteggiamento *strumentale*, così tipico delle società antagonistiche di derivazione cristiana (feudalesimo e capitalismo), sia in realtà un atteggiamento conforme a una determinata interpretazione dei rapporti interpersonali che i teologi trasposero a livello di relazioni infra-trinitarie. È noto infatti che la teologia latina nutre assai poca considerazione per il concetto ontologico di "persona", preferendo a questo il concetto di "funzione" o di "ruolo". Di qui i suoi limiti rispetto alla teologia ortodossa. Di qui forse il carattere meno oppressivo del feudalesimo est-europeo. La trasformazione della persona in una merce da sfruttare, dopo averla resa giuridicamente libera, è un concetto le cui origini vanno fatte risalire alla cultura cattolica e soprattutto protestante.

Gli studi, in tal senso, sono davvero scarsi. Qualche aiuto lo offrono quelli che hanno associato capitalismo a riforma, ma a nostro parere il protestantesimo non è che una radicalizzazione di idee già nate e sviluppate in ambito cattolico. Lo stesso Marx d'altra parte, e a suo modo, lo dice: "Il Medioevo aveva *tramandato due forme differenti di capitale*: il *capitale usuraio* e il *capitale commerciale*" (p. 43). Marx sa bene che nel Medioevo "il *capitale denaro* formatosi mediante l'usura e il commercio veniva intralciato nella *sua trasformazione in capitale industriale*, nelle campagne dalla costituzione feudale, nelle città dalla costituzione corporativa" (p. 44).

Era la cultura cattolica che lo intralciava, la stessa che però sfruttava il servaggio sia per fini economici (la *rendita*) sia per fini culturali (il *clericalismo*) e che per queste ragioni non fu in grado di opporsi alla riforma protestante, che spazzò via rendita e clericalismo per aprire le porte allo sfruttamento libero e onnidirezionale.

Marx si limita a parlare di "costituzione feudale e corporativa", cioè in sostanza di leggi, statuti ecc., ma gli ostacoli non erano solo di natura giuridica (come se le autorità costituite volessero impedire di proposito e a ragion veduta la spontaneità di certi processi): erano proprio di natura *culturale*, nel senso che quegli ostacoli erano condivisi dalle masse, le quali accettavano usura e capitale commerciale solo in via del tutto straordinaria, eccezionale, non come regola sociale che avrebbe dovuto imporsi contro le disposizioni legali dominanti.

Questo significa che nel passaggio dal feudalesimo al capitalismo devono essersi sviluppate culturalmente delle idee favorevoli alla generalizzazione delle eccezioni, *qualche tempo prima* che ciò avvenisse. La storia anzi dimostra non solo che i fautori di queste generalizzazioni (che al loro tempo erano eccezioni) di regola morirono prima della realizzazione delle loro idee, ma anche che la realizzazione di queste idee non fu quasi mai del tutto conforme alle loro aspettative originarie.

Marx può tranquillamente constatare che nell'affermazione del capitalismo e del correlato colonialismo, l'ideologia che gli ha fatto da supporto è stata quella *cristiana*. "Quei sobri virtuosi del protestantesimo - dice con la sua solita ironia - che sono i puritani della Nuova Inghilterra misero nel 1703, con risoluzioni delle loro *assembly*, un premio di 40 sterline su ogni *scalp* d'indiano e per ogni pellerossa prigioniero..." (p. 47). Detto questo però egli non scava in profondità e non si preoccupa di verificare quale tipo di ideologia cristiana e soprattutto quale tipo di rivoluzione culturale ha portato una certa corrente del cristianesimo: quella euro-occidentale (cattolica e soprattutto protestante) a trasformare il cristianesimo in una religione neo-schiavista.

La successione cronologica dell'accumulazione originaria ha visto paesi cattolici e protestanti fare a gara nell'uso dei mezzi e metodi più brutali con cui saccheggiare risorse e uomini dei continenti extra-europei: Spagna, Portogallo, Olanda, Francia, Inghilterra... "L'Olanda - dice Marx -, che è stata la prima a sviluppare in pieno il sistema coloniale, era già nel 1684 all'apogeo della sua grandezza commerciale" (p. 48). E non dimentichiamo che l'Olanda veniva considerata "terra di libertà" per gli intellettuali cattolici inseguiti dalla Controriforma.

"Oggigiorno la supremazia industriale porta con sé la supremazia commerciale. Invece nel periodo della manifattura in senso proprio è la supremazia commerciale a dare il predominio industriale. Da ciò la funzione preponderante che ebbe allora il sistema coloniale" (p. 48). Marx tuttavia non spiega il motivo per cui nazioni cattoliche come Spagna e Portogallo non arrivarono mai a trasformare la supremazia commerciale in predominio industriale.

Constata cose che da sole meriterebbero trattazioni a parte, per le loro implicazioni e risvolti culturali, come p.es. questa: "Il sistema del credito pubblico, cioè dei debiti dello Stato, le cui origini si possono scoprire fin dal Medioevo a Genova e a Venezia, s'impossessò di tutta Europa durante il periodo della manifattura..." (p. 49). Di nuovo il primato storico dell'Italia cattolica...

Nell'elencare i punti salienti della nascita del capitalismo: sistema coloniale, del debito pubblico, tributario e protezionistico, Marx afferma che il ruolo dello Stato (quello che appunto mancò all'Italia rinascimentale) era diventato prioritario: "Tutti si servono del potere dello Stato, violenza concentrata e organizzata della società, per fomentare artificialmente il processo di trasformazione del modo di produzione feudale in modo di produzione capitalistico e per accorciare i passaggi" (p. 45).

Il debito pubblico trasforma il denaro in capitale "senza che il denaro abbia bisogno di assoggettarsi alla fatica e al rischio inseparabili dall'investimento industriale e anche da quello usuraio. In realtà i creditori dello Stato non danno niente, poiché la somma prestata viene trasformata in obbligazioni facilmente trasferibili, che in loro mano continuano a funzionare proprio come se fossero denaro in contanti..." (p. 49).

Sono indubbiamente ancora molto moderne le seguenti osservazioni di Marx sul debito pubblico (p. 50), che ha fatto nascere:
- una "classe di gente oziosa vivente di rendita";
- la "ricchezza improvvisata dei finanzieri che fanno da intermediari fra governo e nazione";
- la ricchezza degli "appaltatori delle imposte, dei commercianti, dei fabbricanti privati, ai quali una buona parte di ogni prestito dello Stato fa il servizio di un capitale piovuto dal cielo";
- le società per azioni;
- "il commercio di effetti negoziabili di ogni specie";
- l'aggiotaggio;
- il gioco in borsa;
- la bancocrazia moderna.

"Le bassezze del sistema di rapina veneziano sono ancora uno di tali fondamenti arcani della ricchezza di capitali dell'Olanda, alla quale Venezia in decadenza prestò forti somme di denaro. Altrettanto avviene fra l'Olanda e l'Inghilterra. Già all'inizio del sec. XVIII le manifatture olandesi sono superate di molto, e l'Olanda ha cessato di essere la nazione industriale e commerciale dominante. Quindi uno dei suoi affari più importanti diventa, dal 1701 al 1776, quello del prestito di enormi capitali, che vanno in particolare alla sua forte concorrente, l'Inghilterra. Qualcosa di simile si ha oggi fra Inghilterra e Stati Uniti..." (p. 51). Inutile qui ricordare che tali meccanismi di rendita finanziaria hanno continuato a ripetersi tra l'occidente capitalistico e i cosiddetti "paesi in via di sviluppo".

Ovviamente "il debito pubblico ha il suo sostegno nelle entrate dello Stato che debbono coprire i pagamenti annui d'interessi..." (ib.). Queste pagine sono attualissime perché descrivono molto bene l'essenza finanziaria della situazione dei tre poli dell'imperialismo mondiale: Stati

Uniti, Europa occidentale e Giappone, cui oggi si va aggiungendo la Cina.

Non faremmo citazioni così lunghe se non fossimo convinti della loro importanza. "I prestiti mettono i governi in grado di affrontare spese straordinarie senza che il contribuente ne risenta immediatamente, ma richiedono tuttavia un aumento delle imposte in seguito. D'altra parte, l'aumento delle imposte causato dall'accumularsi di debiti contratti l'uno dopo l'altro costringe il governo a contrarre sempre nuovi prestiti quando si presentano nuove spese straordinarie. Il fiscalismo moderno, il cui perno è costituito dalle imposte sui mezzi di sussistenza di prima necessità (quindi dal rincaro di questi), porta perciò in se stesso il germe della progressione automatica" (p. 52). "Questo sistema è stato inaugurato per la prima volta in Olanda..." (ib.).

E che dire del protezionismo? "Il *sistema protezionistico* è stato un *espediente per fabbricare fabbricanti, per espropriare lavoratori indipendenti, per capitalizzare i mezzi nazionali di produzione e di sussistenza, per abbreviare con la forza il trapasso dal modo di produzione antico a quello moderno*. Gli Stati europei si sono contesi la patente di quest'invenzione e, una volta entrati al servizio dei facitori di plusvalore, non solo hanno a questo scopo imposto taglie al proprio popolo, indirettamente con i dazi protettivi, direttamente con premi sull'esportazione, ecc., ma nei paesi da essi dipendenti hanno estirpato con la forza ogni industria; come p.es. la manifattura laniera irlandese è stata estirpata dall'Inghilterra" (p. 53).

E della schiavitù? Non c'è stupirsi, leggendo queste frasi così esplicite, che ancora oggi Marx sia bandìto dai centri della cultura dominante in occidente: "L'industria cotoniera, introducendo in Inghilterra la schiavitù dei bambini, dette allo stesso tempo l'impulso alla trasformazione dell'economia schiavistica negli Stati Uniti, prima più o meno patriarcale, in un sistema di sfruttamento commerciale. In genere, la schiavitù velata degli operai salariati in Europa aveva bisogno del piedistallo della schiavitù *sans phrase* nel nuovo mondo" (p. 56).

7. Tendenza storica dell'accumulazione capitalistica

L'ultimo paragrafo è un piccolo gioiello di letteratura economica. Sarebbe da citare integralmente, ma qui vogliamo riportare solo alcune sintetiche affermazioni: "l'accumulazione originaria del capitale significa soltanto l'*espropriazione dei produttori immediati*, cioè *la dissoluzione della proprietà privata fondata sul lavoro personale*" (p. 57). Marx è chiarissimo nel sostenere che la base della democrazia sociale pre-capitalistica stava nella proprietà *privata* fondata sul lavoro *personale*.

L'esproprio di questa proprietà individuale ha determinato la realizzazione di una produzione *sociale* del lavoro: quella capitalistica, la cui proprietà dei mezzi produttivi è rimasta però individuale. Il socialismo non deve fare altro che rendere *sociale* anche la proprietà di tali mezzi. "La centralizzazione dei mezzi di produzione e la socializzazione del lavoro raggiungono un punto in cui diventano incompatibili col loro involucro capitalistico" (p. 60).

Marx non è favorevole alla "piccola azienda", cioè non è favorevole al lavoro individuale e alla piccola proprietà. Lo dice a chiare lettere: il modo di produzione pre-capitalistico "presuppone uno *sminuzzamento* del suolo e degli altri mezzi di produzione; ed esclude, oltre alla *concentrazione* dei mezzi di produzione, anche la cooperazione, la divisione del lavoro all'interno degli stessi processi di produzione, la dominazione e la disciplina della natura da parte della società, il libero sviluppo delle forze produttive *sociali*. Esso è compatibile solo con dei limiti ristretti, spontanei e naturali, della produzione e della società" (p. 58).

Per Marx la "necessità storica" del capitalismo è dipesa dal fatto che nel modo di produzione feudale esisteva unicamente la proprietà *privata* dei mezzi produttivi per un uso *personale*, mentre quella *collettiva* per un uso *sociale* era di scarsissimo rilievo (terre comuni, demaniali ecc.). La *minuta ripartizione* del suolo e degli altri mezzi di riproduzione per Marx significa "dispersione, ristrettezza, egoismo sociale, povertà di mezzi..."; per Marx non esiste alcuna forma di "cooperazione" nell'ambito della famiglia patriarcale o tra famiglie patriarcali nell'affronto dei problemi comuni; la divisione del lavoro viene considerata come un metro sicuro dello sviluppo di una formazione sociale; e che dire del *soggiogamento* e della *regolarizzazione della natura* da parte della società? Oggi un socialismo che dicesse questo apparirebbe ancora democratico? L'equiparazione che Marx pone tra "spontaneismo" e "sviluppo secondo ritmi naturali" va davvero considerata negativamente?

La concezione della storia di Marx, per quanto concerne l'idea della "necessità storica", è tutta di derivazione hegeliana: vi è stata nella sua analisi soltanto una sostituzione di categorie, che da filosofiche son divenute economiche.

Marx plaude al superamento della formazione feudale in nome del fatto che è preferibile una produzione *sociale*, di operai *collettivizzati*, in mano a singoli capitalisti, piuttosto che una produzione individuale (il servaggio viene considerato tale) in mano a singoli contadini tra loro separati e dipendenti da un signore analfabeta sul piano economico, e quando critica che tale transizione sia avvenuta con "metodi violenti", in ultima istanza la giustifica in nome della "necessità storica". Questo perché dolori e sofferenze inenarrabili saranno redenti dalla stessa storia, che si preoccuperà di espropriare i capitalisti, dando origine, per la prima volta nella storia del genere umano, a una produzione davvero *sociale* e *consapevole*, scientificamente organizzata.

Tutti i protagonisti delle vicende storico-sociali, non essendo consapevoli delle cause di fondo che generano i mutamenti dei processi storici, non sono considerati in alcun modo "responsabili"; o meglio, si può esser *consapevoli* delle dinamiche di un processo ma non *responsabili* della sua nascita, in quanto le generazioni ereditano sempre delle condizioni già date.

"Questa terribile e difficile *espropriazione della massa della popolazione* costituisce la preistoria del capitale" (p. 59) ed è in un certo paradossale che per Marx la transizione dal capitalismo al socialismo non possa avvenire *prima* che tutta la formazione sociale pre-capitalistica sia stata distrutta dal capitale (sono noti i suoi ripensamenti negli anni in cui prese contatti col populismo russo).

Ad un certo punto infatti diminuiranno i capitalisti medi e piccoli (espropriati dai più grandi) e aumenteranno a dismisura gli sfruttati, rendendo così evidente alla società il contrasto insanabile tra rapporti e forze produttive, tra socializzazione della produzione e privatizzazione dei profitti. Alla stragrande maggioranza della popolazione apparirà un controsenso continuare a sviluppare il capitalismo in mezzo a una crescente miseria.

Il passaggio dal capitalismo al socialismo sarà molto meno doloroso di quello dal feudalesimo al capitalismo, poiché ieri si dovettero espropriare milioni di lavoratori, domani invece basterà espropriare pochi capitalisti (p. 61). Oggi però dovremmo aggiungere che questi "pochi capitalisti" detengono un potere enorme, in grado di distruggere decine di volte l'intero pianeta, un potere che è aumentato a dismisura proprio perché, invece di reagire subito, si è preferito assumere, nei loro confronti, posizioni attendiste e concilianti o comunque non sufficientemente risolute.

Insomma Marx ha sempre pensato di sfruttare le "conquiste" del capitalismo a vantaggio del socialismo, senza alcuna possibilità di tornare a forme pre-capitalistiche (o meglio: pre-schiavistiche) di gestione della proprietà e del lavoro. Su questo tuttavia bisogna aggiungere, molto chiaramente, ch'egli non ha mai parlato di "proprietà sociale o pubblica" come di una "proprietà statale". Questa deformazione del "socialismo reale" non gli può essere imputata.

8. *Economia e Religione*

Marx ha indubbiamente intuito il nesso tra *ideologia religiosa* ed *economia borghese* (sia nel senso che il protestantesimo riflette le esigenze del capitalismo, sia nel senso che il capitalismo contiene, in forma laicizzata, alcune leggi di tipo religioso: si veda ad es. il feticismo delle merci), ma non ha poi sviluppato con coerenza questa intuizione portandola alle sue estreme conseguenze, le quali appunto sono che *è l'uomo a fare l'economia*, in ultima istanza: l'uomo con le sue relazioni sociali, con i suoi pensieri, con il suo rapporto con l'ambiente... Quando il marxismo dice che l'*essere sociale* è superiore alla *coscienza* restringe di fatto il campo *ontologico* dell'*essenza umana* a quello *fenomenologico* dell'economia.

Benché l'uomo nasca in una formazione sociale che lo precede, ad un certo punto deve decidere se accettare le fondamenta di tale formazione o se lottare per distruggerle. Questa possibilità è a disposizione di ogni essere umano della storia. I fatti, in tal senso, hanno dimostrato che l'uomo di religione protestante, situato nell'Europa occidentale, aveva deciso che le fondamenta della società feudale andavano distrutte o comunque che l'ideologia religiosa del cattolicesimo-romano andava profondamente modificata - il che portava ad accettare meglio l'opera di distruzione del feudalesimo.

A questo punto iniziano due storie separate: quella delle *intenzioni* e quella dei *fatti*. Nel distruggere il feudalesimo l'*intenzione* del protestante europeo probabilmente non era quella di creare il capitalismo (altrimenti esso sarebbe nato anzitutto nella Germania di Lutero), o comunque non era quella di creare un capitalismo con tutte le sue terribili contraddizioni antagonistiche, ma nei *fatti* (cioè indipendentemente dalla sua volontà) è avvenuto proprio così (anche la Germania, in questo senso, ha dovuto adeguarsi e l'averlo fatto per ultima le comporterà dei problemi eccezionali, per la soluzione dei quali sarà costretta a far scoppiare due guerre mondiali).

Se dunque esiste un momento in cui il soggetto non può essere considerato negativamente responsabile, durante il periodo dell'accumulazione originaria, questo momento non va individuato allorché il soggetto si staccò dal feudalesimo o dalla religione cattolica in crisi, ma quando, nel tentativo di costruire un'alternativa, tale soggetto non cercò delle soluzioni convincenti (valide per tutta la collettività), ma delle soluzioni parziali (valide solo per poche categorie di persone). Sia il capitalismo che il protestantesimo sono infatti il frutto di una scelta a favore del singolo individuo, appartenente a determinate classi sociali, contro gli interessi dell'intera società, che allora era prevalentemente contadina.

Con questo naturalmente non si vuole sostenere che se ci fu una qualche responsabilità, essa va ricollegata solo al momento genetico del capitalismo, poiché di fronte alle sue contraddizioni l'uomo deve sempre decidere se accettarle o contrastarle. E non è neppure il caso di dire che quanto più il capitalismo diventa maturo tanto meno è possibile combatterlo, poiché ad ogni azione o trasformazione del capitale corrisponde, in genere, una reazione positiva del mondo del lavoro.

Come noto, il marxismo cadde nell'errore opposto, quello secondo cui più il capitalismo è maturo e più è facile superarlo. La svista dipese sempre dal fatto che s'interpretava il concetto di *transizione* come un processo naturale e inevitabile, non facendo alcun affidamento al concetto di *responsabilità personale*.

A tale proposito, però, è bene precisare che esistono in questo capitolo XXIV, soprattutto nelle note, dei passaggi che lasciano intuire quanto Marx fosse consapevole della necessità di completare le sue analisi con altri strumenti d'indagine, a testimonianza della scrupolosità con cui egli affrontava l'oggetto dei suoi studi. Prendiamo ad es. la nota 4, laddove egli dice, in riferimento ai testi europei di storia, viziati da pregiudizi borghesi anti-feudali: "È troppo comodo essere 'liberati' a spese del Medioevo". Peccato, in tal senso, che Marx abbia cominciato a rivedere i suoi pregiudizi anti-feudali mutuati dalla borghesia solo negli ultimi anni della sua vita, a contatto con gli ambienti populistici russi.

Nella nota 10, p. es., egli ha chiarissima l'idea che non l'abolizione della servitù della gleba ma piuttosto quella della *proprietà* che il coltivatore aveva del suolo, lo farà diventare un proletario o un povero. Questo a riprova, se ce ne fosse ancora bisogno, che di per sé l'abolizione del servaggio non poteva costituire elemento sufficiente per scatenare il capitalismo. Chi o cosa avrebbe potuto impedire una progressiva democratizzazione della società rurale senza le tragedie del capitale?

*

Marx inizia a parlare della Riforma protestante a p. 13, descrivendola non come un fenomeno *culturale*, tale per cui sarebbe stato necessario addentrarsi nei nessi tra questa rivoluzione del pensiero e quella del capitale (per quanto egli non ignori l'esistenza di questi nessi), ma descrivendola negli aspetti puramente *economici*, conseguenti all'accettazione istituzionale della stessa da parte del potere costituito.

La conseguenza che più gli preme sottolineare è, in tal senso, l'espropriazione dei beni ecclesiastici e quindi l'inevitabile proletarizzazione dei contadini e dei fittavoli che campavano su quelle terre. Il governo di Elisabetta I (1558-1603) fu per la prima volta costretto a riconoscere il pauperismo e a emanare le prime leggi che ne contenessero la diffusione.

Qui ci si può chiedere il motivo per cui Marx non abbia voluto approfondire il motivo per cui un paese che riconosceva agli agricoltori così ampi diritti li abbia fatti drasticamente precipitare in un baratro così profondo. La cosa più singolare dell'Inghilterra è che la riforma protestante qui fu un affare di stato, una *Parlamentary Transaction*. La ragione della repentina transizione al capitalismo va forse cercata nel fatto che i governi inglesi, memori delle immani tragedie accadute sul continente, volevano evitare con la massima cura qualunque guerra civile per motivi religiosi? ovvero che permisero o vollero riconoscere una veloce introduzione dei metodi capitalistici proprio per evitare una guerra di religione?

Di nuovo riusciamo a trovare nelle note di questo capitolo un qualche barlume di risposta. Marx è consapevole della difficoltà e nella nota 10, anticipando in maniera geniale le analisi di Weber, Sombart ecc., delinea i nessi tra capitalismo e "spirito protestante". Quest'ultimo viene dipinto coi tratti della psicologia borghese: una sorta di adattamento di mentalità al nuovo trend economico. Non si vedono nessi *reciproci* di causa-effetto: Marx non li avrebbe mai ammessi.

Significativo comunque resta il fatto ch'egli abbia subito visto come la reintroduzione in Europa delle idee favorevoli allo schiavismo fosse intimamente legata alla nascita del capitalismo e che su questo la riforma protestante non trovò nulla da eccepire. Concependo l'uomo solo come "produttore" (capitalista o salariato), i riformatori non potevano ovviamente tollerare la presenza di disoccupati (altrove Marx dirà che proprio i disoccupati servono a contenere la crescita dei salari).

È un fatto che il rifiuto di assistere i poveri è una caratteristica tipica della società borghese, come si può già notare in Italia dopo l'esplosione del fenomeno comunale: non a caso le eresie medievali vengono definite "pauperistiche". Si comincia a fare della "povertà" un motivo di contestazione socio-politica non tanto quando la mentalità dominante non la riconosce più come un male endemico, ma quando detta mentalità propone dei rimedi impraticabili per la stragrande maggioranza dei poveri. Per il borghese "essere povero" significa semplicemente "non voler lavorare", cioè non essere disposto a fare qualunque tipo di lavoro pur di campare. Si prescinde totalmente dai rapporti oggettivi di proprietà.

Queste stesse idee esistevano negli ambienti borghesi italiani ben 500 anni prima del capitalismo inglese, ed erano maturate in ambienti cattolici. Questo a dimostrazione che il protestantesimo non è stato altro che una radicalizzazione borghese di idee cattoliche appartenenti a ceti mercantili. Una radicalizzazione analoga a quella del calvinismo nei confronti del luteranesimo, analoga a quella del consumismo nei confronti dello stesso calvinismo.

*

Quel che qui si vuol sostenere è che Marx non ha mai preso seriamente in considerazione, approfondendoli come avrebbe dovuto, i legami tra cristianesimo ed economia borghese. Più volte (anche in questo stesso capitolo) egli ha equiparato la dinamica di taluni fenomeni capitalistici a quanto avviene nella religione (cristiana), ma la constatazione di queste analogie o è rimasta ferma a livello d'intuizione, oppure è stata usata come mera esemplificazione, non senza una certa dose d'ironia, come appare p.es. là dove fa paragoni tra accumulazione originaria e "peccato originale" (pp. 3-4), o tra credito pubblico e "credo religioso", o tra "peccato contro lo spirito" e "sfiducia nel debito pubblico" (p. 49), o tra "infanzia della grande industria" e "strage erodiana degli innocenti" (p. 53) ecc.

In fondo può non significare nulla il fatto ch'egli sia voluto partire dalla *fenomenologia* del capitalismo (l'analisi economica della merce) e che poi, ad un certo punto, abbia voluto svolgere un'analisi di *storia dell'economia* (il cap. XXIV): in fondo il sottotitolo del *Capitale* è "Critica dell'economia politica"; quello che però è mancata è stata un'analisi *ontologica* del capitale (basata sul nesso *culturale* tra religione ed economia), e questa mancanza pare sia stata dettata dal lato "deterministico" del suo pensiero, che tendeva a privilegiare, della realtà *sociale*, l'aspetto *economico*.

Qui, in un certo senso, si compie il dramma del *Capitale*, attraverso il quale Marx ha saputo sviscerare le contraddizioni economiche più recondite del capitalismo, senza tuttavia afferrarne la loro origine *culturale*.

È evidente che la soluzione di tale arcano avrebbe comportato la riscrittura di alcune parti del *Capitale*, specie quelle che trattano dei rapporti tra capitalismo e pre-capitalismo, nonché quelle che considerano il capitalismo come una "necessità storica" e quelle che vedono il *macchinismo* come un grande progresso di civiltà.

L'analisi storica del cap. XXIV, essendo stata trattata per ultima, non incide minimamente sull'impianto generale dell'opera. In realtà era proprio da essa che si sarebbe dovuti partire per comprendere la natura "culturale" della merce, cioè la sua origine "religiosa". In Marx vi sono dei limiti ermeneutici dovuti esclusivamente ai suoi pregiudizi in materia di religione.

Si badi, Marx poteva anche usare l'analisi fenomenologica come pretesto per avviare un discorso di tipo storico. Il fatto è purtroppo che nel *Capitale* l'analisi storica è soltanto un'appendice di quella economica: è la cornice che abbellisce il quadro. La storia, in Marx, è in funzione dell'economia, non dell'uomo; e l'economia, a sua volta, è in funzione di un'ideologia politica che cerca nella prassi economica la conferma dei propri postulati.

Nel *Capitale* l'errore metodologico è stato proprio quello di aver fatto nascere la merce dal determinismo economico, il quale, a sua volta, non è che il frutto della "psicologia delle parti", cioè del "ruolo teatrale" che ogni attore economico è costretto a svolgere sulla scena della storia (che è soprattutto "economica"). In sostanza la genesi del capitalismo è strettamente legata alla categoria hegeliana della "necessità storica", cui nessun protagonista storico può sottrarsi.

Non può essere questo il modo di fondare la "scienza storica", che dovrebbe essere la *scienza del processo della libertà umana*. Se si perde di vista l'aspetto *culturale* delle scelte socio-economiche, si finisce col sottovalutare i fattori cosiddetti "sovrastrutturali", relativi alla coscienza, alla libertà, alle idee etico-religiose, filosofico-politiche che gli esseri umani normalmente hanno e che costituiscono un patrimonio non meno importante delle condizioni materiali dell'esistenza. Questi aspetti possono essere capiti solo in maniera "storica", cioè affrontando *integralmente* la vita dell'uomo. Una volta fatto questo, la stessa economia si troverà ad essere oggetto di una diversa interpretazione.

Certamente meglio degli economisti borghesi Marx ha capito il meccanismo di funzionamento del capitalismo, e ha senza dubbio saputo dargli una collocazione spazio-temporale molto precisa. Ma pur avendo capito questo dal punto di vista economico, egli non si è mai preoccupato - come invece p.es. ha fatto Groethuysen - di dare una spiegazione del motivo *culturale* per cui, *ad un certo momento*, è nata la civiltà borghese. Tutti i fenomeni culturali sono per Marx un epifenomeno dell'economia.

Ecco perché, in ultima istanza, il concetto di "accumulazione originaria" è servito soltanto per confermare un processo le cui dinamiche dovevano apparire scontate, assodate, e non per mettere sul tappeto le possibili *varianti* in cui il processo storico si sarebbe potuto sviluppare. Marx parte sempre da un dato di fatto: il capitalismo, e nell'analisi storica egli va soltanto a ricercare quelle condizioni necessarie che l'hanno reso inevitabile e che ne rendono non meno inevitabile il superamento.

Suo grande merito è stato quello di averci fatto capire che il capitalismo industriale ha delle origini storiche ben precise, che cioè non è un fenomeno "naturale", e che, come tutti i fenomeni storici, è destinato ad essere superato, ma non ci ha fatto capire il *motivo* per cui, ad un certo punto, gli uomini hanno scelto questa formazione sociale e non un'altra. E, non facendoci capire questo, non poteva poi spiegarci il motivo per cui gli uomini, pur in presenza delle condizioni oggettive di superamento del capitalismo, *soggettivamente* non lottano per una transizione al socialismo. Né poteva offrire precise indicazioni circa il *modo* di condurre una lotta politica anti-capitalistica, anche quando, oggettivamente, le condizioni del superamento del capitalismo non sono così evidenti come un economista rivoluzionario vorrebbe.

Conclusione

Se un economista come Marx pensa che - come scrive in *Per la critica dell'economia politica* (1859) - "il processo di scambio delle merci in origine non si presenta in seno alle comunità naturali e spontanee, bensì là dove queste finiscono, ai loro confini, nei pochi punti in cui entrano in contatto con altre comunità. Qui ha inizio il commercio di scambio e da qui si ripercuote sull'interno della comunità, con un'azione disgregatrice", se un economista dice questo, è evidente ch'egli pensa ad almeno due cose:

1. che l'autoconsumo, non essendo in grado di difendersi dai rischi e pericoli dello scambio, è destinato ad essere superato da quest'ultimo;

2. che l'autoconsumo non è in grado di gestire lo scambio (nella forma del baratto) senza perdere la propria caratteristica fondamentale d'indipendenza dal mercato.

Detto altrimenti, Marx, seguendo la logica hegeliana, ha sempre dato per scontata la superiorità dello scambio sull'autoconsumo, ovvero che la comunità originaria (naturale e spontanea) dovesse "disgregarsi".

Peraltro egli riteneva che non potesse esistere un vero e proprio scambio senza schiavismo. Infatti - si potrebbe aggiungere - il rapporto salariato, sotto il capitalismo, non è altro che una riproposizione dell'antica schiavitù con l'aggiunta della formale libertà giuridica.

Il socialismo, per Marx, non è che una gestione dello scambio in nome della proprietà collettiva dei mezzi produttivi, cioè una gestione razionale dei bisogni sociali. Egli non ha mai prospettato una forma di socialismo quale *autogestione dei mezzi produttivi finalizzata all'autoconsumo*, ove, al massimo, si può parlare di scambio solo in relazione alle eccedenze.

Ebbene, se vogliamo riprendere la strada del socialismo, interrotta dal fallimento di quello amministrato dall'alto, è in questa direzione che bisogna andare.

L'autoconsumo è l'unica vera alternativa al capitalismo, l'unico vero strumento con cui si possono superare i due peggiori Leviatani che ci costringono a un'esistenza eterodiretta: lo *Stato* e il *mercato*.

Come noto, non pochi sostengono che con l'autoconsumo è impossibile che riescano a sopravvivere gli attuali 7 miliardi di abitanti del pianeta. Di sicuro però sappiamo anche un'altra cosa: il capitalismo soffre di contraddizioni antagonistiche e quindi irrisolvibili; si basa sullo sfruttamento selvaggio delle popolazioni e delle risorse naturali e quando ha problemi gravi che minacciano la sua riproduzione, ricorre facilmente alla guerra. Oggi, con le armi di cui dispone, un qualunque conflitto mondiale avrebbe conseguenze devastanti per la stragrande maggioranza dell'umanità. E noi non possiamo permetterci il lusso di credere in questo solo dopo averlo visto. Una distruzione epocale del genere umano potrebbe avvenire anche in assenza del socialismo. Le due guerre mondiali non sono scoppiate anzitutto contro il socialismo, ma tra paesi capitalistici, più o meno sviluppati, più o meno aggressivi, con una posizione imperialistica consolidata e con un'altra emergente.

Autoconsumo non vuol dire che uno, individualmente, deve produrre tutto ciò che gli serve, ma soltanto che è disposto a usare solo ciò che *davvero* gli serve, senza che ciò comporti un danneggiamento nei confronti della natura. Ed è quindi disposto a *barattare* le proprie eccedenze con le eccedenze altrui, sulla base delle rispettive necessità. Tutto ciò - lo capisce anche un bambino - non ha senso che venga fatto da individui singoli. Nel comunismo primitivo esistevano solo clan e tribù.

Quanto al denaro, sarebbe meglio che scomparisse, poiché, essendo un'astrazione simbolica, può essere soggetto a manipolazioni d'ogni genere (fisico-materiali o economico-finanziarie). Ciò che può valere come metro di misura, come equivalente generale, va deciso a livello locale, spontaneamente, dalle popolazioni che già praticano tra loro il baratto.

Bibliografia su Lulu

www.lulu.com/spotlight/galarico

- Cinico Engels. Oltre l'Anti-Dühring
- Amo Giovanni. Il vangelo ritrovato
- Pescatori di uomini. Le mistificazioni nel vangelo di Marco
- Contro Luca. Moralismo e opportunismo nel terzo vangelo
- Arte da amare
- Letterati italiani
- Letterati stranieri
- Pagine di letteratura
- L'impossibile Nietzsche
- In principio era il due
- Da Cartesio a Rousseau
- Le teorie economiche di Giuseppe Mazzini
- Rousseau e l'arcantropia
- Esegeti di Marx
- Maledetto capitale
- Marx economista
- Il meglio di Marx
- Io, Gorbaciov e la Cina (pubblicato dalla Diderotiana)
- Il grande Lenin
- Società ecologica e democrazia diretta
- Stato di diritto e ideologia della violenza
- Democrazia socialista e terzomondiale
- La dittatura della democrazia. Come uscire dal sistema
- Etica ed economia. Per una teoria dell'umanesimo laico
- Preve disincantato
- Che cos'è la coscienza? Pagine di diario
- Che cos'è la verità? Pagine di diario
- Scienza e Natura. Per un'apologia della materia
- Siae contro Homolaicus
- Sesso e amore
- Linguaggio e comunicazione
- Homo primitivus. Le ultime tracce di socialismo
- Psicologia generale
- La colpa originaria. Analisi della caduta
- Critica laica
- Cristianesimo medievale
- Il Trattato di Wittgenstein

- Laicismo medievale
- Le ragioni della laicità
- Diritto laico
- Ideologia della Chiesa latina
- Esegesi laica
- Per una riforma della scuola
- Interviste e Dialoghi
- L'Apocalisse di Giovanni
- Spazio e Tempo
- I miti rovesciati
- Pazìnzia e distèin in Walter Galli
- Zetesis. Dalle conoscenze e abilità alle competenze nella didattica della storia
- La rivoluzione inglese
- Cenni di storiografia
- Dialogo a distanza sui massimi sistemi
- Scoperta e conquista dell'America
- Il potere dei senzadio. Rivoluzione francese e questione religiosa
- Dante laico e cattolico
- Grido ad Manghinot. Politica e Turismo a Riccione (1859-1967)
- Ombra delle cose future. Esegesi laica delle lettere paoline
- Umano e Politico. Biografia demistificata del Cristo
- Le diatribe del Cristo. Veri e falsi problemi nei vangeli
- Ateo e sovversivo. I lati oscuri della mistificazione cristologica
- Risorto o Scomparso? Dal giudizio di fatto a quello di valore
- Cristianesimo primitivo. Dalle origini alla svolta costantiniana
- Le parabole degli operai. Il cristianesimo come socialismo a metà
- I malati dei vangeli. Saggio romanzato di psicopolitica
- Gli apostoli traditori. Sviluppi del Cristo impolitico
- Grammatica e Scrittura. Dalle astrazioni dei manuali scolastici alla scrittura creativa
- La svolta di Giotto. La nascita borghese dell'arte moderna
- Poesie: Nato vecchio; La fine; Prof e Stud; Natura; Poesie in strada; Esistenza in vita; Un amore sognato

Indice

Introduzione..5
Commento al Capitale...7
   Un cenno sul I volume..8
   L'analisi della merce..10
   Il processo di scambio...35
   Il denaro..41
   Il capitale...56
   Il plusvalore...69
   Capitale costante e variabile...78
   Il plusvalore relativo...112
   Tre fasi nello sviluppo della produzione capitalistica..........117
   La cooperazione..126
   La manifattura...135
   Il senso della manifattura..148
   Macchinario e grande industria...149
Capitolo VI del libro I del Capitale...163
Il feticismo delle merci...182
Genesi della rendita fondiaria capitalistica...................................189
La caduta tendenziale del saggio di profitto................................195
   Premessa..195
   Il saggio del profitto..196
   Gli economisti classici..198
   La validità della legge...199
   Il funzionamento della legge...199
   Le forme di difesa adottate dei capitalisti.............................202
   Verifica storica della legge..203
   La spiegazione borghese attuale...203
   Conclusioni..203
   Soluzioni politiche ed economiche.......................................204
Il capitale commerciale...207
   Premessa..207
   Dal capitale commerciale a quello industriale......................207
   Un circolo vizioso..210
   Dal feudalesimo al capitalismo...212
Il capitale commerciale, usuraio e industriale..............................215
   Premessa..215
   Schiavismo..216
   Feudalesimo..217

Capitalismo...221
Considerazioni...225
L'accumulazione originaria..231
  1. L'arcano dell'accumulazione originaria................................233
  2. Espropriazione della popolazione rurale e sua espulsione dalle terre
....235
  3. Legislazione sanguinaria contro gli espropriati dalla fine del secolo XVI in poi. Leggi per l'abbassamento dei salari...............................244
  4. Genesi dei fittavoli capitalisti..246
  5. Ripercussioni della rivoluzione agricola sull'industria. Creazione del mercato interno per il capitale industriale..................................248
  6. Genesi del capitalista industriale...249
  7. Tendenza storica dell'accumulazione capitalistica.................253
  8. Economia e Religione..256
Conclusione...262
  Bibliografia su Lulu..264

www.ingramcontent.com/pod-product-compliance
Lightning Source LLC
Chambersburg PA
CBHW070923220526
45469CB00011B/1989